U0568889

“十三五”国家重点出版物出版规划项目

经济科学译丛

价格与数量

微观经济学基础

Prices and Quantities

Fundamentals of Microeconomics

Rakesh V. Vohra

拉凯什·V. 沃赫拉／著

贾拥民／译

中国人民大学出版社

·北京·

总 序

自新中国成立尤其是改革开放40多年来，中国经济的发展创造了人类经济史上不曾有过的奇迹。中国由传统落后的农业国变成世界第一大工业国、第二大经济体，中华民族伟大复兴目标的实现将是人类文明史上由盛而衰再由衰而盛的旷世奇迹之一。新的理论来自新的社会经济现象，显然，中国的发展奇迹已经不能用现有理论很好地加以解释，这为创新中国经济学理论、构建具有中国特色的经济学创造了一次难得的机遇，为当代学人带来了从事哲学社会科学研究的丰沃土壤与最佳原料，为我们提供了观察和分析这一伟大"试验田"的难得机会，更为进一步繁荣我国哲学社会科学创造了绝佳的历史机遇，从而必将有助于我们建构中国特色哲学社会科学自主知识体系，彰显中国之路、中国之治、中国之理。

中国经济学理论的创新需要坚持兼容并蓄、开放包容、相互借鉴的原则。纵观人类历史的漫长进程，各民族创造了具有自身特点和标识的文明，这些文明共同构成了人类文明绚丽多彩的百花园。各种文明是各民族历史探索和开拓的丰厚积累，深入了解和把握各种文明的悠久历史和丰富内容，让一切文明的精华造福当今、造福人类，也是今天各民族生存和发展的深层指引。

"经济科学译丛"于1995年春由中国人民大学出版社发起筹备，其入选书目是国内较早引进的国外经济类教材。本套丛书一经推出就立即受到了国内经济学界和读者们的一致好评和普遍欢迎，并持续畅销多年。许多著名经济学家都对本套丛书给予了很高的评价，认为"经济科学译丛"的出版为国内关于经济理论和经济政策的讨论打下了共同研究的基础。近三十年来，"经济科学译丛"共出版了百余种全球范围内经典的经济学图书，为我国经济学教育事业的发展和学术研究的繁荣做出了积极的贡献。近年来，随着我国经济学教育事业的快速发展，国内经济学类引进版图书的品种越来越多，出版和更新的周期也在明显加快。为此，本套丛书也适时更新版本，增加新的内容，以顺应经济学教育发展的大趋势。

“经济科学译丛”的入选书目都是世界知名出版机构畅销全球的权威经济学教材，被世界各国和地区的著名大学普遍选用，很多都一版再版，盛行不衰，是紧扣时代脉搏、论述精辟、视野开阔、资料丰富的经典之作。本套丛书的作者皆为经济学界享有盛誉的著名教授，他们对于西方经济学的前沿课题都有透彻的把握和理解，在各自的研究领域都做出了突出的贡献。本套丛书的译者大多是国内著名经济学者和优秀中青年学术骨干，他们不仅在长期的教学研究和社会实践中积累了丰富的经验，而且具有较高的翻译水平。

本套丛书从筹备至今，已经过去近三十年，在此，对曾经对本套丛书做出贡献的单位和个人表示衷心感谢：中国留美经济学会的许多学者参与了原著的推荐工作；北京大学、中国人民大学、复旦大学以及中国社会科学院的许多专家教授参与了翻译工作；前任策划编辑梁晶女士为本套丛书的出版做出了重要贡献。

愿本套丛书为中国经济学教育事业的发展继续做出应有的贡献。

中国人民大学出版社

前 言

我是在相当晚的时候才转而“皈依”经济学的。对经济学来说，我可以说是一个外来者，但是我并不是突然闯入这个学科领域的，而是慢慢地、不那么心甘情愿地进来的。一方面是受到对这个学科的好奇心的驱使，另一方面也是因为厌恶这个学科与现实明显脱节的倾向，我开始研究起了经济学。这是一个漫长的“求爱”过程，这段经历的影响贯穿了现在摆在读者面前的这本书。我认为，我能够理解为什么很多人会觉得经济学这门学科令人生畏，或者对它持怀疑态度，又或者两者兼而有之。我的这本书就是为这三种读者而写的。

这本书之所以会问世，是因为我曾经在参加一个会议时公开对中级微观经济学做出了“不恰当”的评论。“这真是一件令人吃惊的事情啊!”我在那个会议上说，“中级微观经济学课程在半个世纪以来竟然一直没有任何改变!”我接着列出了我认为需要做出改变的各个地方。那个会议的主持人责成我坐言起行，要求我写出一本“合适”的中级微观经济学教材来。我别无选择。我不能也不愿推脱。

中级微观经济学是大多数美国大学主修经济学专业的学生的入门课程。不同于面向更广泛的学生的“经济学原理”通识课程，中级微观经济学要求学生拥有一定的数学专业知识。例如，在宾夕法尼亚大学，学生必须在学习中级微观经济学之前修读过多变量微积分课程（或者在学习中级微观经济学的同时，要修读多变量微积分课程）。这个要求并不是为了限制学生主修经济学专业，而是基于如下观念：一个人对多种经济变量之间的相互作用感兴趣对学习这个专业是至关重要的。例如，对各种商品的需求同时受到商品的价格和购买者的预算的影响。如果不要求学生先修读多变量微积分课程，那么中级微观经济学课程就可能要冒蜕变成浅薄的微积分计算和粗略的经济学分析的混杂体的风险。

现在这本书假设读者已经熟悉了相关的数学知识①，但是它并不要求每个读者都已经达到本科生的水平。它的目标受众是任何具备适度的数学知识、对严密推理有兴趣、对市场运作有好奇心的人。

经常有人批评称，在经济学中使用数学或者是出于对物理学的羡慕，或者是

① 附录A包含了一个相关数学知识的“辅助备忘录”。

基于一个维持经济学圈子现状的"阴谋"。我理解这些批评。在我少不更事的时候，我也认为这些批评者的看法是对的。然而他们错了。由于这个原因，本书特别强调为什么数学是必不可少的。为此，我举了很多例子，说明光凭文字和直觉是不足以解决我们面临的问题的。数学迫使人们对所做的假设进行既严谨又明确的分析。学生们常常在必须做出假设时畏缩不前。在他们看来，需要做出假设会使经济学研究显得缺乏精确性。其实其他学科的研究也要做出假设，只不过研究者通常都会将它们隐瞒掉。而在经济学研究中，我们选择将假设放到了阳光底下。如此而已。

本书的主要特点

本书有别于其他中级微观经济学教材的主要特点体现在以下几个方面：

少就是多：与目前流行的其他中级微观经济学教材相比，本书简直可以说只是一本小册子。然而，本书虽然篇幅不长，内容却没有丝毫偷工减料。我更喜欢学生对一组数量虽少但都很重要的主题有一个扎实的理解，而不希望他们抱着一本包罗万象的大部头著作蜻蜓点水般泛泛而读。比如说，本书没有包含逆向选择问题，因为要很好地处理这个问题需要学生了解有关的概率论知识，而这通常不是修读中级微观经济学的前提条件。当然，有些内容本书没有提到，这并不意味着学生就不用学习相关知识了。留给学生的作业中包含了这些问题，它们既能挑战学生的智力，又能激发学生的兴趣。

我个人的经验告诉我，学生们更喜欢的是深入探究聚焦性的学习材料时带给他们的感觉。来自讲授后续课程的同事的非正式反馈也表明，以这种方式学习的学生们在继续深造时似乎比以前准备得更加充分了。

更有利于学生学习的主题排列顺序：本书彻底颠覆了传统的主题排列顺序。在本书中，最先讲授的是垄断，接着是不完全竞争、消费者理论、完全竞争，最后是外部性。简而言之，按从具体到抽象排序，而不是相反。

为什么要从垄断开始讲授呢？因为分析垄断问题只需运用单变量微积分，而不必用到多变量微积分，这种安排能够让学生"预热"起来。它能够使学生非常明确地关注作为经济学核心的基本权衡理论，即分析单位利润（利润空间）和成交数量之间的关系。此外，这可以让学生从一开始就潜心思考现实世界中的企业是如何做事情的，比如说制定价格。传统的主题顺序假设了一个虚幻的世界，在那个世界里没有人在做事情。像"白皇后"一样，本科生还不能在早餐前相信六件不可能的事情。

而在传统教材中，中级微观经济学始于非常抽象的对偏好的排序。这种内容如果出现在一门课程的早期，会使学生觉得枯燥、乏味且毫无意义。有些人可能会问，如果不先讨论偏好的排序，那么又怎么讲授中级微观经济学的其他内容呢？但是事实上，只要了解准线性偏好就已经足够。准线性偏好既很容易表述，也容易被学生理解，而且在某种程度上是可信的。现在的学生都很机敏，他们会问一些关于预算约束、关于以一个共同的货币尺度计价的偏好的合理性的问题。这些都是极好的问题。这些问题的答案会在本书后面的内容中出现。通过这种方式，偏好的抽象化本身就相当于为学生提出的问题而准备的一个答案。而按照传统的顺序学习，这就相当于要求学生在使用手机之前必须先将整本使用手册全都细细读完一样。

很自然地，在讨论了垄断问题之后，我们要开始对不完全竞争问题的讨论。在这个阶段，学生们自己的好奇心也上来了：如果一个企业面对的需求不仅取决于自己的产品的价格，还取决于竞争对手的价格，那么会发生什么？纳什均衡概念对他们来说是全新的，但是它需要用到的基本数学原理却是他们已经熟悉的，因为这里涉及的其实是在竞争对手的行动保持不变的情况下依次进行的一系列垄断定价问题。

完全竞争的主题直到本书的后半部分才出现。我们将完全竞争框定为企业和其他行为人的非策略性行为模型，这无疑是恰当的。这里重要的是，学生们在前面已经接触过不完全竞争，他们现在可以清楚地看到定价假设所包含的内容。同样重要的是，教师可以将完全竞争的一般均衡模型能够表达而不完全竞争的局部均衡模型无法表达的内容，清晰地传授给学生。理解透彻“自动过程”对经济的影响，是把握这一差异的强有力的方法。

与许多其他经济学教材一样，本书最后一章讨论的是外部性问题。本书的新颖之处在于，我们更加关注如何设计竞争性市场来为外部性定价（例如，我们或许可以将不接种疫苗的权利拍卖出去），并将这方面的困难与如何实现公共物品的有效提供问题联系了起来。

大量有实质内容的例子：我在本书中给出了大量有实质内容的例子来强调模型与现实之间的相互作用。这些例子非常广泛。首先，我们会给出一些令人费解的行为，然后表明经济模型如何有助于解释这些行为。很多例子是为本书量身定制的，每一章都描述了一些具有启迪性的趣闻轶事。例如，我们用亚马逊公司（Amazon）和阿歇特出版集团（Hachette）在电子书定价模型上竞争的例子，来说明单位利润、销售数量和需求弹性等概念。迈兰公司（Mylan）对肾上腺素笔的定价行为的细节，则用来作为讨论价格歧视的工具。每一章都整合了一些来自现实生活的例子。在故事中锚定数学模型，这将吸引读者并鼓励他们用批判性思维去思考模型与现实之间的差距。

以寻找解决方案为目的做应用性习题：本书设计的问题是用来帮助学生学习建模的，而不是单纯用来让他们练习数学推理的。

本书还有许许多多值得大书特书的不同于其他教科书的特点，无法在此一一尽述。但是，所有证据都只能由读者在阅读过程中发现，不是吗？

致 谢

非常感谢所有不得不消化（或不消化）本书内容的一代又一代学生。本书有部分内容基于我与拉克什曼·克里希纳穆尔蒂（Lakshman Krishnamurthi）合著的《定价原则：一种分析方法》（*Principles of Pricing：An Analytical Approach*）一书，而我在写作那本书时受到了我作为教学管理者的经历的启发。从这些经历中，我明白了哪些问题是真正重要的。另外，从本科生身上，我明白了对学生来说，哪些问题是最难以理解的。

目 录

第1章 导 论

在希罗多德（Herodotus）的传世名著中，有一个段落，它以这样一个句子开头： 1

> 在赫拉克勒斯之柱的另一边，有一个人类种族……

这里说的“赫拉克勒斯之柱”指的是位于直布罗陀海峡入口处两侧的一对山脉。根据柏拉图（Plato）的说法，迷失的亚特兰蒂斯城就隐藏在这些柱子的后面。希罗多德这句话里说的“人类种族”指的是迦太基人，他们经常造访这个位于直布罗陀海峡之外的无名国度：

> 迦太基人到达那个地方之后，就卸下他们的货物；他们沿着海岸把货物整齐有序地陈列好，然后登上自己的船，点起火，释放出浓烟。当地人看到浓烟后就会来到海边，他们认为这批货物值多少黄金，就会把这笔黄金放在那里，然后从放置货物的地方退后一定的距离。于是迦太基人再次划船靠岸，查看黄金的数量。如果他们觉得这批货物值这么多黄金，他们就取走黄金，留下货物，然后离开；如果他们对黄金的数量不满意，他们就会再次回到船上耐心等待，而当地人会又一次回来添加一些黄金，直到迦太基人满意为止。这种做法对双方来说都是公平的：迦太基人直到黄金和他们的货物价值相当时才取走黄金，而当地人也只有在迦太基人取走黄金以后才去搬走货物。

这是一种无声的物物交换，而且交易发生在看不见或听不到对方的情况下。这是真的吗？众所周知，希罗多德对于他那个时代的事件，曾经撒过一些弥天大谎。例如，他对那种比狐狸大但是比狗小的“掘金蚂蚁”的描述就实在无法令人相信。

14 世纪的伟大探险家伊本·白图泰（Ibn Battuta）到当时的“黑暗之地”伏尔加河流域探险，在经历了 40 天的旅程之后，他给今天的我们留下了一篇类似的“报道”，说去那里做交易的人

> 不知道自己在和谁做生意，也不知道交易对方到底是精灵还是人类，因为他们从未见过任何人。

一个世纪之后，传教士保卢斯·约维斯（Paulus Jovius）说，这种“无声的物物交换”在拉普人当中也很常见。他这样写道：

> 他们凭着纯朴的信念与不在场的和不知名的人进行交易。

如果只从表面上看，这些记载至少向我们提出了如下三个问题：

（1）如果交易是匿名进行的，为什么一方不会去偷窃另一方提供的商品呢？

（2）如果交易是互惠互利的，而且是长期的，这难道不恰恰构成了见面相互交流的一个诱因吗？

2 （3）在没有沟通的情况下，交易各方是如何确定交易地点的具体位置的？

如果你对这些问题感兴趣，那么恭喜你！你很适合学习经济学！

什么是经济学？散文家托马斯·卡莱尔（Thomas Carlyle）谴责经济学是一门**“阴郁的科学”**（dismal science，或译为“沉闷的科学”）。艺术评论家和社会改革家约翰·拉斯金（John Ruskin）则称经济学为**“杂种科学”**（bastard science）——对于这位批评家来说，这个评语已经算得上是相当温和的了。[①] 诗人马修·阿诺德（Matthew Arnold）把经济学家群体称为**“独眼人种族”**（one-eyed race）。[②] 在阿诺德生活的那个时代，那些“独眼”经济学家关注的是财富的成因和物质产品的交换。1932 年，莱昂内尔·罗宾斯（Lionel Robbins）[③] 改变了经济学的概念。“经济学”，罗宾斯这样写道，“是一门研究作为目的和具有不同用途的稀缺手段之间的关系的人类行为的科学”。[④] 这样一来，经济学就从单纯的交易经济学上升为研究所有人类行为的学科了。因此，经济学被称为“至高无上的科学”（imperial science）并不是没有原因的！

不过，本书的目的没有那么宏大。它的目的只是想说明如何将经济学家的视角用于思考我们面对的各种权衡，以设定交易条件。请注意本段第二句中的“视角”（perspective）一词的用法。本书并不是对一大堆事实或要点的简单罗列。它试图提供一种特定的处理问题的思路。

---

① 例如，对画家詹姆斯·惠斯勒（James Whistler），拉斯金这样刻薄地写道：“我以前亲眼见过，也曾经听说过很多伦敦佬的无礼粗鲁的行为，但是从来没有想到会听到这样的事情：一个花花公子把一罐油漆当众抛洒了出去，然后就向别人索要两百基尼。”惠斯勒以诽谤罪起诉拉斯金，结果只赢了一个法新，但是不用支付诉讼费。

② 徘徊在两个世界之间，一个死了，另一个无力出生……

③ 罗宾斯后来被授予了爵位，即克莱尔市场的罗宾斯勋爵（Later Lord Robbins of Clare Market，1898—1984）。他还因为执笔撰写了《罗宾斯报告》而闻名于世。正是在这份报告的推动下，英国高等教育进行了有史以来最彻底的改革。

④ Robbins，L.（1932）. *An Essay on the Nature and Significance of Economic Science*，2nd edn，London，Macmillan.

说到这里，有必要适当地讨论一下“方法”（method）。自然科学家可以进行（而且确实进行了大量）随机对照试验，以确定 A 是否导致了 B，以及两者之间的精确的定量关系。但是，经济学家们很少能够享受这种奢侈的待遇。[1] 不过，经济学家能够进行（而且确实进行了很多，并仍然在进行着）受控的**思想**实验，也就是通常所称的模型。所有模型都是对现实的漫画式摹写，其中多余的或过于复杂的东西都被去除了。在这种受到人为限制的环境中，我们有可能准确地推断出一个理性的行为人会怎么做，并预测其行为产生的后果。这就像《亨利五世》（*Henry V*）中的大合唱一样，有人会要求你“用你的思想来弥补我们的不完美”。

在这种思想实验的最后，我们通常会得出这样的结论：A 导致 B 是在多种环境因素的组合下发生的。这种关系的实际定量性质是相当难以捉摸的，因为它紧密地依赖于模型的设定。因此我们往往只能得到定性结论。这种定性结论的有用性取决于两点。首先，你曾经想象过 A 会导致 B 吗？其次，A 导致 B 的环境情况是否合理？

接下来，我会给出阅读本书的一些建议。读经济学著作不同于读小说。经济 3
学著作的读者不可能是一个“娱乐至死”的旁观者。读者必须专注于书中的文本，努力去理解书中所表达的观点，并尝试找出逻辑上的缺陷。同时，不要忘记与他人进行讨论。

1.1 经济学是一门科学吗?

这实在算不上一个好问题。首先，为了进行学科划界而进行的任何比较都是很成问题的。如果说科学是一个国家的话，那么物理学可能就是这个国家的首都。如果有人问历史学是不是一门科学，通常的做法是测量历史学与物理学这个“科学的首都”之间的距离有多远。但是，凭什么只考虑一门学科与“首都”之间的距离呢？难道不可以去看一下它与其他“外围城市”——比如地质学和考古学——之间的距离吗？

其次，“××学是一门科学吗？”这样一个问题，只有当我们相信“科学的知识”在某些方面一定更加重要的时候，才是有意义的。也许，“科学的知识”本身就是有效的、有用的，而“非科学的知识”却不然。如果确实是这样，那么正确的问题就不是问××学是不是一门科学，而是问××学是不是提供了有效的、有用的知识。因此，我们在本书中只会讨论一些真正有意思的东西：到底是什么

① 现在，在一些经济学家中非常流行受控对照试验。但是，就像所有的时尚一样，这个风潮也会成为过去。

构成了有用的、有效的知识？经济学能够提供这种有用的、有效的知识吗？请你读一读这本书，然后自己做出判断吧。

1.2 理 性

经济学是从“交易参与者都是理性的”这个假设出发的。这个假设意味着，不是只有“疯狗和英国人”才会在正午的烈日下奔跑。这个假设招致了许多批评，值得专门讨论一下。那么，**“理性”**一词的确切含义到底是什么？[1]

经济学家所说的理性概念包括三个条件：第一，参加交易的行为人是有**偏好**（preferences）的。第二，他们的偏好是始终**一致的**（consistent）。例如，如果在给定的某一天你喜欢橘子，那么在其他条件相同的情况下，你喜欢 5 个橘子的程度至少要与喜欢 4 个橘子一样。换句话说，好东西多一些永远不会让你变得更糟，而且你通常会更偏好多一些而不是少一些好东西。如果你说你偏好苹果胜过橘子，偏好橘子胜过樱桃，那么在其他条件相同的情况下，你应该偏好苹果胜过樱桃。当然，这些限制并不排除这种可能性：你在大热天更喜欢冰啤酒而不是热巧克力，而在大冷天则刚好相反。注意这个限定词“在其他条件相同的情况下”。在同样的条件下，在不同的时间，一个人的偏好是不变的。因此，参加交易的行为人

> 像北极星一样恒久不变，
> 它那坚定、不可动摇的品质，
> 在整个浩瀚苍穹中都是无与伦比的。

4 第三，当要求一个人从一份包含了各种事物、结果或可能性的菜单中做出选择时，这个人会从菜单中选择自己最喜欢的那一项。这就是自利假设。对于这个假设，弗朗西斯·埃奇沃思（Francis Edgeworth，1845—1926）是这样描述的：

> 经济学的首要原则是，每个行为人都只受自身利益的驱使。[2]

事实上，给定前两个条件，这第三个条件就成为不可避免的了。是的，为什么不选择自己最喜欢的结果呢？

---

[1] 认为理性不需要定义的那些读者应该考虑以下这种情况：我给你一百万美元，让你去做一些不理性的事情，会怎样？

[2] 有人形容埃奇沃思特别“擅长避开谈话体英语”。他曾问（来自阿拉伯的）T.E. 劳伦斯（T. E. Lawrence）：“大都市是不是非常昏暗？”他得到的回答是：“有点昏暗，但是也不是非常昏暗。”

那么，这种理性假设是否合理呢？[①] 本书认为，这种假设的可信性取决于具体情境。事实上，让这个假设看上去可信的情境绝不罕见，更非“只属例外”。此外，许多人没有充分认识到的一点是，理性假设其实比其他可能的假设更加有趣。当行为人不理性而导致有悖常理的事情发生时，这实际上是一件相当无趣的事。为什么呢？因为人们可以通过“换一个行为人”来消除违背常理的结果。当有悖常理的事情是**因为**行为人是理性的而发生时，那就非常有趣了，因为出现违背常理的结果不能再归因于行为人自身的问题了。相反，人们必须去关注行为人身处的环境。

并非所有的经济学家都愿意坚持理性假设。有些经济学家，即通常所称的行为经济学家，一直饶有兴致地（但是毫无激情地）研究着放宽理性假设的后果。这种研究总是那么迷人，充满了暴露人类弱点的可以令人开怀一笑的故事。这些经济学家的著作也许更适合放在书店的自助取阅区——但是这可能只是我个人的偏见而已。不过提醒一下，如果你想要阅读他们写的东西，请你务必带着怀疑的眼光去读。[②] 为了说明这一点，我们来看看行为经济学家群体的著名成员丹尼尔·艾瑞里（Daniel Ariely）说的一段话吧：

> 如果你因为全身70%的地方被烧伤而在医院整整住了三年，那么你肯定会注意到一些不符合理性假设的地方。最让我困扰的是我的护士解开包扎着我身体的绷带的方法。现在，有两种拆除绷带的方法可供选择。你可以快速地把它扯下来，这会导致剧烈但短暂的疼痛。或者你也可以慢慢地把它拆下来，这样疼痛就不会那么强烈，要持续一段较长的时间。我的护士们相信的是快速的方法。那种疼痛是旁人难以置信的，我非常害怕他们撕下绷带的那一刻到来。我恳求他们去寻找某种更好的方法，但是他们告诉我，这种方法是最好的，而且他们很清楚什么才是拆除绷带的最佳方法。他们的直觉与我的相反，他们选择相信他们自己的直觉。此外，他们还认为没有必要去测试（在他们看来）从直觉上看是正确的东西。

或者，护士们撒谎是因为时间紧迫，因为有很多病人需要他们去照顾。行文至此，我认为我的引言已经足够长了。现在该切入正题了。

1.3 理性买家模型

最简单的交易是发生在买卖双方之间的交易。在确定价格的时候，卖家必须

---

① 如果你不同意，欢迎你寄20美元给我，然后不要再读了。

② 就像你读这本书一样。

考虑买家将会做出什么反应。我把本书第一部分中要用到的买家行为模型放在这里加以描述。[①] 这个模型通常被称为“理性买家模型”（rational buyer model），它的特征可以用如下三个假设来刻画。

1. 假设1

买家能够为**每笔**交易赋予一个不变的货币价值。这个价值称为**保留价格**（reservation price，简称RP）。它是买家愿意为额外一单位产品（或服务）支付的最高价格。

为某些交易赋予货币价值是困难的。一个人的祖母“值”多少钱？装满金、银和孔雀蛋的大商船值多少钱？请注意，不要将**不愿意**给他人的生命赋予一个冷冰冰的美元数字，与**不能**这样做混为一谈。我们的行为可能会背叛我们自己；比如说，我们购买了一杯早餐咖啡而不是向乐施会（Oxfam）捐款。即便我们不可能给每样东西都赋予美元价值，也不会使基于这个假设的模型失效。一个模型在不具备普遍性的情况下也仍然可以是具备有用性的。重要的是，存在一类足够重要的交易，在这些交易中，这样的假设是可信的。

如果一个人接受了这个假设，那么他就有可能想知道确定买家的保留价格的可能性有多大。这很有挑战性，但是并非不可能做到。现在已经开发出了大量的统计学和计量经济学工具来完成这个任务。

2. 假设2

任何一个买家都会根据自己的**消费者剩余**（consumer surplus）去评估一笔交易。消费者剩余是指买家的保留价格与她（或他，下文统一用“她”）支付的价格之间的差额。例如，假设买家对一磅辣椒设定的保留价格是5美元，而我们则以3美元的价格向她出售一磅辣椒。如果她从我们这里购买了一磅辣椒，那么她将可以获得5美元－3美元＝2美元的消费者剩余。买家永远不会购买产生负消费者剩余的产品。

3. 假设3

在不同交易之间进行选择时，买家会选择能够最大化消费者剩余的交易。这个假设紧紧抓住了“钱多总比钱少要好”的观点。例如，假设买家需要在一磅辣椒和一磅盐之间做出选择。为了简单起见，假设她只能购买其中的一种，而不能两种都买。辣椒的保留价格是5美元，盐的保留价格是4美元。辣椒的售价为每磅3美元，盐的售价为每磅3.5美元。她最终会决定购买什么呢？在这种情况下，辣椒的消费者剩余为2美元，而盐的消费者剩余则为0.5美元。所以，她最终会决定购买辣椒。

---

① 在第5章中描述了一个更一般的模型。

这个假设隐含的条件是，买家并不受现金有限的约束。

我们在本书第 5 章的讨论中会加入现金约束。在那之前，除非有进一步的说明，否则我们将忽视现金约束。富有想象力的卖家早就找到了许多用来绕过现金约束的方法，这一点甚至连列宁（Lenin）也认识到了。据说，当有人问他，如果绳子不够用，要怎样做才能绞死资本家时，列宁给出了这样的答案："他们会赊绳子给我们的。"

现在，让我们再回过头来讨论一下在辣椒和盐之间进行选择的问题。假如你是盐的卖家，你要怎样做才能诱导买家购买盐而不是辣椒呢？很显然，通过降低
价格就可以实现这个目标。就这个例子而言，只需把盐的价格下降到 2 美元以 6
下，盐的消费者剩余就比辣椒的消费者剩余要多了。或者，也可以诱导买家将盐的保留价格至少提高 1.51 美元。换句话说，也就是让买家提高对盐的估价。这可能需要让买家对产品的实用性有更多的认识（这可以通过广告宣传的途径实现），或者改进产品（或服务）（即增加产品或服务的价值）。

如果买家对不止一个单位产品感兴趣，那么我们可以使用增量保留价格来进行建模。

例 1： 表 1.1 显示了不同数量的产品"唆麻"（Soma）的增量保留价格。[1]

表 1.1 增量保留价格

数量	第一单位	第二单位	第三单位	第四单位
买家 A 的保留价格	7	5	3	1

这个表格表示买家把第一单位"唆麻"的价值确定为 7 美元，把第二单位"唆麻"的价值确定为 5 美元……依此类推。请注意，她确定的增量保留价格随着单位数的增加而下降，因此她的行为反映了边际收益递减。你可以假设第五单位或再往后的单位的"唆麻"的保留价格为零。

如果每单位"唆麻"的价格是 4 美元，那么她会购买多少单位呢？她会购买尽可能多的单位"唆麻"来最大化她的消费者剩余。因此，如果她购买了 1 单位"唆麻"，那么她的消费者剩余将是 $7-4=3$。如果她购买了 2 单位"唆麻"，那么她的消费者剩余是 $7+5-4\times2=4$。如果她购买了 3 单位"唆麻"，那么她的消费者剩余将是 $7+5+3-4\times3=3$。如果她购买了 4 单位"唆麻"，那么她的消费者剩余将是 $7+5+3+1-4\times4=0$。因此，当她购买 2 单位"唆麻"时，她的消费者剩余最大。 □

---

① "唆麻"，一种可能是虚构的植物，据说在印度，它的汁液可以用来生产一种能够令人兴奋的药物。在阿尔多斯·赫胥黎（Aldous Huxley）的乌托邦小说《美丽新世界》（*Brave New World*）中，"唆麻"是一种麻醉剂，由国家分配给人们使用，目的是促进"社会和谐"。

通常买家会通过代理人购买商品。举例来说，大公司一般会雇用采购专家采购商品。在这些情况下，代理人的动机和他们的上级部门的动机可能会不一致。[1] 不过在下面的讨论中，我们暂且不考虑这种可能性。

1.4 需求曲线

需求曲线概括了单个个体或者他们的集合的需求是如何随着他们所要支付的价格的变化而变化的（当然条件是，其他商品和服务的价格保持不变）。为了说
7 明需求曲线的便利性，我们假设有 100 万个买家，每个买家都有兴趣购买某种特定的商品，而且每个买家最多只购买一单位该商品。每个买家都赋予了这个商品一个保留价格。比如说，在给定价格为 p 的情况下，我们必须计算出保留价格至少为 p 的买家数量。对 100 万个保留价格进行归档分类并不会构成很大的负担。然而，要保存 100 万个保留价格可能是很不方便的一件事情。我们可以使用一个代数函数来总结所需的信息，即用这个函数来表示给定价格下的买家数量。[2] 需求曲线的一个例子是 $D(p)=100-2p$。等号左边表示消费者所面对的作为单位价格 p 的函数的需求（量），右边则给出了需求的精确函数形式。在这个例子中，如果单位价格 p 为 3 美元，那么需求将是 $100-2\times3=94$ 单位。当 $D(p)<0$ 时，我们将价格 p 解释为需求为 0 的价格。使得 $D(p)=0$ 的最低价格 p 称为**窒息价格**（choke price）。严格地说，我们应该将需求曲线表示为 $D(p)=\max\{100-2p, 0\}$，以强调对于高出窒息价格的价格，需求为零。但是，我们通常不会用这种方式来表示需求曲线，因为我们肯定会牢牢记住，当价格高于窒息价格时，需求将为零。

需求是关于买家所面对的价格的函数，而不是关于卖家制定的价格的函数。这两种价格并不总是相同的。例如，假设对卖家所设定的价格征收 5%的销售税。如果卖家设定的不含税的单价为 p，那么买家应该支付的价格则为 $1.05p$。

需求函数的一个重要特征是，当买家为购买某种商品需要支付的价格上升时（在其他商品和服务的价格保持不变的情况下），买家对该商品的需求将会下降。如果你销售商品或服务时，需求与价格的关系与上述情况相反（也即需求与价格成正比），那么你就应该坐在海滩上舒舒服服地挣钱，而用不着再来

---

[1] 在某些行业中，卖家在销售设备时，会想办法把买家“锁定”起来，让对方不断地购买自己的备件和服务。如果只根据初始购买支出数额去评估买家的购买代理人的工作绩效，那么精明的卖家会把原始设备的价格定得比较低，而把备件和服务的价格定得比较高。

[2] 就单个个体而言，需求曲线概括了增量保留价格表中所记载的所有信息（见例 1）。

读这本书了。

1.4.1 价格的敏感度

要想理解价格是如何确定的，最基本的一点是理解需求对价格变化的敏感度。这个敏感度用**需求弹性**（elasticity of demand）来衡量。也就是说，需求弹性衡量的是在保持其他价格不变的情况下，需求对价格变化的敏感度。从形式上看，需求弹性是**在其他条件相同的情况下**，单位价格出现了一个无限小的百分比变化时需求量的百分比变化。现在暂且不去细想“单位价格出现了一个无限小的百分比变化”到底是什么含义，我们可以把需求弹性表示为：

一(需求量变化的百分比/价格变化的百分比)

虽然需求弹性的上述表达式当中有一个负号，但是它是一个介于 0 和 ∞ 之间的非负数。[①] 这是因为价格的上升会导致需求的下降，从而使得分子为负。前面再加上一个负号，最终计算出来的需求弹性就是正的。需求弹性的这个定义虽然很容易理解，但并没有明确地说明需求弹性会随当前价 8
格而变化这个事实。例如，如果巧克力的价格是 1 美分/磅，那么我们预期价格上涨 50%不会对它的需求产生显著的影响。相反，如果它的价格是 1 美元/磅，那么价格上涨 50%就可能会对需求产生相当大的影响。因此，需求对价格变化的敏感度不仅取决于变化的幅度，还取决于发生变化的基础价格。

接下来，让我们回到“单位价格出现了一个无限小的百分比变化”到底是指什么这个问题上来。

（1）假设当前单位价格为 p，则当前需求为 $D(p)$。

（2）把单位价格稍微提高一点，比如说，提高到 $p+h$。

（3）新的单位价格下的需求量是 $D(p+h)<D(p)$。

（4）需求量下降的百分比为 $100\%\times\dfrac{D(p)\ -D(p+h)}{D(p)}$。

（5）单位价格上涨的百分比为 $100\%\times\dfrac{(p+h)-p}{p}$。

（6）将需求量变化的百分比除以单位价格变化的百分比，就得到了需求弹性，然后令 h 趋于 0。不过这一步只有在 $D(p)$ 是可微的情况下才能执行。

具体地说，在第（6）步，我们有：

---

① 这与传统的表示需求弹性的方法是不同的，传统的表达式中没有这个负号，尽管那会使得弹性成为一个负数。但是，负的弹性（比如说，−3）从来没有人提到过。

$$\frac{\frac{D(p)-D(p+h)}{D(p)}}{\frac{(p+h)-p}{p}}=\frac{D(p)-D(p+h)}{D(p)}\times\frac{p}{(p+h)-p}$$

$$=\frac{D(p)-D(p+h)}{D(p)}\times\frac{p}{h}=\frac{p}{D(p)}\times\frac{D(p)-D(p+h)}{h}$$

$$=-\frac{p}{D(p)}\times\frac{D(p+h)-D(p)}{h} \tag{1.1}$$

现在，令 h 趋于 0。式（1.1）中乘号右边的那一项就变为：

$$\lim_{h\to 0}\frac{D(p+h)-D(p)}{h}=\frac{\mathrm{d}D(p)}{\mathrm{d}p}$$

因此，如果 $D(p)$ 是可微的，那么需求弹性就为 $-\left[\frac{p}{D(p)}\right]\frac{\mathrm{d}D(p)}{\mathrm{d}p}$。

例 2：假设需求 $D(p)$ 为单位价格 p 的函数，函数形式为 $3-0.5p^2$，那么，需求弹性（作为 p 的函数）为：

$$\frac{-p}{3-0.5p^2}(-p)=\frac{p^2}{3-0.5p^2}$$ □

如例 3 所示，需求作为单位价格 p 的函数，不一定是可微的。

---

9 **例 3**：假设 $D(p)=3-p$，$0\leqslant p<2$，且 $D(p)=2-0.5p$，$2\leqslant p\leqslant 4$。该需求函数的曲线如图 1.1 所示。

当 $p<2$ 时，需求对价格的导数为 -1，但是当 $p\geqslant 2$ 时，该导数则为 -0.5。因此，需求函数的曲线的斜率取决于在 $p=2$ 的左边还是右边。对于 $p<2$，我们用 $3-p$ 来计算需求弹性，得到的结果是 $\frac{p}{3-p}$。而对于 $p>2$，我们用 $2-0.5p$ 来计算需求弹性，得到的结果是 $\frac{0.5p}{2-0.5p}$。不难注意到，在 $p=2$ 时，从弹性的第一个表达式得到的值为 2，而从第二个表达式得到的值则为 1。因此，在价格为 2 美元处，1%的价格变化所带来的需求变化的百分比将取决于人们认为那 1%的价格变化到底是上涨还是下跌。

那么这样的需求曲线是如何产生的？假设对于某种假想商品，有两个不同的市场。在市场 1 中，需求作为价格的函数的形式为 $D_1(p)=1-0.5p$，在市场 2 中则为 $D_2(p)=2-0.5p$。在市场 1 中，该商品的窒息价格为每单位 2 美元。如果在每个市场中的价格 p 都几乎等于每单位 2 美元，那么对于这样一个价格，总需求将是 $D_1(p)+D_2(p)=1-0.5p+2-0.5p=3-p$。当价格超过了每单位 2 美元时，市场 1 中的需求将下降为零，总需求将变为 $2-0.5p$。 □

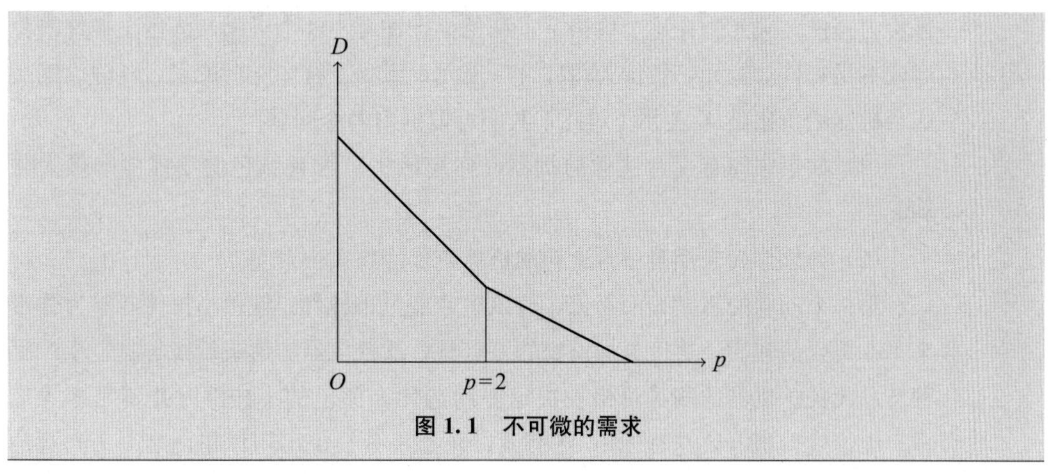

图 1.1 不可微的需求

1.5 反需求函数

虽然用价格的函数来表示需求似乎很自然，但是用**反**（inverse）需求函数来表示这种关系往往更加方便。也就是说，将价格写成需求量的函数，并记为 $p(q)$。举例来说，下面就是一个反需求函数：

$$p(q)=\max\{7-2q, 0\}$$

与对需求函数的处理一样，我们一般将这个反需求函数写成 $p(q)=7-2q$，不过一定要记住，当 $7-2q<0$ 时，$p(q)=0$。对应的需求曲线为 $D(p)=\frac{7-p}{2}$。如果我们按保留价格的降序来对买家排序，那么我们可以把 $p(q)$ 看作是该有序 10
表中的第 q 个买家的保留价格。类似地，如果你是卖家，要卖 q 单位商品，那么每个买家的保留价格至少是 $p(q)$。

1.6 相关成本

在确定某个特定的选择的盈利能力时，唯一重要的成本是那些与所考虑的选择相关的成本。考虑下面的假想例子。假设有一台机器，它可以制造两种小挂件，一种是红色的，另一种是蓝色的。① 红色小挂件的生产成本为每件 1 美元，

① 这里所说的“小挂件”，原文对应的英文单词为“widget”。在《牛津英语词典》中，“widget”的定义是发明出来的任何小工具或小机械。例如，某些品牌的啤酒罐底部的塑料容器，也可以用于其他用途，那就是一个“widget”。［中译本为了行文方便，译为“（小）挂件”。——译者注］

售价为每件2美元。在这个价格下，红色小挂件有100个买家。蓝色小挂件的生产成本是每件2美元，售价为每件2.5美元，市场上有300个买家。再假设购买这台机器的价格是 X 美元。对此，我们可以提出两个问题：

(1) 如果你拥有一台这样的机器，你应该生产哪种颜色的小挂件来最大化利润？

(2) 如果你尚未拥有一台这样的机器，你应该买一台吗？

第一个问题的答案显而易见，应该生产蓝色小挂件。蓝色小挂件能够为你带来150美元的利润。这里更加重要的一点是，这台机器的购买价格与决定生产哪种产品无关。机器的购买价格在决定要制造什么颜色的小挂件时并不是相关成本。无论这台机器要花费你10亿美元，还是一分钱也不用你花，第一个问题的答案都不会改变。

第二个问题的答案则更加复杂一些。首先，我们必须决定，如果我们已经拥有了这台机器，我们可以赚取多少利润（这是第一个问题的答案）；然后我们再来验证，这笔利润是不是足以支付购买这台机器的成本。如果购买机器的价格小于150美元，我们就应该选择购买机器，否则就不要购买。因此，对于第二个问题，机器的购买价格是一项相关成本。

一项特定的成本可能与一组选择相关，而与另一组选择无关。在选择能够使利润最大化的选项时，我们会忽略所有不相关的成本。

1.7 成本函数/成本曲线

一个企业的技术特征可以用它的总**成本函数**（cost function）或总成本曲线 $C(q)$ 来概括。函数 $C(q)$ 表示生产 q 单位产品所需的最小总成本。① 我们假设，随着产量的增加，总成本要么保持不变，要么随之增加。②

11 我们感兴趣的是，企业的效率如何随着产量的增加而变化。随着（以产量衡量的）生产规模的扩大，企业的效率是提高了还是降低了？答案将取决于成本曲线的斜率或成本函数（相对于 q）的导数的具体情况。$C(q)$ 对 q 的导数称为产出的**边际成本**（marginal cost）。因此，边际成本就是再多生产一个无穷小的产量所增加的成本。这就是说，第 t 单位产出的边际成本，就是在 $q=t$ 处求得的导数 $\frac{dC}{dq}$。有的时候，我们会将它写成如下形式：$\left.\frac{dC}{dq}\right|_{q=t}$。

---

① 这也就意味着假设每家企业都以自己特有的最有效的方式使用其技术。这个假设回避了解释为什么两家拥有相同技术的企业会有不同的成本的问题。此外，成本函数刻画了一家企业的生产能力的所有方面，即技能、知识和机器等等。

② 请想一想，如果这是错误的，将会发生什么。

在讨论边际成本时，有时可以考虑它的一个近似值：增加一单位产出所增加的成本。这种思考方法可能很有用。

再多生产一单位完整的产品所增加的成本，只是对实际边际成本的一个**近似**。为了理解这么说的原因，不妨考虑这样一条成本曲线 $C(q)=q^2$。假设你现在正在生产两单位产出并且想知道产出为两单位时的边际成本。假设生产两单位产出的成本是 4 美元。现在，把产量增加到三单位。生产三单位产出的成本是 9 美元。所以，成本的增量为 9 美元－4 美元＝5 美元。根据这个近似值，有人可能会认为（产出为两单位时的）边际成本就是 5 美元。这是不正确的。请注意，在这个例子中，$\frac{\mathrm{d}C}{\mathrm{d}q}=2q$。因此，$\left.\frac{\mathrm{d}C}{\mathrm{d}q}\right|_{q=2}=2\times 2=4$，即两单位产出处的边际成本为 4 美元，而不是 5 美元。根据观察到的边际成本随着产量的增加而变化的不同特点，我们可以将企业分为如下三类：

如果$\frac{\mathrm{d}C}{\mathrm{d}q}$不变，那么成本曲线为 $C(q)$ 的企业是**规模收益不变**（constant returns to scale）的。如果$\frac{\mathrm{d}C}{\mathrm{d}q}$是递减的，二阶导数为负，即$\frac{\mathrm{d}^2C}{\mathrm{d}q^2}<0$，那么就说该企业是**规模收益递增**（increasing returns to scale）的。像联邦快递（Federal Express）这样的快递公司就是规模收益递增的，也就是说，随着它们服务的客户数量的增加，为每个新增客户提供服务的增量成本是下降的。这是因为将新客户合并到现有路线中来的成本要低于为他们提供专用路线的成本。

如果一个企业的边际成本随着产量的增加而增加，那么就说该企业是**规模收益递减**（decreasing returns to scale）的。因此，这类企业的成本函数的二阶导数为正。从事资源开采的那些行业通常会陷入规模收益递减的困境。例如，开采石油的成本会随着钻井深度的增大而增加。

当然，在现实世界中，一家企业的技术通常并不能恰到好处地完全归入这些类别。许多时候，更准确的说法是，对于较小的 q 值，$C(q)$ 可能显示出规模收益递增的特点。这可以解释为企业在提高产量的同时也在学习和改进生产 12
技术。然后，当产量提高到一定程度之后，企业将进入规模收益不变的阶段，因为它已经在生产过程中实现了所有可能的技术改进。再随后，企业可能会遇到产能限制或需要加班等困境，那也就意味着 $C(q)$ 将呈现出规模收益递减的特点。

现在假设，每单位“唆麻”的通行价格是 p；为了简单起见，再假设企业能够以每单位 p 的价格售出任意数量的“唆麻”。当然，这是不现实的，下一章我们将放宽这一假设。

令 $C(q)$ 表示生产 q 单位“唆麻”的总成本。如果企业选择生产 q 单位的

“唆麻”，那么它可以获得的利润将为

$$pq-C(q)$$

其中第一项，pq，是售出 x 单位产品的总收入（假设它能卖出所有产品）。第二项，$C(q)$，是生产 q 单位产品的总成本。

如果成本函数的具体形式为 $C(q)=q^2+3$，单位销售价格是 7 美元，那么我们这家神秘企业的利润（作为产量 q 的函数）就等于

$$7q-(q^2+3)$$

要想确定利润最大化时的产出水平，即能够使 $7q-(q^2+3)$ 的值最大的 q 是什么，我们可以将上述利润表达式对 q 求导，并令导数等于零，即

$$7-2q=0\Rightarrow q=3.5$$

因此，$q=3.5$ 就是能够实现利润最大化的产出水平的候选值。为了验证它确实是一个全局最大值，我们需要检验利润的二阶导数的符号。很容易看出，这个二阶导数是负的，所以我们可以确定 $q=3.5$ 就是利润最大化时的产出水平。

更一般地，如果我们将 $pq-C(q)$ 对 q 求导，并将其设为零，我们就可以得到

$$p-\frac{\mathrm{d}C}{\mathrm{d}q}=0 \tag{1.2}$$

解方程式（1.2），得到的 q 值就是我们需要的能够实现利润最大化的产出水平的候选值。然后，为了验证这一点，我们要求在这个产出水平上求得的利润的二阶导数是负的，即 $-\frac{\mathrm{d}^2C}{\mathrm{d}q^2}<0$，而这又意味着 $\frac{\mathrm{d}^2C}{\mathrm{d}q^2}>0$。换句话说，在这个产出水平上，技术必须显示出规模收益递减的特点。假设技术满足规模收益递减的条件，我们就找到了利润最大化的产出水平。这个简单的例子表明，利润最大化的产出水平由两个因素决定：单位销售价格和产出的边际成本。

如果企业所采用的技术是规模收益递增的，情况又会怎样呢？这是不是意味着我们无法确定利润最大化的产出水平了？如果技术是规模收益递增的，边际成本会随着产量的增加而下降。因此，如果生产第一单位产品是有利可图的，那么生产第二单位产品就更有利可图……依此类推。最终，企业
13 将生产出无限数量的产品。这显然是一个愚不可及的结果。这是假设企业能够以每单位 p 的价格出售所有产品的结果。事实上，不难预料，随着产量的不断增加，如果不降价，产品将很难销售出去。关于这个问题的进一步讨论，请参阅第 2.10 节。

而在规模收益递减的情况下，随着产量的增加，边际成本随之上升。最终，边际成本将会超过销售价格。当这种情况发生时，企业就会停止生产“唆麻”。

为什么？因为下一单位产品的成本将增加到超过该单位的收入的水平。前面这些内容可以总结如下：

假设企业能够以每单位 p 的价格出售任意数量的产品。在规模收益递减的情况下，当产出的边际成本等于 p 时，就达到了利润最大化的产出水平。

第2章 单位利润与销售数量的权衡

如果你来到了澳大利亚第二大城市墨尔本，一定要到丹顿农山脉的“天之高”观景台驻足片刻。从这里向北放眼望去，可以看到以亚历山大·金莱克（Alexander Kinglake，1809—1891）命名的金莱克镇——尽管，他从未踏足过澳大利亚。这都是金莱克所著的关于克里米亚战争史的八卷本的影响所致。这本著作受到了普遍的好评，也为他带来了崇高的荣誉。他的另一本书《日升之处》（*Eothen*）也经常被人们谈起，这本书记录了他在黎凡特的足迹。不过，这本书的新颖之处却在于它对人的感受和印象的关注，而不是对具体地点的关注，也许正是这个特点使它成为第一本具有现代意义的游记。

就像金莱克的历史著作一样，他的《日升之处》也是一本非常畅销的书。1834年，金莱克离开了奥地利边境小镇塞姆林（现在位于波兰），那个小镇是“可驾车旅行的欧洲的尽头”，他随后前往“东方世界的辉煌和浩劫”。将塞姆林与奥斯曼帝国分隔开来的河流对面，是一片瘟疫肆虐的土地。出发前往那里，就如同准备前往受死一样：

> ……他们问我们，是不是真的完全确信我们已经把在基督教世界的所有事务都料理妥当了，我们是不是真的没有什么“临别请求”需要提出来……没有，确实没有。我们所有的“宝贝”都已经安全地装到了船上，我们已经准备好了与它们一起远行到天涯海角。

在君士坦丁堡（现在的伊斯坦布尔），金莱克参观了大巴扎市集（Kapilcarsi），在那里一个当地商人给商品定价的方法极大地触动了他：

> 那位叫作穆斯塔法，或者是阿布都拉，又或者是阿吉·穆罕默德的人，带着小包货品蹒跚地从水畔走上来，那包货则是他从一艘希腊双桅帆船上批

> 发来的。当他终于来到传统市集中属于他的地盘的那个角落之后，他把货物放在柜台上，自己则斜倚着柜台；然后从烟袋里拿出烟点燃吸着，好整以暇地“守株待兔”，耐心地等着获得“自由开放市场中所能要到的最好价钱”。这就是他作为卖家的公平权利。他没法找出最好的价钱是多少，一切都只能靠他自己亲身实验。他无法知道需求是不是紧张，或者是不是供过于求，完全只能靠顾客会对他那一小批货开价多少而定；所以他从一开始就漫天讨价，然后步步退让，直到遇到买家为止。因此他的做法永远是先来个狮子大开口，而后费尽心机才脱手。
>
> 于是，在这个讨价还价的挣扎过程中，辩论的场合不断产生。当卖家察觉那批尚未摊开的货物已经吸引了适当买家的目光时，他就开始发表开场白了。他以东方式的赞美之辞赞遍他那一疋疋的细平布以及绣金丝绸，一边说着，一边缓慢而优雅地挥着双臂，说辞起伏有致，高潮迭起兼平稳妥当，直到那番话兼具了分量与效力，接着就以郑重肃穆之态来个总结。那位可能的买家则专注而又认真地听完整个演说；可是等到演说告一段落时，就轮到他
> 开讲了。他殚精竭虑，竭力表明自己为何不该以高出实价二十倍的价格购买 15
> 这些货品。在旁看热闹的人也受到辩论的吸引，纷纷以独立成员的姿态插嘴进来；卖家则做出答辩，价钱也跟着降下来，此举又为这批货物带来另一场新辩论。然而，有时候，如果那个商人是个非常虔诚的穆斯林，同时又富有得足以令他扣着货不卖，他就会以更高人一等的姿态出现，保持着类似审判官的威严，在摊位上接待上门的人，而这些买家倒仿佛成了追求者而非顾客。卖家会静静地听完那套长篇大论，直到对方以开价为总结后，以直截了当的单音节“Yok”作为答复。它的含义一清二楚，就是“不！”。*

一些卖家讨价还价，而另一些卖家则直接公布底价，毫不退让。那么究竟应该采取什么做法为好呢？如果要公布价格，应该定为多少？这些就是我们现在要讨论的问题。我们不妨从金莱克所描述的“虔诚的穆斯林”的策略开始讨论。高价格意味着单位利润大，但是货物卖出去的可能性较低，或者销售数量少。低价格意味着单位利润小，但是货物卖出去的可能性较高或销售数量多。这两种价格之间有一个“最优价格点”。人们自然会问，这个“最优价格点”到底取决于什么。

所以，我们可以先集中精力讨论单位利润** 与销售数量之间的权衡，而暂且

---

* 上面两段译文参考了人民文学出版社 2016 年 12 月出版的金克莱的《日升之处》，该书译者是黄芳田。——译者注

** 单位利润，英文为 margin，即利润率，在本书中译为“单位利润”读起来更通顺一些。有时也根据上下文需要译为“利润空间”。——译者注

忽略竞争。因此，当我们改变价格时，我们实际上是在假设竞争对手（如果有竞争对手的话）不会改变他们的价格或提供的商品数量。在经济学中，对这样一种假设有一个简称，那就是正在定价的这家企业是处于**垄断**（monopoly）地位的。“垄断”一词源于古希腊语中的“monos polein”，意思是“独家销售”。不过，在使用垄断假设的时候，我们采用的并不是这个词原来的字面含义。当我们假设一家企业是垄断企业时，实际上是指它的竞争对手不会因它改变了价格而改变自己的价格。这个假设是有限制的，但是它使我们能够了解买家将如何对卖家的价格做出反应（而不必考虑其他问题）。放弃这个假设的后果将在后面的章节中讨论。

那么，卖家为什么要选择通过公开标价进行销售呢？当卖家打算同时向许多买家销售商品时，与每个人分别谈判的成本会变得很高。在这种情况下，采用公开标价是有合理性的（即对每个买家做出一个“要么接受这个价格，要么就不要买我的东西”的报价）。[①] 如果卖家是通过中间商进行销售的，那么公开标价可以省很多事，因为卖家不必向中间商发布每笔交易的价格何时变动以及变动幅度的详细指示。公开标价还可以减少中间商与买家之间串谋的可能性。

现在假设，垄断者出售一种可分割的商品（比如说，“唆麻”），而且它的品质是所有买家都熟知的。那么，垄断者对每个买家购买的商品都收取相同的单价。

垄断可以用一个规模收益递减的成本函数 $C(q)$ 来刻画，其中 q 为产量。需求则可以用一个向下倾斜的可微分的需求函数 $D(p)$ 来刻画，它指单位价格 p 下对“唆麻”的需求量。垄断者的问题是选择一个价格和一个产量，以实现利润最大化。因为需求是已知的，所以垄断者一旦选择了单位价格 p，也就隐含地选择了产量 $D(p)$。反之亦然。

16 因此，垄断者面临的问题的一个求解思路是确定价格 p，即在什么价格上销售能够实现利润最大化。这个问题的代数形式可以写为

$$\max pD(p)-C(D(p))$$

$$\text{s.t. } p,\ D(p)\geqslant 0$$

在这里，s. t. 是“subject to”的缩写，意为必须满足的约束条件。要进行下一步，我们必须先搞清楚如何解决这个问题。

例 4： 假设垄断者的生产成本函数为 $C(q)=q$。这个函数意味着，如果垄断者生产了 5 单位产品，那么生产这 5 单位产品的总成本是 5 美元。如果垄断者生产了 6 单位产品，那么总成本是 6 美元。注意，每单位产品的边际成本是 1 美元（即规模收益不变）。再假设 $D(p)=9-p$。一旦垄断者选择了单位价格 p，也就决定了需求。垄断者会生产

① 如果只有一个买家，这种论证就不再适用了。我们将在本章后面部分讨论这个问题。

出恰好能完全满足需求的产品。所以：

(1) 选择价格 p。

(2) 在选定的价格 p 下，需求将是 $9-p$。

(3) 垄断者生产 $9-p$ 单位产品。

(4) 对于选定的这个产量，垄断者的收入将是 $p(9-p)$。

(5) 生产这个产量的产品的成本是 $9-p$。

(6) 利润将为 $(9-p)p-(9-p)=-p^2+10p-9$。

(7) 我们的目标是求解

$$\max -p^2+10p-9$$

$$\text{s. t. } 9-p\geqslant 0$$

$$p\geqslant 0$$

第一个约束条件确保需求非负，第二个约束条件确保价格非负。

(8) 我们先暂时忽略这两个约束条件，求解一个无约束条件的最大化问题：$\max_p -p^2+10p-9$。

(9) 我们对 $-p^2+10p-9$ 取微分并令之为 0：

$$-2p+10=0\Rightarrow p=5。$$

由于利润的二阶导数对于所有的 p 值都是负的，我们可以确定找到了这个无约束条件的最大化问题的最优解。

(10) 不难注意到，$p=5$ 满足上面忽略的两个约束条件，因此我们已经找到了上面第 (7) 点中的原始最优化问题的解。

在接下来的例子中，我们将会略去上面的许多步骤，相信读者能够自行把它们补上。 □

在例 4 中，我们选择价格 p 作为变量。我们同样也可以选择产量 q 作为变量。

例 5：假设垄断者的生产成本函数为 $C(q)=q$，这样，每单位产品的边际成本为 1 17
美元。令 $D(p)=9-p$。一旦垄断者选择了一个产量 q，也就决定了他要制定的、能够将所有产品都销售出去的价格。因此，要出售 q 单位产品，垄断者必须选择单价 p，使得 $q=9-p$（即 $p=9-q$）。这里的表达式 $p=9-q$ 是反需求曲线。所以：

(1) 选择一个数量或产量 q。

(2) 在选择的数量上，价格将是 $9-q$。

(3) 对于选定的这个数量，垄断者的收入将是 $q(9-q)$。

(4) 生产这个数量的产品的成本是 q。

（5）利润将为 $(9-q)q-q=-q^2+8q$。

为了找到能够实现利润最大化的 q 值，我们将 $-q^2+8q$ 对 q 求导，令其为 0（即 $-2q+8=0\Rightarrow q=4$）。不难验算二阶导数为负。 □

因此，从原则上说，给定需求函数和成本函数，我们就可以确定能够实现利润最大化的价格。然而，这种计算并不能揭示出，或者说，至少不能立即揭示出，是什么因素决定了单位利润与销售数量之间的适当权衡。

2.1 加成公式

接下来，我们从另一个角度来看这个问题。将例 4 中的利润函数改写为：

$$(p-1)(9-p)$$

式中第一项是每售出一单位产品可以获得的利润。第二项是销售数量。这两项的乘积就是总利润。当 p 提高时，在这个利润的表达式中会发生两件事情。单位利润（$p-1$）会增大，但是销售数量（$9-p$）将下降。如果 p 下降，那么单位利润将缩小，但是销售数量会增加。选择使利润最大化的价格就是为了平衡这两种相互对立的力量。

如果把这个例子中的总利润对价格的曲线画出来，我们就可以看到（读者应该自己去画一下），随着 p 从 $p=1$ 处开始逐步上升，利润由 0 开始增加，并在 $p=5$ 处达到峰值，然后在 $p=9$ 处又下降为 0。当价格小于 5 美元时，比如说，假设 $p=2$，垄断者可以通过提高价格来增加利润。从图中可以非常清楚地看出这一点。情况是这样的：当价格上涨时，单位利润增大，同时销售数量下降。然而，单位利润的增长快于需求的下降。我们是怎么知道这一点的？通过计算 $p=2$ 时的需求弹性。你会发现该处的需求弹性小于 1。因此，如果垄断者将价格提高 1%，需求只会下降不到 1%。也就是说，从总体上看，垄断者的境况将变得更好。

一般来说，如果某一特定价格下的需求弹性小于 1，提高产品价格总是有利可图的。在销售数量上的损失可以通过在单位利润上的收益来弥补。

18 需要注意的是，在上面这个例子中，垄断者的利润最大化价格是 5 美元，大于它的边际生产成本（1 美元）。事实上，垄断者利润最大化时的价格总是会超过它的边际生产成本。超出的程度将取决于需求对价格变化的敏感度。例如，如果需求弹性在所有价格水平上都很高，那么我们可以预期垄断者将制定接近其边际成本的价格。这个直觉结论可以通过下面的公式来精确化：

$$\frac{p-c}{p}=\frac{1}{e(p)} \tag{2.1}$$

在这里，p 为使利润最大化的价格，c 为不变的边际生产成本，$e(p)$ 为价格等于 p 时的需求弹性。[①] 方程（2.1）中，等号左边那一项是单位利润与价格的比率，称为**相对加成**（relative markup）。[②] 右边的那一项是需求弹性的倒数。[③]

也就是说，在使利润最大化的价格下，相对加成是需求弹性的倒数。需求弹性越大，（在使利润最大化的价格下，）相对加成越小。用更通俗的话来说就是，买家对涨价越敏感，垄断者能维持的价格加成越小。因此，将价格维持在高于边际成本的水平上的能力，只取决于需求弹性。需求弹性那一项刻画了买家对卖家改变价格的反应。这将取决于他们对卖家的产品价值的估计、使用替代产品的机会成本等等。从这个意义上说，相对加成公式适用于所有企业，而不仅仅是垄断企业。

不难注意到，方程（2.1）的等号左边是不能超过 1 的——事实上，如果 $c>0$，那么这一项就必定严格小于 1。因此，在使利润最大化的价格下，需求弹性严格大于 1。而在使收入最大化的价格下，需求弹性为 0。这一点可以通过令 $c=0$ 时的相对加成公式推导出来，因为当边际成本为 0 时，收入最大化与利润最大化是重合的。假设需求弹性随价格上升而增大，那么使收入最大化的价格永远不可能高于使利润最大化的价格。

那么，需求弹性会随着价格上升而增大吗？并不一定总是如此。请读者回头去琢磨一下 $e(p)=-(p/D(p))(\mathrm{d}D/\mathrm{d}p)$ 这个表达式。随着 p 的上升，需求减少，即 $D(p)$ 下降。因此，$\frac{p}{D(p)}$必定增大。那么$-\frac{\mathrm{d}D}{\mathrm{d}p}$这一项又如何呢？它显然是正的，但它是递增的还是递减的？如果是递增的，那么很明显$e(p)$随着 p 的上升而增大。但是，考虑到 $D(p)=1/p$，这样一来，$-\frac{\mathrm{d}D}{\mathrm{d}p}=\frac{1}{p^2}$，它随着 p 的上升而减小。在这种情况下，$e(p)$ 将会是一个常数（即弹性不随价格变化）。考虑 $D(p)=1-p+p^2/2$。对于 $p\in[0,1]$，需求随着 p 的上升而减少。但是：

$$e(p)=-\frac{p}{1-p+p^2/2}(-1+p)$$

读者只要直接计算就可以验证：对于 $p\in[0,0.5]$，上式是递减的。因此，虽然 19
我们可能会很“自然”地认为，$e(p)$ 应该随价格上涨而增加，但是并不是必定如此。所以说，只是在我们的假设中，那才是“自然”的。事实上很难想象，当

① 方程（2.1）仅在使利润最大化的价格下有效。

② 也称为勒纳指数（Lerner index）。

③ 在本章的后面，读者会看到一个关于企业边际成本不恒定情况下的加成公式的讨论。

我们提高价格时，买家反而会对价格上涨变得不那么敏感。

如果（在每一种价格下的）需求弹性增加，价格的相对加成又会是怎样的？相对加成将会降低。当客户对价格变化变得更加敏感时，每个客户带来的利润就会下降。但是，这并不必然意味着利润也会下降。如果利润空间的缩小伴随着销售数量的足够大的增加，那么利润就会增加。

2.1.1 价格加成公式的推导

接下来，我们推导了更一般的成本函数的价格加成公式。假设有一个垄断者，它的成本函数为$C(\cdot)$，需求曲线为$D(p)$。如果该垄断者制定的价格是每单位p，那么需求就是$D(p)$。垄断者进行生产以满足这种需求，并承担成本$C(D(p))$。因此，垄断者的利润最大化问题是

$$\max pD(p)-C[D(p)]$$

$$\text{s.t. } p,\ D(p)\geqslant 0$$

使利润最大化的价格必须满足相关的一阶条件，即利润对价格的导数应该等于零：

$$D(p)+p\frac{\mathrm{d}D}{\mathrm{d}p}-\frac{\mathrm{d}D}{\mathrm{d}p}C'(D(p))=0$$

$$\Rightarrow D(p)+\frac{\mathrm{d}D}{\mathrm{d}p}[p-C'(D(p))]=0$$

$$\Rightarrow p-C'(D(p))=-(D(p)/D'(p))$$

$$\Rightarrow [p-C'(D(p))]/p=1/e(p)$$

其中，$e(p)=-(p/D(p))(\mathrm{d}D/\mathrm{d}p)$为需求弹性。读者应该还能记起，这个一阶条件只是最优性的必要条件，而不是充分条件。因此，使利润最大化的价格能够满足价格加成公式，但是并不排除某个不能使利润最大化的价格也满足价格加成公式。如果满足价格加成公式的价格是唯一的，那么它一定是能够使利润最大化的价格。如果许多价格都满足价格加成公式，那么我们就必须从中选出使利润最大化的价格。

2.2 亚马逊公司 vs. 阿歇特出版集团案例

亚马逊公司在2007年推出了Kindle。虽然Kindle不是市场上的第一款阅读器，但是它成功地推动了电子书的销售。到了2013年，电子书已经占到成人图
20 书销量的27%，仅在美国一个国家的年销售收入就达到了大约30亿美元。这个市场的三分之二都掌握在亚马逊公司手中。

最初，各出版商将电子书的标价定为比印刷价格只低几美元，然后给亚马逊

公司打五折。例如，一本标价为 24 美元的电子书将以 12 美元的批发价卖给亚马逊公司，各出版商预计亚马逊公司将以大约 24 美元的价格转售这本书。这被称为批发定价模式。然而，亚马逊公司却以 9.99 美元甚至更低的价格出售电子书。

这种情况让各出版商非常不高兴。为了迫使亚马逊公司提高定价，出版商们向亚马逊公司提高了批发价。但是亚马逊公司没有被吓倒。然后，出版商又想出了延迟向亚马逊公司交货的策略——在一本书的精装版出版发行之后，推迟数月才出版发行它的电子书。亚马逊公司仍然没有屈服。

为了迫使亚马逊公司提高电子书价格，最大的几家出版商（以阿歇特出版集团领头）决定与苹果公司（Apple）接洽，并打算从批发定价模式转向代理销售模式，即由出版商直接为读者定价，帮它们出售电子书的苹果公司和亚马逊公司则将获得销售收入的 30%。但是，苹果公司要求出版商对交给其出售的电子书设定的价格不得高于对通过任何其他渠道销售的电子书设定的价格。2012 年，美国司法部对这些出版商提起了反垄断诉讼，理由是它们非法合谋操纵电子书价格。阿歇特出版集团接受了和解，苹果公司和其他一些出版商则没有，但是随后在审判中败诉。

2014 年 3 月，阿歇特出版集团与亚马逊公司的合同到期了。作为续签的条件，亚马逊公司想把电子书的价格定为每本 9.99 美元。由于这是亚马逊公司首次与其他出版商进行此类谈判，它想开创一个先例。它通过推迟向消费者寄送阿歇特出版集团出品的某些产品，以及减少许多阿歇特出版集团出品的产品的折扣来主导局面。此外，亚马逊公司还向搜索阿歇特出版集团出版的图书的潜在消费者推荐了更便宜的替代品。亚马逊公司声称症结在于电子书的定价。2014 年 7 月，亚马逊公司向阿歇特出版集团的作者们发了一封公开信，信中称：

> 一个关键目标是降低电子书的价格。许多电子书的售价为 14.99 美元，甚至高达 19.99 美元。对于一本电子书来说，这个价格实在高得离谱。电子书不需要印刷、不需要套印、不需要提前预测、不需要事后退货、不会因为缺货而导致销售损失、不需要付出仓储成本、不需要支付运输成本，也不存在二级市场——电子书不能作为二手书转售。电子书可以而且应该更便宜。
>
> 同样重要的是，大家要理解电子书的价格弹性很大。这意味着当价格上涨时，消费者的购买量将会少得多。我们反复测量了许多种类的电子书的价格与销售数量的关系，定量分析过它们的价格弹性。售价原为 14.99 美元的电子书，如果将价格改为每本 9.99 美元，那么在原先的价格下每卖出 1 本，现在就能卖出 1.74 本。因此，如果消费者原本愿意以 14.99 美元的价格购

> 买10万本电子书，那么现在他们就会以9.99美元的价格购买17.4万本。定价为14.99美元时，总收入为1 499 000美元。而定价降低为9.99美元后，总收入却会增加到1 738 000美元。
>
> 这里需要注意的非常重要的一点是，在更低的价格下，总收入反而增加了16%。这对相关各方都有好处：单个消费者减少了33%的费用。作者们获得的版税增加了16%。阅读这本书的读者人数增加了74%。而且，这74%的销量增长，会使得这本书更有可能登上全国畅销书排行榜。（因此，
> 21 任何想进入全国畅销书排行榜的作者都应该向出版商坚持要求将电子书价格定为9.99美元或更低。）事实上，定价为9.99美元时的总收入也对图书出版商和零售商有利。在9.99美元的价格下，尽管单个消费者付出的金钱减少了，但是整体的蛋糕变得更大了，于是相关各方可以分享的东西也就更多了。

电子书的价格从14.99美元下降到9.99美元，价格的跌幅是[(14.99－9.99)/14.99]×100%＝33%。根据亚马逊公司的公开信，需求量从10万本增加到了17.4万本，增长了74%。因此，估计的需求弹性为74/33＝2.24。它显然比1大。

作者和亚马逊公司都是按销售收入的一定百分比来获得收益。由于电子书的边际成本为零，出版商也很关注收入。从价格加成公式中，我们知道使收入最大化的价格应该设定在需求弹性为1的那一点上。从亚马逊公司给出的需求弹性的估计值来看，电子书目前的价格并不能使收入最大化。那么，亚马逊公司的说法有道理吗？

不妨先站在作者的立场上想一想。亚马逊公司估计得出的弹性，是对你写的书的需求弹性的估计，还是对整个电子书类别的估计？要了解为什么这个问题很重要，请回想一下，需求弹性这个指标要衡量的是在其他价格保持不变的情况下，需求如何随价格变化。如果亚马逊公司估计的弹性仅适用于你写的书，那么，当然啦，降低你写的电子书的价格，同时保持其他电子书的价格不变是个好主意。那么，这就是亚马逊公司的计划吗？当然不是。它想要降低**所有**电子书的价格。电子书的总需求将会增加。① 这对亚马逊公司来说肯定是好事，因为该公司关心的是电子书的总销售收入，而不仅仅是你写的电子书的销售收入。就算总需求随着价格的下降而增加，对你写的书的需求也不一定会随之增加。

---

① 人们其实应该问一下，这些额外需求来自哪里。是现有的读者购买了更多的书，还是吸引了以前可能只知道玩电子游戏的新读者？

2.3　边际收入

边际收入（marginal revenue）是收入相对于销售数量或产量的导数。[①] 不那么正式地说，边际收入就是增加一单位产出所带来的收入的增量。边际收入听起来就像是单位售价，但它不是。为了理解原因何在，让我们看看下面这两个例子。

第一个例子。假设你可以以每单位 p 的价格将每单位产出都销售出去。那么，你售出 q 单位产出所获得的收入就是 $R(q)=pq$。边际收入将是 $\frac{\mathrm{d}R}{\mathrm{d}q}=p$（即单位售价）。

第二个例子。回想一下前面的例 4。假设你现在面对的是一条如下形式的需求曲线：$D(p)=9-p$。为了确定边际收入，你需要先把收入写成产量的函数。为什么？回想一下定义吧，边际收入是收入相对于产量的导数。像我们在例 5 中所做的那样，我们知道如何求这个导数。有

$$R(q)=(9-q)q$$

因此，

$$\frac{\mathrm{d}R}{\mathrm{d}q}=9-2q$$ 22

注意，边际收入依赖于产量水平，并随着产量增加而下降。为什么会这样？这是因为，为了卖出更多商品，你必须降低价格。在更一般的情况下，这一点也同样是正确的。令 $q(p)$ 为反需求曲线，从而边际收益 $MR(q)$ 由下式给出：

$$MR(q)=\frac{\mathrm{d}R(q)}{\mathrm{d}q}=p(q)+q\,\frac{\mathrm{d}p(q)}{\mathrm{d}q}$$

上式说明，随着 q 的增加，$p(q)$ 减小。由此可知，当 $\frac{\mathrm{d}p(q)}{\mathrm{d}q}<0$ 时，$q\,\frac{\mathrm{d}p(q)}{\mathrm{d}q}$ 也将随着 q 的增加而减小——只要 $\frac{\mathrm{d}p(q)}{\mathrm{d}q}$ 也随之减小。更正式地说，$MR(q)$ 对产量的导数为：

$$\frac{\mathrm{d}p(q)}{\mathrm{d}q}+\frac{\mathrm{d}p(q)}{\mathrm{d}q}+q\,\frac{\mathrm{d}^2p(q)}{\mathrm{d}q^2}=2\,\frac{\mathrm{d}p(q)}{\mathrm{d}q}+q\,\frac{\mathrm{d}^2p(q)}{\mathrm{d}q^2}$$

为了使 $MR(q)$ 递减，我们需要保证

$$2\,\frac{\mathrm{d}p(q)}{\mathrm{d}q}+q\,\frac{\mathrm{d}^2p(q)}{\mathrm{d}q^2}<0 \tag{2.2}$$

---

① 注意，它不是收入相对于价格的导数。

给定$\frac{\mathrm{d}p(q)}{\mathrm{d}q}$为负，因此只要假设$\frac{\mathrm{d}^2 p(q)}{\mathrm{d}q^2}<0$，就可以保证式（2.2）成立。

如果$C(q)$是成本曲线，$p(q)$是反需求曲线（即当需求为q单位时的单价），那么利润为

$$qp(q)-C(q)$$

注意，收入作为产量q的函数的形式是$R(q)=qp(q)$。为了找出能够最大化利润的产量，我们对q求导并令其为零：

$$\frac{\mathrm{d}R}{\mathrm{d}q}-\frac{\mathrm{d}C}{\mathrm{d}q}=0\Rightarrow\frac{\mathrm{d}R}{\mathrm{d}q}=\frac{\mathrm{d}C}{\mathrm{d}q}$$

为了使利润达到最大值，我们需要保证利润的二阶导数为负。当收入的二阶导数为非正且$C(q)$是规模收益递减的时，或者当收入的二阶导数为负且$C(q)$是规模收益不变的时，就应当验证是不是确实如此。由此，我们也得出了一个更著名的经济学口号：如果收入相对于产量的二阶导数为负，且生产成本满足规模收益递减或不变的条件，那么选择能够使得边际收入与边际成本相等的产量时，利润最大化就实现了。

2.3.1 关于“面积”的题外话

如果$R(q)$是q单位产出的总收入，那么边际收入$MR(q)$由$MR(q)=\frac{\mathrm{d}R(q)}{\mathrm{d}q}$给出。因此，通过微积分基本定理，我们可以得到：

$$R(q)=\int_0^q\frac{\mathrm{d}R(x)}{\mathrm{d}x}\mathrm{d}x=\int_0^q MR(x)\mathrm{d}x$$

23 非正式地说，收入就是边际收入曲线$MR(x)$下方的面积。

类似地，总成本就是边际成本曲线$MC(q)$下方的面积。为什么会这样呢？假设$C(q)$是生产q件产品的总成本，那么我们有$MC(q)=\frac{\mathrm{d}C(q)}{\mathrm{d}q}$。因此，

$$C(q)=\int_0^q\frac{\mathrm{d}C(x)}{\mathrm{d}x}\mathrm{d}x=\int_0^q MC(x)\mathrm{d}x$$

由此可见，利润就是由边际收入曲线和边际成本曲线围住的那个区域的面积。因此，如果q^*是使利润最大化的产出水平，那么总利润就等于

$$\int_0^{q^*}MR(x)\mathrm{d}x-\int_0^{q^*}MC(x)\mathrm{d}x$$

换句话说，边际收入曲线下方的面积减去边际成本曲线下方的面积就是利润，等价地，那也就是边际成本曲线上方、边际收入曲线下方的区域的面积。图 2.1 给出了边际成本为常数c时的情形。在该图中，阴影部分的面积对应于利润。

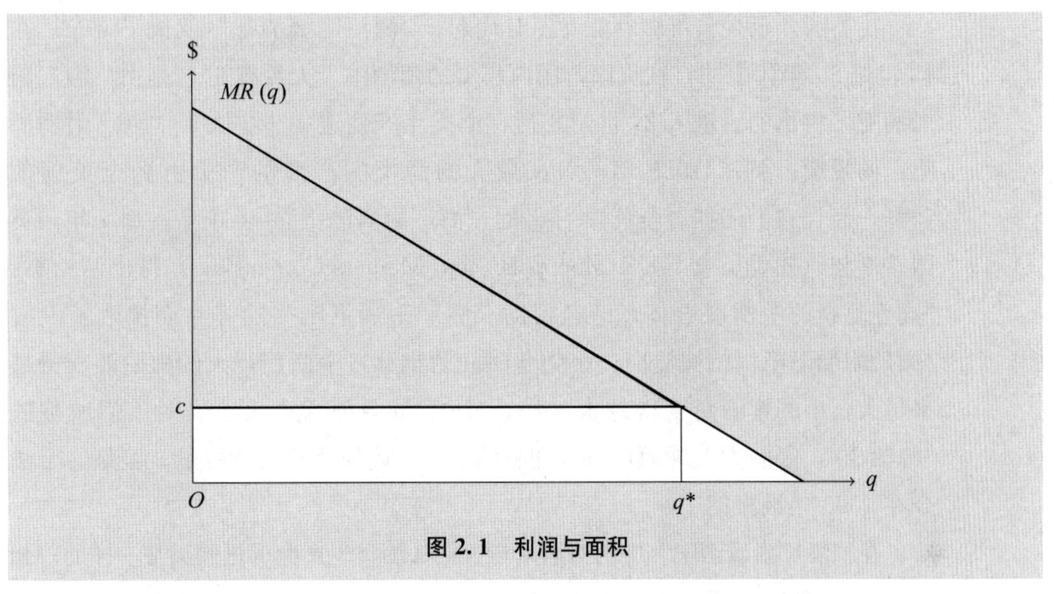

图 2.1　利润与面积

2.4　双重边际化

《美国宪法修正案》第 21 条宣告了禁酒令的终结，并赋予各州在本州境内管理酒类销售的权力。一些州选择控制所有的酒类销售（“控制州”）。其余各州则规定，在酒类生产商（蒸馏酒厂、酿酒厂、葡萄酒厂等）和零售商（餐馆、杂货店、酒类商店等）之间必须有经本州批准的中间经销商。这些州被称为“三层州”。在任何一个“三层州”，没有人可以直接从酒类生产商那里购买酒品。所有
人都必须通过经销商购买。这些经销商常常被授予在特定地区销售酒类的专有 24
权，从而在实际上造成了政府强制实施的垄断。这项限制措施是由禁酒主义者提倡的，他们希望阻止酒类生产商通过设立“酒厂附属酒吧”（tied houses）来销售自己的产品。

然而在历史上，早在禁酒令颁布之前，“酒厂附属酒吧”就已经大量存在，并曾因引诱工人吃免费但含盐量很高的食物而饱受批评（因为吃了这种食物之后，人们会觉得很口渴，从而去购买更多酒水来解渴）。“酒厂附属酒吧”的流行，甚至引起了游吟诗人吉卜林（Kipling）的注意：

> ……我偶然发现了一间酒吧，它的房间里挂满了难看的沙龙画。在酒吧里面，有几个帽子搭在背上的男子靠在柜台上狼吞虎咽地吃着东西。这就是令我吃惊不小的“免费午餐制度”了。只要你付了酒钱，你想吃多少就吃多少吧。在旧金山，一个人每天花不到一卢比就能吃得很饱，即便他已经破产了。如果你被困在了这样的地方，请一定要记住这一点。

在英国，至少自维多利亚女王时代起，“酒厂附属酒吧”就成了常态。在19世纪90年代中期，在英国范围内售出的啤酒中，大约有90%是由“酒厂附属酒吧”售出的。进入20世纪之后，酒类生产商进一步扩大了“酒厂附属酒吧”的规模。到了1989年，六家最大的酒类生产商的产量占到全英国的75%，而且它们还拥有全英国75%的“酒厂附属酒吧”。也正是在那一年，英国垄断与兼并委员会（UK Monopolies and Mergers Commission）得出结论称：“高度复杂的垄断联合体，已经帮助‘酒厂附属酒吧’的啤酒商挫败了没有‘酒厂附属酒吧’的啤酒商……随着时间的推移，垄断使得大的啤酒商变得越来越大，小的啤酒商变得越来越小。”该委员会随即推出了当时人们所称的“啤酒令”，限制大型啤酒厂可以拥有的“酒厂附属酒吧”的数量。但是这个法令在2003年被撤销了。

在“酒厂附属酒吧”中购买酒水与直接从酒类生产商那里购买是一样的。相比之下，在美国有些州所采用的三层结构下，消费者需要通过中间经销商才能买到酒水。作为消费者或酒类生产商，是不是有理由选择这种制度安排而不是另一种？提出这样一个问题虽然很容易，但是要回答它却很困难。我在这里不打算提供一个完整的分析。相反，我们将只关注其中一个方面，即通常所称的**双重边际化**（double marginalization）。当卖家不直接销售产品给最终买家，而是通过中间商进行销售时，就会出现双重边际化。

现在假设，有一家垄断制造商（M）将产品卖给一家垄断零售商（R），后者再将产品出售给下游市场。下游市场的需求是该垄断零售商R制定的单位价格 p 的函数，其表达式为 $1\,000\times(10-p)$。垄断制造商M的单位生产成本是不变的，为每单位1美元。M以每单位 w 的批发价销售产品给R。为简单起见，假设R除了要付出每单位 w 的批发价之外，不需要承担其他成本。[①] 这种情况与前面讨论过的亚马逊公司 vs. 阿歇特出版集团案例类似，阿歇特出版集团扮演了M的角色，亚马逊公司扮演了R的角色。[②]

M先行动，它规定按每单位 w 的价格将产品出售给R。由于允许M单方面设定交易条件，我们赋予了M比R优越的讨价还价权力。现在，M要选择 w 来最大化自己的利润。然后，R在 w 已给定的情况下，决定能够使自己利润最大
25 化的向下游市场出售产品的单位价格 p。我们将这种情形称为情形1。在这条决策链中，每一个行为主体都要选择一个价格加成。现在的问题是，在情形1，M会选择 w 的什么值？R又会选择 p 的什么值？

---

① 当然，也可以把其他成本包括进来，但是这样做只会使分析变得混乱，而不会提高洞察力。

② 之所以说“类似”，而不说“就是”，是因为很难说阿歇特出版集团和亚马逊公司是各自所在市场的垄断者。

由于 M 先采取行动，有人可能会认为我们的分析应该从 M 开始，但是这会带来很大的困难，因为 M 如何定价取决于 R 的反应。因此，M 必须对 R 的行为做出预期，才能决定以什么样的价格 w 对 R 出售产品。因此，我们首先考察 R 如何选择作为 w 的函数的 p（w 是 R 的单位成本）。根据价格加成公式，R 在确定能够使利润最大化的价格 p^* 时，应该满足

$$\frac{p^*-w}{p^*}=\frac{10-p^*}{p^*}\Rightarrow p^*=\frac{10+w}{2}$$

因此，下游市场的需求量将达到

$$1\ 000(10-p^*)=1\ 000[10-(10+w)/2\ ]=1\ 000(5-w/2)$$

因为 R 必须向 M 订购产品，所以 R 的需求也就是 M 的需求。而这就意味着，对于 M，其需求弹性为$\frac{w/2}{5-(w/2)}$。于是，根据价格加成公式，对于 M，能够使其利润最大化的 w 值应满足

$$\frac{w-1}{w}=\frac{5-(w/2)}{w/2}\Rightarrow w-1=2\times\left(5-\frac{w}{2}\right)$$

求解可得 $w=5.5$ 美元。

如果 M 将批发价定为 $w=5.5$ 美元，那么 R 制定的单价$=(10+w)/2=7.75$ 美元。在这个价格下，R 将获得的单位利润为 $7.75-5.5=2.25$ 美元，其需求则为 $1\ 000\times(10-7.75)=2\ 250$。因此，R 的利润（用 Π_R 表示）将为 $2.25\times 2\ 250=5\ 062.5$ 美元。

M 的单位利润则为 $5.5-1=4.5$ 美元。因此，M 可以获得的利润（用 Π_M 表示）为 $4.5\times 2\ 250=10\ 125$ 美元。因此，R 和 M 获得的利润总额为 $\Pi_R+\Pi_M=5\ 062.5+10\ 125=15\ 187.5$ 美元。

将这种情形与 M 直接向下游市场销售的情形进行一番比较可以告诉我们不少东西。我们将后一种情形称为情形 2。为什么会出现情形 2？这有三种解释：第一，M 确实可以剥夺 R 作为中间商的角色，转而直接销售产品给最终买家。第二，M 和 R 合并成一个单一的公司。第三，M 和 R 可以合谋，协调彼此的行动，以使它们的联合利润最大化。我们用 Π 表示情形 2 中 M 获得的利润。

那么，在情形 2 中，M 会选择什么样的单价来实现利润最大化？我们可以使用价格加成公式来确定。由于需求作为价格 p 的函数的形式是 $1\ 000\times(10-p)$，因此需求弹性就是$\frac{p}{10-p}$。根据价格加成公式（注意 $c=1$），使利润最大化的价格 p^* 必须满足

$$\frac{p^*-1}{p^*}=\frac{10-p^*}{p^*}$$

求解 p^*，我们得出 $p^*=5.50$ 美元。需求量则等于 $1\,000\times(10-5.50)=4\,500$。在单位价格为 5.50 美元的水平下，M 可以获得的单位利润为 $5.50-1=4.50$ 美元。因此，$\Pi=4.5\times4\,500=20\,250$ 美元。

我们可以观察到，$\Pi>\Pi_R+\Pi_M$。此外，在情形 2 中，下游市场的价格低于情形 1 中的价格。这就是说，消费者的境况得到了改善，同时作为整体的企业的境况也得到了改善。考虑到消费者和这两家企业的利益是对立的，这个结果令人惊讶。在继续讨论之前，我们应该检验这个结果是不是仅局限于所选择的这个特殊的例子。

例 6：假设 M 的边际生产成本为常数 c。当 R 设定的单价为 p 时，用 $D(p)$ 表示下游市场的需求。如果 M 选择的批发价格为 w，那么 R 选择的 p 是下式的解

$$\max_{p\geqslant0}(p-w)D(p)$$

我们用 $p^*(w)$ 表示 p 的最优选择。选择这个符号是为了明确 R 的最优价格取决于 w 这一点。

因为无论 R 销售什么都必须先从 M 批发进货，所以 M 的利润将为 $(w-c)D(p^*(w))$，而且 M 要选择能够最大化这个表达式的 w。用 $\overline{w}$ 表示 M 对 w 的最优选择。这样一来，M 和 R 两家企业的联合利润为

$$\Pi_1=(w-c)D(p^*(\overline{w}))+(p^*(\overline{w})-w)D(p^*(\overline{w}))=(p^*(\overline{w})-c)D(p^*(\overline{w}))$$

现在，用 Π_2 表示 M 和 R 能够协调价格时的联合利润。在这种情况下，该联合企业将选择的下游市场的价格 p 为下式的解

$$\Pi_2=\max_{p\geqslant0}(p-c)D(p) \tag{2.3}$$

不难注意到，$p^*(\overline{w})$ 是上述优化问题的一个可行解。因此，$\Pi_1\leqslant\Pi_2$。□

图 2.2 是对双重边际化的图示。货币数量显示在纵轴方向，产品数量显示在横轴方向。这张图中绘出了三条曲线。第一条曲线是边际收益曲线 [$MR(q)$]，它是向下倾斜的。第二条曲线是 M 的边际成本曲线，它是一条穿过了 c 的水平直线，因为我们假定它的边际成本是常数 c。第三条曲线是 R 的边际成本曲线，它是一条穿过了批发价 w 的水平直线，因为 M 以单价 w 将产品出售给 R。我们知道 $w>c$，因为 M 会设定一个高于边际成本的价格，以赚取利润。

给定 w，R 将选择数量 q^R 使自己的利润最大化。这正是使边际收入等于 R 的边际成本的数量。R 的利润将由标记着“R 的利润”的那个三角形的面积决定。M 的利润则由标记着“M 的利润”的那个矩形的面积决定。联合利润是这两个面积的总和。

现在，假设 M 和 R 合并了。合并形成的企业将会选择的数量为 q^I，使得边际收入等于边际成本 c。合并后的企业的利润为边际收入曲线的下方、穿过 c 的那条水平直线的上方的那个三角形的面积。而标记为“超额利润”的那个三角形的面积则表示因 M 和 R 合并而获得的联合利润的增量。

27

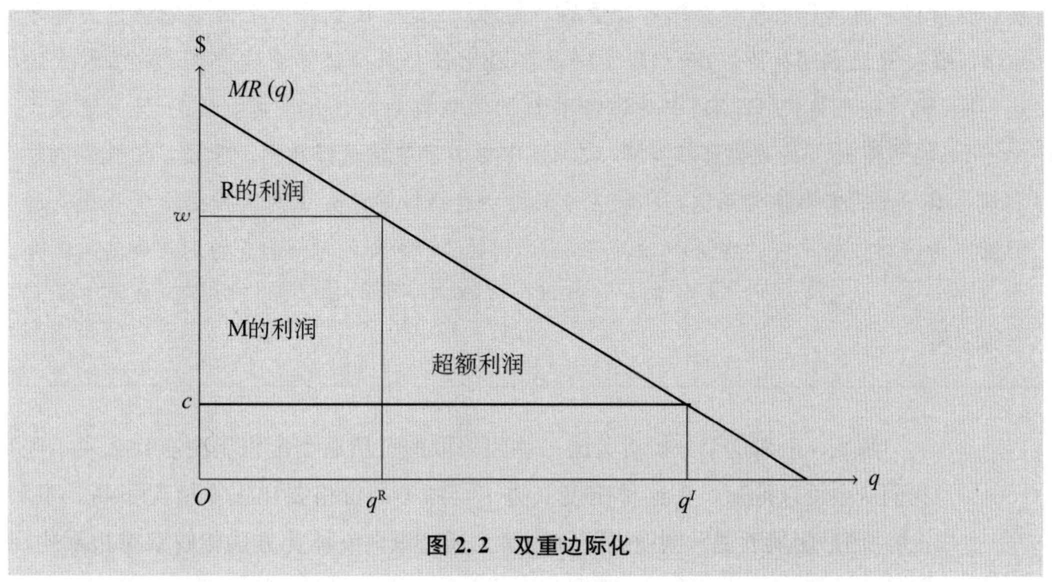

图 2.2　双重边际化

为什么 M 和 R 分别独立定价时的联合利润（$\Pi_M+\Pi_R$）会低于它们协调定价时的利润（Π）？这是因为，在决策链条中，每一个决策主体都忽略了自身的行动对另一个决策主体的影响。这就导致了比它们协调定价时更低的单位利润和更高的零售价格。这就是通常所称的双重边际化问题。那么，M 和 R 这两家企业要怎样做，才能收回这些“损失掉了”的利润呢?

（1）合并。

M 和 R 合并成一家单独的企业，这种合并也称为垂直一体化。

（2）维持一定的转售价格

M 控制 R 对下游市场的定价。在双重边际化的情况下，M 会希望给 R 的定价设置一个上限。

（3）M 在下游市场上引入一个 R 的竞争者。

可以看出，如果让 R 必须与销售同一产品的另一个零售商竞争，就相当于给 R 设置了一个价格上限。

（4）M 改变对 R 的定价方式。

M 的目标是通过奖励 R 它之前未赚到的一部分钱，去诱导 R 选择一个较低的价格。实现这个目标的其中一个途径是设置一个二部收费（two-part tariff）制，那就是以边际成本（即价格定为每单位 c）向 R 出售商品，同时收取一个固

定的费用 F。在零售行业中，F 通常称为“特许经营费”或“加盟费”。更详细的相关信息，请参考下面的示例。

例 7： 我们在例 6 的基础上继续讲述。假设 M 选择向 R 收取金额为 F 的特许经营费，然后以 c 的单价出售给它任意数量的“唆麻”。如果 R 选择的下游市场价格为每单
28 位 p，那么 R 的利润将为 $(p-c)D(p)-F$。因此 R 将选择能够使这个式子的值最大的 p。请注意，这正是式 (2.3) 中对包含了 F 的项取模后的优化问题。因为 F 不依赖于 p，所以在这里对 p 的最优选择与式 (2.3) 中对 p 的最优选择相同。于是，R 获得的总利润为 Π_2-F。或者换句话说，R 现在被激励去选择能够最大化两家企业的联合利润的下游市场价格。特许经营费 F 只决定了 Π_2 如何在 M 和 R 之间分配。特别重要的是，存在一个 F 值，它能够使得 M 和 R 各自获得的利润都比它们独立进行定价的情况下的利润要高。 □

那么，上面这个分析对美国一些州采取的三层酒类配售制度有什么启示呢？我们从中可以得知，在这种制度安排下，酒类的价格要比正常情况下高。事实上，“酒厂附属酒吧”制度也可以理解为通过纵向一体化方法化解双重边际化问题的一种解决方案。然而，英国啤酒行业的“酒厂附属酒吧”销售经验表明，虽然价格更低，但是啤酒的种类可能会有所减少。

2.4.1 基石定价法

零售商通常遵循一个简单的定价规则，即通常所称的**基石定价法**（keystone pricing）：按批发价的两倍确定零售价。这就是说，如果 M 对批发给 R 的商品的定价为 w，那么 R 制定的下游市场价格就是 $2w$。这个规则不考虑下游市场的需求弹性。因此，R 不可能是一个利润最大化者。那么，莫非采取这种定价规则的零售商都是傻瓜？这是不可能的。

假设 R 依照这个简单的翻倍规则来制定下游市场价格，而且 M 也知道这一点，并且 M 不能改变 R 的行为。如果 M 制定的批发价是每单位 w，那么 R 制定的下游市场价格为每单位 $2w$。在这个下游市场价格水平上，R 所要满足的需求量将达到 $1\ 000\times(10-2w)$。由于 R 所售出的每一件商品都必须从 M 处批发来，这就意味着 R 将向 M 订购 $1\ 000\times(10-2w)$ 件商品。因此，如果 M 制定的批发价格为 w，那么它要满足的需求量也为 $1\ 000\times(10-2w)$。与前面的例子类似，我们也可以使用价格相对加成公式来确定 M 能够使自己的利润最大化的批发价。由于 M 现在面临的需求曲线为 $1\ 000\times(10-2w)$，所以需求弹性将为 $\frac{2w}{10-2w}$。

根据价格加成公式，要实现利润最大化，w 的值必须满足

$$\frac{w-1}{w}=\frac{10-2w}{2w}\Rightarrow w-1=\frac{10-2w}{2}\Rightarrow w=3$$

而这就意味着 R 制定的零售价为每单位 6 美元。

R 可以获得的单位利润为 6－3＝3 美元，同时它面对的需求量为 1 000×(10－6)＝4 000。因此，R 获得的利润为 3×4 000＝12 000 美元。M 的单位利润是 3－1＝2 美元，因此它的利润是 2×4 000＝8 000 美元。这两家企业总共赚取的利润是 12 000＋8 000＝20 000 美元。这比前述情形 2 少了 250 美元，但是与情形 1 相比则要高一些。值得注意的是，R 的境况与情形 1 相比有了不小的改善！这是不是意味着做“傻瓜”反而有好处？在情形 1 中，R 不得不对 M 制定的价格做出反应。然而，在基石定价法下，当 R 承诺自己一定会以翻倍的形式进行价格加成时，就变成了 M 不得不对 R 做出反应了。事实上，R 在将决定下游市场价格的权力赋予 M 的同时，也决定了它自己可以将多少利润保留下来。

2.5　消费者剩余的计算 29

在例 1 中，我们利用增量保留价格表来计算单个买家在不同价格下能够获得的消费者剩余。这个方法既烦琐又乏味，如果买家不止一个，那就更不用说了。不过，只要给定了需求曲线（无论是个人的，还是不同个人的总和的），任何价格下的消费者剩余就都可以通过积分来加以计算。首先，我们描述如何用反需求曲线计算消费者剩余。随后，我们证明它可以由需求曲线确定。

2.5.1　反需求曲线

假设我们现在有一个卖家面对的反需求曲线为 $p(q)$，他决定要销售 q^* 单位商品。买家支付的总金额为 $p(q^*)\times q^*$。那么，所有买家的总保留价格将是 $\int_0^{q^*} p(x)\mathrm{d}x$（即反需求曲线下的面积）。为什么会是这样？思路是这样的：把区间 $[0, q^*]$ 分割成非常小的、宽度为 Δ 的小区间。用 q 表示其中一个小区间的终端点。如果我们把售出的数量增加到 $q+\Delta$，那么我们就要争取到 Δ 个新增的买家。这些买家中每一个买家的保留价格大约为 $p(q+\Delta)$。所有这些买家的总保留价格的增量为 $p(q+\Delta)\Delta$。因此，购入了 q 单位商品后的总保留价格大约为：

$$p(0+\Delta)\Delta+p(\Delta+\Delta)\Delta+p(2\Delta+\Delta)\Delta+\cdots+p(q^*)\Delta \tag{2.4}$$

在图 2.3 中，我们可以更加直观地看到这一点。这张图很有用。反需求曲线是图

中向下倾斜的那条曲线。数量标在横轴上。不妨想一想当我们把数量从 7 单位增加到 9 单位时会发生什么。我们增加了两单位的需求。这是横轴上从 7 到 9 之间的阴影矩形的底边长度。

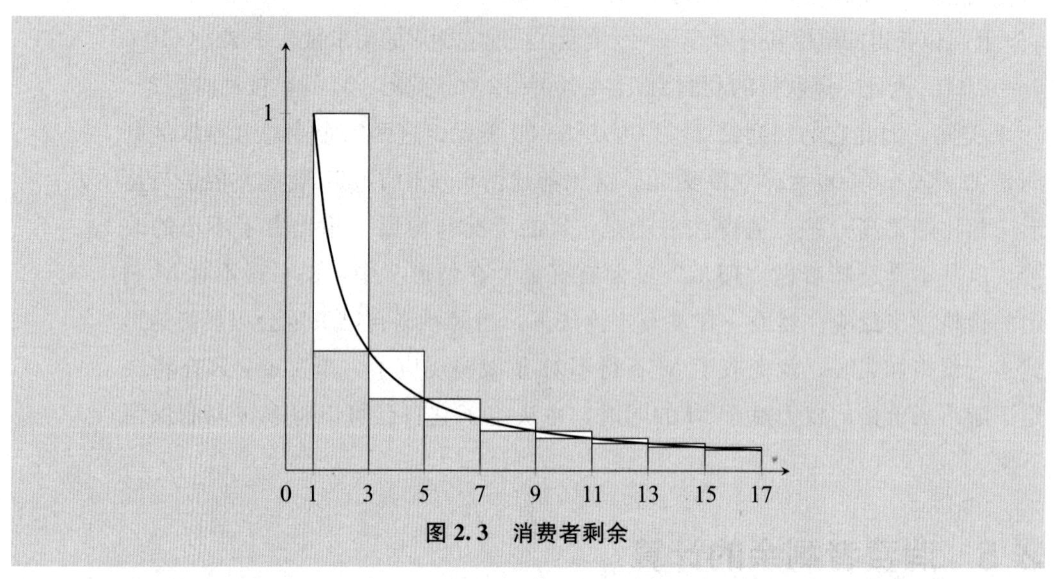

图 2.3 消费者剩余

30 这里新增的“两个”买家的保留价格大约是 $p(9)$，那是 7 和 9 之间的阴影矩形的高度。因此，此时总剩余的增加量就是这个矩形的面积。如果我们把这些阴影矩形的面积都加起来，我们就可以得出 17 单位的总剩余的估计值。因此，反需求曲线下的面积，也就是通过阴影部分来近似的面积，就是总剩余。如果我们在式（2.4）中令 $\Delta\to 0$，我们就得到一个黎曼和，它收敛于 $p(q)$ 的积分。因此，购入 q 单位商品的总保留价格为

$$\int_0^{q^*} p(x)\mathrm{d}x \tag{2.5}$$

从而，总消费者剩余就等于

$$\sum(q^*)=\int_0^{q^*} p(x)\mathrm{d}x-p(q^*)q^* \tag{2.6}$$

2.5.2 需求曲线

如果我们希望推导出作为需求曲线的函数的总消费者剩余，那么可以把 $D(p)$ 看作保留价格超过了 p 的买家的数量。令 p^* 表示垄断者选择的价格。保留价格位于区间 $[p^*, p^*+\Delta]$ 之内的买家的数量大约为 $D(p^*)-D(p^*+\Delta)$。在这些买家中，每一个买家在价格 p^* 处可以得到的剩余最多为 Δ。因此，保留价格位于区间 $[p^*, p^*+\Delta]$ 之内的买家的总消费者剩余大约是 $[D(p^*)-D(p^*+\Delta)]\Delta$。

类似地，保留价格位于区间 $[p^*, p^*+2\Delta]^*$ 之内的买家的总消费者剩余大约是 $[D(p^*+\Delta)-D(p^*+2\Delta)]\ 2\Delta$。

依此类推，对区间 $[p^*+2\Delta, p^*+3\Delta]$，$[p^*+3\Delta, p^*+4\Delta]$ …也做同样的处理，一直到窒息价格 $\bar{p}$ 为止。这样就可以计算出，总消费者剩余大约为：

$$[D(p^*)-D(p^*+\Delta)]\Delta+[D(p^*+\Delta)-D(p^*+2\Delta)]2\Delta+\cdots$$

重新整理并化简上式，可得

$$D(p^*)\Delta+D(p^*+\Delta)\Delta+D(p^*+2\Delta)\Delta+\cdots \tag{2.7}$$

如果我们令式 (2.7) 中的 $\Delta\to 0$，就得到了一个积分。因此，总消费者剩余为：

$$\int_{p^*}^{\bar{p}} D(x)\mathrm{d}x$$

其中，$\bar{p}$ 为窒息价格。

2.6　对垄断者的管制

据估计，全世界至少有 0.05%的人很容易发生过敏反应。在接触过敏原后，这些人在几分钟内就会长出发痒的皮疹，他们的喉咙或舌头会肿胀，出现气短、呕吐、头晕、血压降低等症状，如果不及时进行治疗，还会导致死亡。最主要的 31
治疗方法是肌肉注射肾上腺素。[①] 世界卫生组织已经将治疗过敏反应的肾上腺素列为基本卫生系统中最重要的药物之一。肾上腺素这种药并不算贵，每瓶的批发价介于 0.10 美元和 0.95 美元之间，所以要买到它似乎不成问题。真正的挑战在于，在需要肾上腺素的时候，就要及时将它注射到体内。使用注射器是一个显而易见的解决办法，但它也是有风险的。使用者必须精确地把握剂量，而且必须严格避免在心跳加速、双手颤抖的情况下将它注射进静脉（那可能是致命的）。目前的最新选择是一种自动注射器，它是在生存技术公司（Survival Technology, Inc.）的谢尔登·卡普兰（Sheldon Kaplan）为美国军方设计的一种用于治疗神经毒剂暴露的装置的基础上开发出来的。

这种用于注射肾上腺素的自动注射器的名称是“肾上腺素笔”，它的基础技术已经申请了专利。2007 年，迈兰公司获准在市场上销售肾上腺素笔。截至 2016 年，迈兰公司已经完全垄断了该产品的美国市场。通用的和非通用的替代品原本有希望在 2015 年进入市场，但是监管障碍和生产方面的问题令这一切成了泡影。2016 年，美国市场上一支肾上腺素笔的标价约为 300 美元，比迈兰公

---

* “保留价格位于区间 $[p^*, p^*+2\Delta]$ 之内”，原文如此，疑有误，当为“保留价格位于区间 $[p^*+\Delta, p^*+2\Delta]$ 之内”。——译者注

① 肾上腺素（英文名为 epinephrine，有时也用 adrenaline 这个名称）是一种激素，1901 年首次分离成功。

司获得专利权时的标价高出了 6 倍。① 这里需要注意的是，用户通常需要整包购买肾上腺素笔（每包有一支或多支肾上腺素笔），而且用户实际支付的价格取决于他们所投保的保险类别。例如，对于使用低免赔额保险计划的用户，每包两支装的肾上腺素笔只需支付 73 美元。此间的差额由保险公司承担，最终当然都会演变成更昂贵的保费。②

2016 年 7 月 11 日，一场旨在指责迈兰公司并迫使肾上腺素笔降价的运动在网络上轰轰烈烈地展开了。在 Petition2Congress. com 网站上，出现了一份题为《停止肾上腺素笔的价格欺诈行为》的请愿书。签名很快就达到了 8 万个，然后引起了美国立法者的注意。前总统候选人伯尼·桑德斯（Bernie Sanders）也在推特上发声了：

> 迈兰公司只需用区区几美元就能生产出来的肾上腺素笔，有什么理由让美国人花上 600 多美元?!

当然，这里起作用的正是人们通常所说的利润动机。参议院司法委员会（Senate Judiciary Committee）主席查尔斯·格拉斯利（Charles Grassley）要求迈兰公司对涨价做出解释。简而言之，许多人都认为，迈兰公司定的价格太高了，如果它降低肾上腺素笔的价格，那肯定会是一件好事。真的会吗？我们不妨从迈兰公司这个具体案例中抽出身来，回过头去问一个更加一般化的问题：通过设置价格上限来管制垄断者制定的价格，是不是一个好主意？另一个问题是同一个硬币的另一面，对垄断者的产量进行管制是一个好主意吗？

降低垄断者出售产品的价格（或者等价地，增加产量）有利于消费者。然而，垄断者也是人啊。迫使他们降低价格（增加产量）只会使他们的境况变糟。我们该如何平衡两者？这取决于我们如何选择衡量相关各方的好处的标准，以及
32 如何权衡其中的利弊。在这里，我们将用消费者剩余来衡量消费者的利益，用垄断者的利润来衡量垄断者的利益。在每一种情况下，我们都采用一个共同的货币尺度，所以我们可以把它们加总。或者换句话说，垄断者的钱和消费者的钱是“一样好”的，前者并不会比后者“臭”。我们把垄断者的利润和消费者剩余的总和称为总剩余（total surplus）。用 $\Pi(q)$ 表示产量为 q 时垄断者的利润，并用 $\sum(q)$ 表示相应的消费者剩余，那么总剩余就等于

$$\sum(q)+\Pi(q)$$

---

① 见 2016 年 8 月 25 日的《纽约时报》（*New York Times*）的报道。

② 无论是标价，还是实际支付的价格，在美国之外的市场上都要低得多。在欧洲各国，至少已经有八种通用的替代品获准使用了。

目标是确定能够实现总剩余最大化的 q 值。在这里，我们是从数量的角度而不是从价格的角度来设置问题的。我们当然也可以从价格的角度来进行分析，但是那样不太方便。

当我们在利润最大化数量（价格）之上（之下）增加 q（降低价格）时，$\sum(q)$ 会增加，而 $\Pi(q)$ 则会下降。这两个变化中哪一个更大一些，并非一望而知，需要先计算才能下结论。光凭打嘴仗、发推特是解决不了这个问题的。

现在假设，垄断者的成本函数为 $C(q)$，满足规模收益递减的条件。从而，$\Pi(q)=p(q)q-C(q)$。利用式（2.6），我们可以得出总剩余为

$$\left[\int_0^q p(x)\mathrm{d}x-p(q)q\right]+[p(q)q-C(q)]=\int_0^q p(x)\mathrm{d}x-C(q)$$

因此，我们的问题就是求下面的优化问题的解

$$\max_{q\geqslant 0}\left[\int_0^q p(x)\mathrm{d}x-C(q)\right] \tag{2.8}$$

在式（2.8）中，将总剩余对 q 求微分并令其为零，我们就可以得到

$$p(q)-\frac{\mathrm{d}C}{\mathrm{d}q}=0$$

不难观察到，二阶导数为 $\frac{\mathrm{d}p(q)}{\mathrm{d}q}-\frac{\mathrm{d}^2C}{\mathrm{d}q^2}$，它对于所有 q 都是负的。这是因为，$p(q)$ 随 q 递减，同时 C 的二阶导数是正的。

换句话说，要实现总剩余最大化，就要迫使垄断者选择能够使价格接近边际成本的数量。同样的道理，可以通过要求垄断者按边际成本定价来使得总剩余最大化。这也就意味着，随着数量（价格）的增加（下降），消费者剩余的增长速度要快于垄断者利润的下降速度。这是为什么呢？

当垄断者从 p^* 开始降低产品的价格时，比如说，将价格调低为 $p^*-\epsilon$ 时，那些打算在价格为 p^* 时就购买的消费者的境况会有所改善——可以多获得 ϵ 的剩余。他们获得的剩余的增加，正好与垄断者因降价而导致的利润的减少相匹配。而且，降低价格可以促使更多的消费者购买产品！因为有一些买家在价格为 p^* 时没有购买，而会在价格为 $p^*-\epsilon$ 时购买。正是这些新增的买家促使天平倾向了有利于降价的一侧。这里需要注意的是，我们假设即使设定价格等于边际成本，垄断者也仍将继续生产。

例 8：假设垄断者有 2 美元的不变边际成本，其反需求曲线为 $q=100-p$。为了实现 33
总剩余最大化，我们必须强迫垄断者选择一个会使价格等于 2 美元的数量。不难算出该数量为：$q=100-2=98$。因此，为了最大化总剩余，必须让垄断者生产 98 单位产品，并将价格定为每单位 2 美元。读者不妨将这个结果与利润最大化的结果比较一下。

例 9： 假设垄断者生产 q 单位产品的总成本为 $1.5q^2$，他要面对的反需求曲线为 $q=100-p$。为了实现总剩余最大化，我们必须迫使这个垄断者选择一个会使得价格等于边际成本（即 $3q$）的数量。因此，$q=100-3q$，求得 $q=25$。因此，为了使总剩余最大化，垄断者必须生产 25 单位产品，并将价格定为每单位 75 美元。读者不妨将这个结果与利润最大化的结果比较一下。 □

那么，政府到底应不应该出手管制迈兰公司对肾上腺素笔制定的价格呢？上面的分析本身并不能回答这个问题，因为它只考虑了消费者剩余和垄断利润之间的直接权衡。它至少忽略了以下两件事情：

1. 当价格下降时，垄断者还有继续生产的激励吗？如果有的话，那是什么？虽然上面的分析表明降低价格（或增加数量）能够增加总剩余，但是这并不意味着我们可以将价格一直降低到边际成本。必须让垄断者获得足够的利润，以激励其继续经营。

2. 垄断力量的来源是什么？就药品和医疗器械领域而言，垄断其实是政府授予的垄断（即专利）。专利制度能够鼓励公司在发明创造和开发新产品上投资。对价格和数量进行管制，将减弱企业进行这些投资的激励。

尽管如此，上面的分析仍然是有用的，因为它强调了与管制价格或数量有关的权衡。

2.7 可信度

百货商店促销是由约翰·沃纳梅克（John Wanamaker）发明的，目的是在圣诞节后增加百货商店的客流量（同时避免裁员）。沃纳梅克从批发商处大量买入各种商品，然后在一段有限的时间内以微薄的利润把它们转售出去。这种促销取得了巨大的成功，而且很快就被其他人效仿了。据《纽约时报》报道，到 1992 年，

> 商家为顾客提供了丰富多彩的促销活动，有一日促销、节前和节后促销、季节性促销、清仓促销等多种形式。在这个过程中，商家牺牲的是单位利润。

虽然上面这段引文已经提到了单位利润在促销时会下降，但是没有提到促销对销售数量的影响。销售数量的增加能弥补单位利润的减少吗？为了分析这两者之间
34 的权衡，我们考虑一个销售小挂件的垄断商家。假设没有其他商家出售小挂件，而且小挂件的单位生产成本为零。为简单起见，假设我们是在年初（比如 1 月 1

日）考虑这个垄断商家的决策问题的，因为到了年底，无论小挂件是什么时候购买的，它们都会过时。

对于该产品，市场上存在着两个相同规模的买家细分群体，分属高端和低端两种类型。每个买家最多只能购买一件产品。每个高端买家对一件全年使用的挂件的保留价格是 800 美元，而每个低端买家对一件全年使用的挂件的保留价格则为 250 美元。

如果垄断者选择只在 1 月销售产品，那么使利润最大化的价格为 800 美元，按这个价格计算，从每个买家身上可以获得的平均利润为 400 美元。[①] 低端买家（对一件全年使用的挂件的保留价格为 250 美元的买家）在这个价格下是不会购买的。这就是说，垄断者只向市场上一半的买家销售产品。

接下来，到了 7 月的时候，有一半买家的小挂件都过时无用了。由于小挂件的生产成本为零，因此它能够卖出的任何价格都可以作为定价的底线。那么为什么不尝试向低端买家出售小挂件呢？如果买家选择在 7 月而不是 1 月购买小挂件，那么她的保留价格会减少一半（因为她只有半年的时间可以使用小挂件）。因此，在 7 月，只要将小挂件的价格调低为每件 125 美元，我们的垄断者就可以向每个低端买家出售一个小挂件了。因此，到了年底，垄断者从每个买家身上获得的平均利润为 (800＋125)/2＝462.5 美元。

到了年底，这两类买家手中的产品都过时无用了。然后到了次年 1 月，这些小挂件的价格再次上升至 800 美元。那么现在又会发生什么？

如果高端买家认为垄断者将在 7 月打折，那么原本在 1 月购买小挂件的买家当中，可能会有一些人决定等到 7 月再购买。作为例子，考虑一个（当年的）保留价格为 800 美元的高端买家。与“去年”只有两种选择相比，这个买家现在有了三种选择。她可以选择现在就买、到 7 月再买，又或者根本不买。那么她到底会怎么做呢？这要取决于各个备选项可以给她带来的消费者剩余。

如果她决定不买，那么她的消费者剩余将为零。如果她在 1 月购买，她的消费者剩余也将为零。如果她决定推迟到 7 月再购买，她的保留价格会变成 400 美元（也就是说，她放弃了 400 美元的价值）。所以说，推迟购买并不是没有代价的。她的消费者剩余将取决于她对垄断者在 7 月制定的价格的预期。假设她预期到时价格是 125 美元，那么她的（预期）消费者剩余将是 400－125＝275 美元，这显然大于 0。因此，如果她确信垄断者将在 7 月以 125 美元的价格出售小挂件，她就不会在 1 月购买，而会改为在 7 月再购买。在她做出这个决定后，垄断者的损失为 800－125＝675 美元。

---

① 读者应该能够自行得出这个计算结果。

那么，7月到底会发生什么事情？如果每个高端买家都决定推迟到7月再购买小挂件，那么卖家将在7月把价格定为400美元。[①] 这个价格高于高端买家的预期价格。但是也得从卖家（垄断者）的角度来看问题。在前一年，卖家的人均利润为462.5美元。但现在卖家的人均利润只有200美元了。也就是说，这个卖家的利润下降幅度超过了50%，而且这发生在没有任何竞争的情况下！

35 上面的分析给我们的经验是，每个卖家都在与自己竞争。在我们这个小挂件的故事中，卖家是在和“未来的自己”竞争，而这个“未来的自己”是在买家对降价的预期中诞生的。在例子中，卖家的利润之所以遭到了侵蚀，是因为买家预期未来会降价。正如金莱克在君士坦丁堡的大巴扎市集上观察到的那样，这种行为并不罕见。为了完成预定的销量和收入目标，许多企业都会选择在季度末降价。而买家也预期到了这一点，并相应地调整了自己的购买时间。这不仅会侵蚀企业的利润，也会导致生产计划变得复杂，因为卖家现在必须为“突然爆发”的需求而不是平稳的需求制订生产计划。而且，在其他情况下，卖家甚至还会和“过去的自己”竞争。例如，二手产品与新产品的竞争、前几代的操作系统与最新一代操作系统的竞争。

在这些情况下，决定卖家的“不同自我”之间的竞争强度的，是延迟购买对买家和卖家的相对成本。如果买家延迟购买的成本（例如，延迟获得满足的时间、继续将就使用更低的版本或型号）低于卖家的成本（例如，库存压力、多支付的员工工资），买家就有更高的讨价还价能力。

接下来，再回过头来看我们例子中的小挂件的垄断卖家。现在已经进入第三年了，假设这个卖家已经吸取了教训。卖家宣布1月的售价为800美元，并承诺今年晚些时候就不再出售小挂件了。那么会发生什么呢？这取决于有多少高端买家相信卖家的承诺。如果有很大一部分人持怀疑态度并决定推迟购买，会怎么样？那么这个卖家在1月的销量将会很低。然后到了7月，卖家必须做出选择，要么信守承诺（那将意味着放弃一笔可观的销售收入），要么违背承诺（这样应该可以赚到一些钱）。如果卖家选择了后者，也就证实了怀疑论者的猜疑和差评。这是一个相当艰难的选择。

那么，卖家应该怎样处理这种情况？卖家的信誉或可信度，既可以建立在供给量上，也可以建立在价格上。第一种选择是限制供给量。例如，法拉利公司（Ferrari）就承诺每年只生产有限数量的汽车，因为它知道没有买家可以在自己的家里或办公室里复制出一辆法拉利汽车来。第二种选择是宣布一个价格并坚持

① 如果只有一部分高端买家选择推迟购买，那么分析就变得更加复杂。我们将在第2.7.2节讨论这种可能性。

它。苹果公司在这方面享有盛誉。它努力确保苹果产品的价格，无论通过什么渠道购买都是相同的；此外，在推出新版本之前，它将删除或限制产品的旧版本。

2.7.1　彭尼公司

彭尼公司（J. C. Penney）的第一家商店开张于 1902 年。在其鼎盛时期，该公司在全美经营着 2 000 家门店。由于消费者品位的改变和竞争的加剧，彭尼公司现在的门店数量只有高峰期的一半左右。促销收入在彭尼公司的现金流中发挥着非常重要的作用。到 2011 年，彭尼公司 72%的收入来自折扣率高达 50%以上的产品，只有不到 1%的公司收入来自全价销售的商品。彭尼公司就像金莱克笔下的商人一样，在一开始向买家报出了一个完全没有希望成交的价格。对此，哈佛商学院（Harvard Business School）的拉吉夫·拉尔（Rajiv Lal）这样写道：

> 情况就是这样。你一开始的定价是 100 美元，但是你最后以 50 美元的价格卖掉了它。全部实际销售收入只有 50 美元。
>
> 这种“漫天要价—就地成交”的定价方法会带来非常大的问题。新商品 36
> 上架后，顾客走进商店，他们浏览了新商品、看了看价格。他们喜欢商品，但是觉得价格不合适，所以他们决定不买。结果，这些新商品就一直留在了货架上。第一次降价是在六个星期之后，直到那时这种商品才真正开始流通。所以在这六个星期的时间里，几乎什么事情都没有发生。

2011 年，彭尼公司任命罗恩·约翰逊（Ron Johnson）为新任首席执行官。约翰逊在业内声名卓著，被誉为苹果公司能够取得今天的成功的大功臣。履新之后，约翰逊宣布了五项改革措施，彭尼公司的股价随即上涨了 24%。

（1）采取“天天低价”政策。

从前几年的销售数据来看，本年度所有商品的价格至少可以下调 40%。比如说，丽诗加邦（Liz Claiborne）牌钱包，以前标价为 49.99 美元，实施“天天低价”政策后的定价可能是 25 美元。

（2）减少促销活动的次数。

用红色标签显示商品的正常价格。对促销商品另设一个白色的标签，用来显示“一个月内有效的促销价格”，表明该商品在当月参加促销活动。再用蓝色标签显示销售状况不佳的商品，这类商品在每个月的第一个和第三个星期五（这两天是发薪日）都会进行促销。

（3）实施整数定价策略。

以前售价为 19.99 美元的牛仔裤，现在的售价将为 19 美元或 20 美元。

(4) 采用新的标志和广告。

(5) 开设店中店，为丝芙兰（Sephora）和玛莎·斯图尔特（Martha Stewart）等品牌提供销售专区。

彭尼公司的每家门店都将划分为大约 100 家小型精品店，并设有一个名为“城镇广场”的中心服务区。与此同时，彭尼自有品牌的数量则会减少。

采取前三项改革措施的目的，就是重建彭尼公司在价格上的信誉。采取后两项措施的目的则是帮彭尼公司更新商品和吸引顾客。然而效果并不怎么样。到了 2012 年第四季度，彭尼公司的同店销售额下降了 31.7%。12 个月后，该公司更是公布了高达 9.85 亿美元的净亏损。许多评论人士认为这是不可避免的。《时代》（*Time*）杂志 2013 年 4 月的一篇文章反映了这种流行的观点：

> 约翰逊的想法是，从一开始就标示出真实的价格，并放弃不间断的促销活动。他认为从这里着手进行改革是可行的。从逻辑上看，这似乎是合理的。但是，购物者并不是纯粹的“逻辑生物”。他们通常不是被公平定价的承诺所吸引，而是被可以利用优惠券和打折活动来淘到“合算”的商品的诱惑所吸引。

该文作者认为，彭尼公司的顾客比约翰逊所想象的更加“愚蠢”。不过在这里，我们从经济学的角度提出另一种解释。鉴于彭尼公司以往不间断地打折的历史，顾客对约翰逊停止促销的承诺产生怀疑是合理的。而检验彭尼公司这个承诺的可信度的最简单方法就是延迟购买。如果延迟购买的成本不太高，那么这样做是符合顾客的利益的。而对彭尼公司来说，他们传达自己承诺的可信度的唯一方法是“不要眨眼，死撑到底”。

对于彭尼公司的顾客来说，延迟购买的成本是很低的，除非彭尼公司出售的商品既非常有吸引力，又是在别的地方买不到的。约翰逊也清楚地意识到了这一点，因此他提出了开设店中店的想法，以建立自己的产品线，使彭尼公司从竞争
37 对手中脱颖而出。然而，这些措施仍在推出的过程中。

随着销售额的急剧下降，约翰逊授权恢复有限的打折销售和其他促销活动，比如为儿童免费理发。“清仓”一词再次出现在了彭尼公司的广告中。但是这意味着彭尼公司忍不住“眨了眨眼睛”，从而证实了顾客最初的怀疑。约翰逊坚持了整整 17 个月，不得不黯然离去。曾支持约翰逊拯救彭尼公司的对冲基金大亨威廉·阿克曼（William Ackman）称，约翰逊这个任期“几乎是一场灾难”。[①]

---

① 更完整的解释，请参见 http://fortune.com/2014/03/20/how-to-fail-in-business-while-really-really-trying/.

2.7.2 两期垄断

在前面的分析中，我们忽略了只有一部分（而不是所有）高端买家选择延迟购买的可能性。选择延迟购买的高端买家越少，垄断者在年中（7 月）就可以将价格定得越低。然而，年中的价格越低，高端买家延迟购买的动力就越大。但是反过来，选择延迟购买的高端买家越多，年中的价格就会变得越高。为了理清这些相互"竞争"的力量，我们需要一个比前面提出的模型更加具体的模型。具体说明如下：

(1) 有两个时期，分别为 $t=1$，2。

(2) 垄断者的商品可以在第 1 期和第 2 期出售。

(3) 商品是耐用的，也就是说它可以持续两个时期。

(4) 生产的边际成本为零。

(5) 垄断者和买家有相同的贴现率 $\delta<1$。贴现率 δ 的定义为，在第 2 期获得的每一美元只值在第 1 期获得的 δ 美元。贴现率刻画了等待是有成本的这一思想（即人性不耐）。贴现率 δ 越低，人们就越不耐烦，未来美元的价值下降的速度就越快。

(6) 反需求曲线为 $1-q$。在第 1 期没有购买的买家，将会在第 2 期出现。

考虑的基准是垄断者只在第 1 期销售商品时所能获得的利润。垄断者面对的问题是，选择一个数量 q 来最大化 $q(1-q)$，可以直接验证使利润最大化的数量 $q=1/2$，使利润最大化的价格为 1/2，而最大利润则为 1/4。

现在假设，垄断者在两个时期都出售商品。与直觉相反，我们将进行逆向推理。这是因为在第 1 期中做出的决定会影响第 2 期的需求。为了避免这一困难，我们从第 2 期开始分析，即认为第 1 期的价格或数量是给定的。

假设第 1 期卖出了 q_1 单位的商品，那么垄断者在第 2 期应该销售多少单位的商品？由于在第 1 期已经售出了 q_1 单位的商品，第 2 期的买家基础将变得更小，这一点反映在新的（第 2 期的）反需求曲线上：$1-q_1-q_2$。

保持 q_1 不变，在第 2 期，垄断者要求解如下优化问题 38

$$\max_{q_2\geqslant 0} q_2(1-q_1-q_2)$$

在第 2 期，使利润最大化的数量是 $q_2=(1-q_1)/2$。这里需要注意的是，当第 1 期的销售数量 q_1 增加时，第 2 期的销售数量将减少。换句话说，在第 1 期买得越多，在第 2 期剩下要买得就越少。

第 1 期的反需求曲线解释了这样一个事实，即不是所有的买家都会选择在第 1 期购买商品。当且仅当买家在第 1 期购买的消费者剩余超过了在第 2 期购买的消费者剩余时，他们才会在第 1 期购买。如果用 PR 表示第 1 期的买家的保留价格，那么它必须满足以下两个条件：

(1) $RP \geqslant p_1$（即买家不会支付高于商品对于他们的价值的价格）。

(2) $RP - p_1 \geqslant \delta(RP - p_2)$［即在第1期购买的消费者剩余（以第1期的美元衡量）应该至少与在第2期购买的消费者剩余（以第1期的美元衡量）一样大］。

因此，$RP \geqslant \frac{p_1 - \delta p_2}{1-\delta}$。从而，只有那些保留价格至少为$\frac{p_1 - \delta p_2}{1-\delta}$的买家才会在第1期购买。利用第1期的反需求曲线，我们可以计算出这类买家的数量：

$$\frac{p_1 - \delta p_2}{1-\delta} = 1 - q_1$$

因此，我们有：

$$p_1 = (1-q_1)(1-\delta) + \delta p_2 = (1-q_1)(1-\delta) + \delta(1-q_1-q_2) = 1 - q_1 - \delta q_2$$

于是，垄断者在第1期的利润总额为

$$\Pi = q_1 p_1 + \delta q_2 p_2$$

回想一下，在第1期中的反需求曲线为 $p_1 = 1 - q_1 - \delta q_2$，而在第2期中的反需求曲线则为 $p_2 = 1 - q_1 - q_2$。因此

$$\Pi = q_1(1 - q_1 - \delta q_2) + \delta q_2(1 - q_1 - q_2)$$

然而，q_2是q_1的函数：$q_2 = (1-q_1)/2$。代入上式，我们就得到

$$q_1\left(1 - q_1 - \delta\frac{1-q_1}{2}\right) + \delta\frac{1-q_1}{2}\left(1 - q_1 - \frac{1-q_1}{2}\right)$$

因此，在第1期，垄断者要选择q_1以求解如下最优化问题

$$\max_{q_1} q_1\left(1 - q_1 - \delta\frac{1-q_1}{2}\right) + \delta\frac{1-q_1}{2}\left(1 - q_1 - \frac{1-q_1}{2}\right)$$

通过简单计算可知，q_1的最优选择是 $q_1 = 2\frac{(1-\delta)}{(4-3\delta)}$。不难注意到，二阶条件是

39 可以满足的。因此可以求出 $q_2 = 0.5\frac{2-\delta}{4-3\delta}$。这样一来，垄断者的利润为

$$0.25\frac{2-\delta^2}{4-3\delta} = 0.25\left[1 - \frac{\delta}{4} + \frac{\delta^2}{4(4-3\delta)}\right]$$

很显然，这小于只在第1期出售商品时的利润（0.25）。因此，进行廉价促销会降低垄断者的利润。

2.8 生产函数

没有一家企业是带着特定的成本函数诞生的。相反，企业的成本是它选择各种投入（品）——原材料、人力资本、自动化（设备）——进行生产以提供它所承诺的商品和服务的结果。用一个成本函数刻画一家企业，只是为了方便，因为

这样做我们可以暂且忽略企业必须进行的对各种投入（品）的选择。然而，我们有时又会非常关心企业在各种投入（品）之间的选择。

现假设，一家企业购买多种投入（品）以生产某种产品。在这种情况下，对于该企业的某种投入（品）的卖家来说，有一个问题很重要，那就是另一种投入（品）的价格的变化将如何影响该企业对这种投入（品）的需求。如果这种投入（品）是你的劳动，而另一种投入（品）是自动化（设备），这个问题会让你夜不能寐。为了回答这类问题，我们采取了这样一种建模方法：认为企业有一个可以将投入与产出的数量联系起来的函数，这个函数就称为**生产函数**（production function）。企业的生产函数指定了用给定的投入组合能够生产出来的最大产出。既然已经加了"最大"这个限定词，那么我们就可以忽略企业未能最大限度地利用自己的生产能力的各种情况了。我们可以把生产函数看作对企业为生产并提供其承诺的商品和服务而选择的技术的描述。接下来，我们将说明如何从对一个企业生产技术的描述得到它的成本函数。

在传统上，经济学家一直习惯于认为，企业在生产过程中需要投入两种资源，即劳动和资本。企业将劳动和资本结合在一起生产出特定的产品，然后出售。将劳动包括进来，可以了解企业对投入（品）的选择如何影响工人的工资。资本是对劳动以外的投入（品）的统称，如货币、原材料或自动化（设备）。我们并非只限于考虑这两种投入（品），但是在经济学中为了讨论的方便，我们假设只有这两种投入（品）。

如果企业将 L 单位的劳动（可以用工作小时数或工人的数量来衡量，具体用什么衡量依情境而定）和 K 单位的原材料（土地、石油、橡胶等）结合起来，生产出了 q 单位的产出，其中 $q=f(K, L)$。这里的 f 就是公司的生产函数。下面给出了生产函数的一些例子及其名称。

（1）线性（完全互替品）生产函数：$q=\alpha L+\beta K$。

（2）固定比例（完全互补品）生产函数：$q=\min(\alpha L, \beta K)$。

（3）柯布-道格拉斯生产函数：$f(K, L)=AK^{\alpha}L^{\beta}$，其中 α，$\beta\geqslant 0$。

（4）恒定弹性（CES）生产函数：$q=[K^{\rho}+L^{\rho}]^{1/\rho}$。

劳动的边际产量（marginal product of labor）是 $\frac{\partial f}{\partial L}\geqslant 0$，**原材料的边际产量** 40
（marginal product of raw material）则为 $\frac{\partial f}{\partial K}\geqslant 0$。这两个边际产量有非常明确的含义，它们分别指劳动和原材料的无穷小变化所带来的增量产出。如果某家企业希望生产 q 单位的产品，那么它可以采用许多不同的劳动和原材料的组合。也就是说，L 和 K 的组合有很多选择，都可以使 $q=f(K, L)$。使 $q=f(K, L)$ 的所有 K，$L\geqslant 0$ 的集合，称为阈值 q 的**等产量线**（isoquant）。

例 10：考虑生产函数 $f(K, L)=K^{0.5}L^{0.5}$ 的等产量线。这个生产函数的阈值 q 的等产量线是所有能够使得下式成立的（K，L）组合的集合：

$$f(K, L)=q \Rightarrow K^{0.5}L^{0.5}=q$$

如果我们想以 K 为横轴、以 L 为纵轴，那么我们最好把最后一个表达式重写为下式：

$$L=\frac{q^2}{K}$$

图 2.4 给出了不同阈值的等产量线。 □

一家企业的成本是由为了获得要投入生产过程的资源而支付的金钱决定的。为了进行形式化建模，假设不管需要多少劳动，每单位劳动的成本（工资）均为 w。用 r 表示原材料的单价，同样地，假设它不随采购的原材料的数量而变化。这种假设是有限制性的，在 2.9 节中，我们探讨了放松这种假设的其中一个含
41 义。用劳动和原材料生产 q 单位产品的最低总成本记为 $C(q)$。

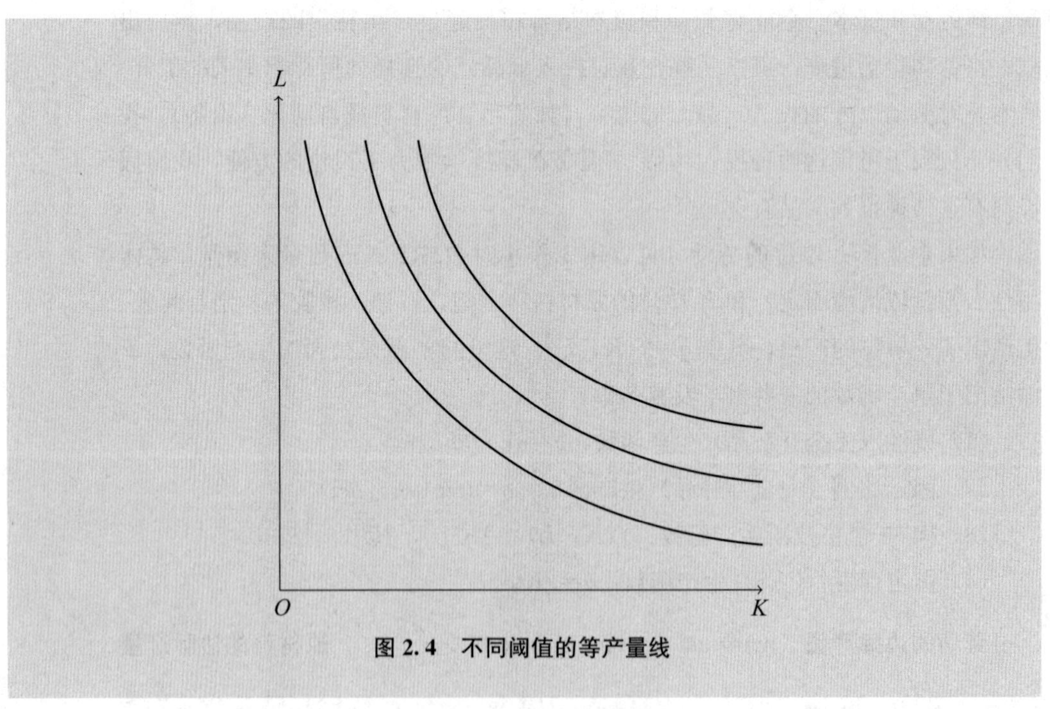

图 2.4 不同阈值的等产量线

如果购买了 K 单位的原材料和 L 单位的劳动，那么企业的总支出为 $rK+wL$。如果企业希望生产 q 单位的产出，那么它必须选择适当的 K 和 L，使得 $f(K, L)=q$。而要生产出 q 单位的产出，可以选择的 K 和 L 的组合有很多。所有这些选择都取决于生产函数在产量为 q 的水平上的等产量线。$C(q)$ 是生产 q

单位产出的成本最小的方法，可以通过以下优化问题推导出来：

$$C(q)=\min_{L,K} rK+wL$$

$$\text{s. t. } f(K,\ L)=q$$

$$K,\ L\geqslant 0$$

等价地，那也是在产量为 q 的水平上的等产量线上成本最低的点。

例 11：假设某家企业的生产函数为 $q=L^{1/2}K^{1/2}$，且 $w=4$，$r=1$。要求解的确定企业成本函数的优化问题为：

$$C(q)=\min 1K+4L$$

$$\text{s. t. } L^{1/2}K^{1/2}=q$$

$$K,\ L\geqslant 0$$

解这个问题的一种方法是代换。我们先利用等式约束条件将 L 写为 K 的函数（即 $L=\frac{q^2}{K}$），再将它代入我们试图最小化的函数，可以得到

$$C(q)=\min K+4\frac{q^2}{K}$$

$$\text{s. t. } K\geqslant 0$$

暂且忽略非负性约束，令这个函数的一阶导数为零，得到

$$\frac{-4q^2}{K^2}+1=0\Rightarrow K=2q$$

因为二阶导数 $\frac{8q^2}{K^3}$ 是非负的，所以我们知道这确实是最小值。同时不难注意到，$K=2q$ 满足刚才忽略的非负性约束。

因此，要想以最低的成本生产 q 单位产出，我们必须购入 $2q$ 单位原材料和 $q/2$ 单位劳动。对于这个选择，我们有：

$$C(q)=2rq+w\left(\frac{q}{2}\right)=\left(2r+\frac{w}{2}\right)q$$

在上式中代入前面给定的 r 和 w 的值，可以得出 $C(q)=4q$。注意，这个成本函数满足规模收益不变的条件。

我们也可以使用拉格朗日乘数法来求解。首先，暂且忽略非负性约束，写出拉格朗 42
日表达式：

$$\mathcal{L}=1K+4L+\lambda(q-L^{1/2}K^{1/2})$$

相关的一阶条件为

(1) $\frac{\partial\mathcal{L}}{\partial L}=4-\lambda\left(\frac{1}{2}\right)L^{-1/2}K^{1/2}=0$。

(2) $\frac{\partial \mathcal{L}}{\partial K}=1-\lambda\left(\frac{1}{2}\right)L^{1/2}K^{-1/2}=0$。

(3) $\frac{\partial \mathcal{L}}{\partial \lambda}=q-L^{1/2}K^{1/2}=0$。

整理前两个条件得

$$4=\lambda\left(\frac{1}{2}\right)L^{-1/2}K^{1/2}$$

$$1=\lambda\left(\frac{1}{2}\right)L^{1/2}K^{-1/2}$$

将第一个条件除以第二个条件，可以得到 $4=\frac{K}{L}\Rightarrow 4L=K$。因此，

$$q=L^{1/2}(4L)^{1/2}=2L\Rightarrow L=q/2,\ K=2q$$

这些都满足刚才暂且忽略的非负性约束。此外，适当的二阶条件可以验证这个解确实是最优的。

几何图形可以帮助我们理解这个优化问题，如图 2.5 所示。假设生产 q 单位的最小总成本是 C^*。这条直线代表了总成本刚好是 C^* 的所有（K，L）组合。图中也给出了阈值 q 处的等产量线。两者相切的点是使成本最小化的（K，L）组合，我们将它记为（K^*，L^*）。 □

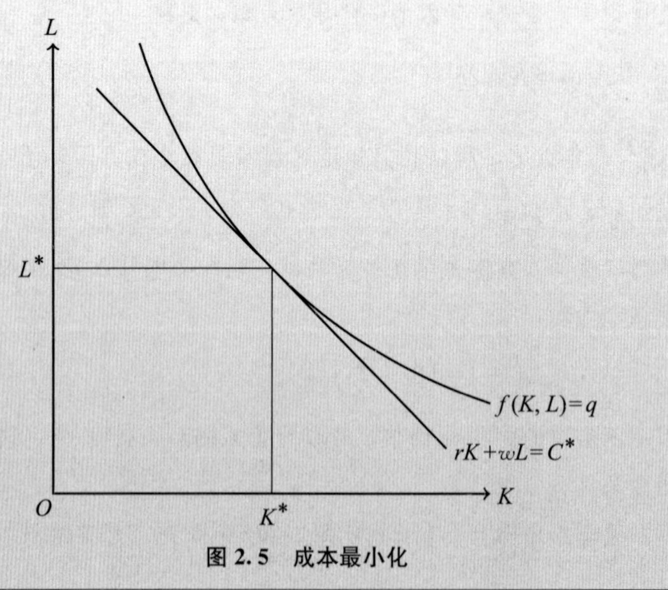

图 2.5 成本最小化

有了这个能够说明企业的成本函数是如何推导出来的公式，我们就可以分析投入（品）的组合如何随其单位价格的改变而变化了。**边际技术替代率**（marginal rate of technical substitution，MRTS）表示在保持产出水平不变的情况下，投入（品）之间相互替代的比率。例如，原材料相对于劳动的边际技术替代率是

指，为了保持产出水平不变，替代一单位劳动所需要的原材料的增量。从形式上看，它可以表示为

$$\frac{\frac{\partial f}{\partial L}}{\frac{\partial f}{\partial K}}$$

从几何图形上看，它是等产量线的斜率。

例 12：假设 $f(K, L)=4K+2L$。那么我们有

$$\frac{\partial f}{\partial K}=4$$

以及

$$\frac{\partial f}{\partial L}=2$$ 43

因此，原材料相对于劳动的边际技术替代率为 2/4=1/2。换句话说，劳动每减少 1 单位，我们就必须增加 1/2 单位原材料，这样才能保持相同的产出水平。□

更一般地，我们可以有很多种投入（品），比如说 n 种。如果我们用 x_i 表示第 i 种投入（品）的数量（$i=1, 2, \cdots, n$），那么生产出来的产出由 $f(x_1, x_2, \cdots, x_n)$ 给出。如果将每单位第 i 种投入（品）的成本记为 c_i，那么生产 q 单位产出的最小成本由下式给出：

$$\min \sum_{i=1}^{n} c_i x_i$$
$$\text{s.t. } f(x_1, x_2, \cdots, x_n)=q$$
$$x_1, x_2, \cdots, x_n \geqslant 0$$

2.8.1 自动化

> 未来的工厂将只有两名“员工”，一个人和一条狗。那个人会在那儿喂狗，那条狗会在那里防止人去触摸设备。
>
> 沃伦·本尼斯（Warren Bennis）

当内德·卢德（Ned Ludd）在盛怒之下抡起锤子砸向了一台织布机的那一 44
刻，他就注定要在历史上留下自己的名字了。卢德砸毁织布机的消息迅速传开，这使他成为反对织布机运动的代言人。最终，被新型织布机“夺走”了工作的诺丁汉织工，在“卢德主义”的旗帜下联合了起来，通过破坏织布机向雇主施加压力。卢德运动并不是要反对进步，而是一场劳工运动，用埃里克·霍布斯鲍姆

(Eric Hobsbawm) 的话来说，这些人是“通过暴乱参与集体谈判”。

自动化会取代劳动的担忧并没有随着那些活跃的卢德主义者的离世而消失。现在，它也威胁到了“速溶社会”(nescafe society)*，引发了更多的关注。在本节中，我们将讨论自动化是不是真的使工人的生活变得更差了（或更好了）这个问题。我们对相关问题的分析要到第 6.7 节才能完成。

假设一家企业的产品是通过将劳动与其他要素结合起来而产生的，其中一个要素就是自动化（设备）。随着自动化（设备）的价格下降，该企业雇用的劳动的数量会发生什么变化？劳动的供应者的境况是会变好还是变坏？答案取决于劳动如何与自动化（设备）相互作用。我们先来讨论两个极端的情况。

在第一种情况下，自动化（设备）是劳动的替代品。这也就是说，劳动合同所约定的任务，都可由自动化（设备）完成。举例来说，一家仓储式大卖场门口的迎宾员，可以用一个“性格开朗”的机器人代替。具有这种替代性质的生产函数的一个例子是 $f(L, K)=L+K$，其中 L 表示企业雇佣的劳动的数量，K 则表示企业部署的自动化（设备）的数量。我们注意到，如果企业在减少一个单位的劳动的同时，增加一个单位的自动化（设备），那么总产出保持不变。

接下来，我们计算该企业生产 q 单位产品的最低总成本。用 w 表示每单位劳动的价格，用 r 表示每单位自动化（设备）的价格。那么该企业必须解出以下优化问题：

$$\begin{aligned}&\min rK+wL\\&\text{s.t. } K+L=q\\&K, L\geqslant 0\end{aligned}$$

这个优化问题的求解方法如下。

例 13： 我们使用代换法。利用 $K+L=q$ 这个约束条件，我们将 K 写成 L 的函数（即 $K=q-L$），那么原来的优化问题就变成了如下优化问题

$$\begin{aligned}&\min r(q-L)+wL\\&\text{s.t. } q-L\geqslant 0\\&L\geqslant 0\end{aligned}$$

它可以进一步化简为

$$\begin{aligned}&\min rq+(w-r)L\\&\text{s.t. } 0\leqslant L\leqslant q\end{aligned}$$

---

* “nescafe society”出自诺埃尔·考沃德（Noel Coward）的一句话：Las Vegas：It was not cafe society，it was nescafe society。“nescafe society”与“cafe society”相对，后者指以饮咖啡、享美食的阶层为主的社会，社会关系和地位稳固；前者则指像雀巢速溶咖啡一样，社会关系快速形成、快速消失的社会。——译者注

从而，最优解取决于 $(w-r)$ 的符号。如果 $(w-r)$ 是负的，那么我们应该使 L 尽可能大（例如令 $L=q$）。如果 $(w-r)$ 是正的，我们则应该使 L 尽可能小（例如令 $L=0$）。当 $w-r=0$ 时，介于 0 和 q 之间的任何 L 都是最优的选择——在这种情况下，我们设 $L=q$。这样一来，我们可以总结出如下最优解：

(1) 当 $w\leqslant r$ 时，$L=q$，$K=0$。

(2) 当 $w>r$ 时，$L=0$，$K=q$。 □

换句话说，如果每单位自动化（设备）的价格超过了每单位劳动的价格，那么该企业选择只使用劳动进行生产。如果每单位自动化（设备）的价格低于每单位劳动的价格，那么该企业就完全依赖自动化（设备）进行生产。如果自动化（设备）相对于劳动来说足够便宜，那么卢德主义者预期的“噩梦”般的结果就会出现。这是因为劳动和自动化（设备）是完全可以互相替代的。而且这是生产函数 $f(L, K)=L+K$ 必然导致的结果。如果该企业减少一单位自动化（设备），它可以通过增加一单位劳动来恢复原来的产出水平，反之亦然。

这种“噩梦”般的结果是不可避免的吗？不。我们很快就会看到，结果取决于生产函数。作为对比，考虑第二种情况，即生产函数 $f(K, L)=\min\{K, L\}$。在这个生产函数中，劳动和自动化（设备）是互补的。为了增加产量，必须同时增加劳动和自动化（设备）。这方面的一个例子是劳氏连锁五金店（Lowe's）。他们推出了一款名为 LoweBot 的机器人，它可以帮助顾客在商店中找到所需的商品，并帮助员工检查存货。虽然从某种意义上说，这个机器人取代了劳动，但是劳氏连锁五金店发现，它其实是解放了工人，让他们能够花更多的时间去帮助那些需要进行装修、改建房子的顾客。因此，自动化（设备）通过提高劳动效率实现了与劳动互补。[①]

在这个例子中，企业的成本最小化问题为

$$\begin{aligned}&\min rK+wL\\&\text{s. t. } \min\{K, L\}=q\\&K, L\geqslant 0\end{aligned}$$

这个优化问题的解法如下。

例 14： 读者不难验证，对于上述优化问题，拉格朗日法和代换法都没有用。关键的一点是，这个优化问题可以改写为

① 这种现象并不鲜见。Excel 电子表格就是一个较早期的例子。

$$\min rK+wL$$
$$\text{s.t. } K\geqslant q$$
$$L\geqslant q$$
$$K, L\geqslant 0$$

46 很容易看出，我们只要选择尽可能小的 K 和 L，就可以得到最小值——在这种情况下，$K=L=q$。需要注意的是，这个选择并不取决于 r 和 w 的相对大小。 □

在这个例子中，无论劳动比自动化（设备）便宜还是昂贵，使成本最小化的劳动数量都保持不变。这是因为劳动和自动化（设备）是互补的。为了增加产量（即 q），我们必须同时增加 K 和 L。

最后总结一下：自动化（设备）是否会取代劳动，取决于二者是互补的还是互相替代的。因此，在一些行业中，自动化（设备）可能会取代劳动，而在另一些行业中，自动化（设备）可能会增加对劳动的需求。[①]

如果自动化（设备）和劳动互为替代品，那么自动化（设备）价格的下降将导致劳动需求的下降。这是否意味着工人的境况肯定会变差？我们将在第 6.7 节中阐明，这并不一定。

2.9 买方垄断

在圣路易红雀队（St. Louis Cardinals）效力了整整 11 年后，柯特·弗勒德（Curt Flood）被交易到了费城人队（Phillies）。曾连续七次获得金手套奖的弗勒德心中很不是滋味。如果服从安排，他将眼睁睁地看着自己损失大约 70 万美元（按 2016 年美元价值计）。但是，根据职业棒球大联盟所谓的保留条款，弗勒德只有两个选择：要么退出棒球场，要么搬到费城去。

自从 1879 年以来，这个条款一直是棒球运动的一部分。除非被球队解雇，否则球员不得为其他球队效力。事实上，棒球运动员刚刚进入职业棒球大联盟时，要通过选秀环节，而且对于任何一名球员，都只允许一支球队出价。因此，在其整个职业生涯中，一个球员在任何时候都只面对一个潜在的雇主。这是一个典型的买方垄断的例子。买方垄断（monopsony）一词源自希腊语，意思是“单独购买”。

在一封给棒球专员鲍伊·库恩（Bowie Kuhn）的信中，弗勒德要求宣布自

① 将工作视为一系列任务会更准确。其中一些任务将自动取消，而另一些任务将由自动化（设备）来补充。与其想着工作会消失，不如想想自动化（设备）的引入带来的工作变化的性质。

己是一名自由球员：

> 我已经在职业棒球大联盟效力了整整 12 年，我认为自己不是一个可以随意买卖的财物。而且我认为，任何会产生这种结果的制度，都侵犯了我作为公民的基本权利，也不符合美国宪法和各个州的法律。

弗勒德在其他地方以更有力的方法表达了同样的想法：

> 在人类历史上，除了奴隶，再也没有其他职业把一个人的一辈子都拴在一个“主人”身上。只有在奴隶制下，才可把奴隶从一个种植园转卖到另一个种植园。但是现在，在棒球比赛中也是如此。只凭 24 个百万富翁的突发
> 奇想，他们就把你从一个“特许经营店”（指俱乐部）转卖到另一个“特许 47
> 经营店”……我不想让任何人拥有我。

虽然弗勒德并不是第一个要求恢复“自由之身”的职业棒球球员，但是他确实是第一个通过提起诉讼进行反击的人：

> 我怀疑在那 24 个控制着这项运动的人当中，有人甚至会想用一根 10 英尺长的杆子捅我。你很难与整个体制对抗。

当弗勒德的案子开庭审理时，职业棒球大联盟中没有任何现役球员（包括他的队友）出现在法庭上。弗勒德在圣路易红雀队的队友如是说：

> 我支持弗勒德的诉求吗？绝对支持。但是我后退了 10 步，以防有什么不测的后果。

只有此前已经退役的杰基·罗宾森（Jackie Robinson）和汉克·格林伯格（Hank Greenberg）公开出庭表示支持。弗勒德输掉了这场官司，但是他马上提起了上诉，并在再一次败诉后一直上诉到了美国最高法院。他的坚持给他带来了仇恨邮件和死亡威胁。1972 年，最高法院以 5 比 3 的结果判定美国职业棒球大联盟胜诉。那个时候，弗勒德已经被清除出了棒球联赛，负债累累的他整天借酒消愁，最终栖身在巴塞罗那的一家精神病院。然而，四年后，保留条款被废除了。棒球运动员的平均年薪从 1975 年的大约 5 万美元上升到了 1997 年的将近 140 万美元。这个案例充分体现了买方垄断的威力。

买方垄断是（卖方）垄断的镜像。卖方垄断者要面对的是买家，而买方垄断者要面对的则是供应者。供应者的行为方式也类似于理性的买家。我们可以认为每个供应者都有一个保留价格。在买方垄断的情况下，供应者的保留价格是其在放弃一单位供给时愿意接受的最小金额。如果供应者能提供一单位以上的产品，那么就可以用一个递增的保留价格序列来刻画。我们可以用**供给曲线**（supply curve）或**供给函数**（supply function）来表示个体或群体的供给量随单位价格的

变化而变化的方式（当然，前提是其他物品的价格保持不变）。供给函数的一个例子是 $S(w)=100+2w$，其中 w 是为每单位供给支付的价格。之所以选择字母 w 来表示它，是为了遵循传统——通常认为提供的商品是劳动，而为劳动支付的价格则被称为工资（wage）。

现假设，买方垄断者将每单位供给转换成他随后出售的一单位产出。如果 q 是产出的数量，并用 $R(q)$ 表示买方垄断者赚得的总收入，那么买方垄断者要解决的问题是，确定每单位供给的价格，求出要生产的产量，以实现利润最大化。

如果一个买方垄断者对每单位投入（品）的报价为 w，那么他可以得到的供给为 $S(w)$。如果该买方垄断者选择生产 q 单位的产出，那么他的收入将会是 $R(q)$。因此，他的总利润将为 $R(q)-wS(w)$。那么，q 与 w 之间有什么联系吗？使它们联系起来的是一单位供给带来一单位产出这个事实［也就是说，$q=S(w)$］。因此，该买方垄断者面对的问题是选择 q 和 w 求解如下优化问题

48

$$\max_{q,w} R(q)-wS(w)$$

$$\text{s. t. } q=S(w)$$

$$q,\ w\geqslant 0$$

我们可以利用等式约束将变量 q 消去，从而将上述优化问题重写为

$$\max_{w} R(S(w))-wS(w)$$

$$\text{s. t. } w\geqslant 0$$

例 15：维兰德-汤谷公司（Weyland-Yutani）在投入端拥有买方垄断地位，同时又在产出端拥有卖方垄断地位。在投入端，它面对的投入（品）的供给曲线为 $S(w)=w$。维兰德-汤谷公司在生产时能够将一单位供给转换成一单位产出。在产出端，它面对的反需求曲线为 $p(q)=100-2q$。我们要解决的问题是，维兰德-汤谷公司为了实现利润最大化应该设定的产出水平 q 和投入（品）价格 w 是什么。

作为买方垄断者，维兰德-汤谷公司的问题是选择适当的 q 和 w 来求解如下最优问题：

$$\max_{q,w} R(q)-wS(w)$$

$$\text{s. t. } q=S(w)$$

$$q,\ w\geqslant 0$$

代入相应的表达式，可以得到

$$\max_{q,w} q(100-2q)-w^2$$

$$\text{s. t. } q=w$$

$$q,\ w\geqslant 0$$

我们可以利用等式约束将变量 q 消去，从而得到

$$\max w(100-2w)-w^2$$

$$\text{s. t. } w \geqslant 0$$

w 的最优值是 100/6。因此，产出也会有 100/6 单位。□

正如我们可以用消费者剩余来衡量买家的“幸福”程度一样，对供应者也有类似的概念，它称为供应者剩余或生产者剩余。如果买方垄断者面对的供给曲线是 $S(w)$，每单位投入（品）的工资为 $w^*-\Delta$，那么出现在市场上的供给将为 $S(w^*-\Delta)$单位。现在，该买方垄断者将工资上调为每单位 w^*。这将使供给增加 $S(w^*)-S(w^*-\Delta)$单位。浮出水面的这些新增供应者的机会成本必定介于 49
$w^*-\Delta$ 和 w^* 之间。因此，这 $S(w^*)-S(w^*-\Delta)$ 个工人中的每一个都可以获得大约 $w^*-(w^*-\Delta)=\Delta$ 的生产者剩余。从而，这些供应者所能获得的总净收益为 $[S(w^*)-S(w^*-\Delta)]\Delta$。这就是说，与计算消费者剩余时的结果类似，生产者剩余将为 $\int_0^{w^*} S(x)\mathrm{d}x$。

与垄断的情况类似，我们可以思考买方垄断者选择什么 w 能够最大化垄断利润和生产者剩余的总和。假设买方垄断者必须买下在规定的价格下供应者提供的所有投入（品），那么我们可以将这个问题建模为如下优化问题：

$$\max_w R(S(w))-wS(w)+\int_0^w S(x)\mathrm{d}x$$

$$\text{s. t. } w \geqslant 0$$

例 16： 回想一下例 15。能够最大化买方垄断者利润和生产者剩余的 w 值，是如下优化问题的解：

$$\max_w w(100-2w)-w^2+\int_0^w x\mathrm{d}x$$

$$\text{s. t. } w \geqslant 0$$

它可以化简为：

$$\max_w w(100-2w)-w^2+\frac{w^2}{2}$$

$$\text{s. t. } w \geqslant 0$$

w 的最优值为 $w=100/5$。不难注意到，这个值要比该买方垄断者在利润最大化时所选择的值更高。□

如果我们将买方垄断者购买的投入（品）解释为劳动，那么例 15 和例 16 就非常有意义。这两个例子告诉我们，将工资提高到能够使利润最大化的水平之上，会增加总剩余。此外，劳动供给和购买的数量也将会上升！之所以会出现这种情况，是因为我们迫使买方垄断者以规定价格购买所有供应的劳动。如果我们放松这个条件，又会怎样呢？又或者，如果我们强迫买方垄断者为劳动支付更多的钱，他会不会减少购买劳动呢？

2.9.1 最低工资制

《汉谟拉比法典》(Code of Hammurabi) 包含 282 个不同的法条。虽然有一些法条以“应被处死”结尾，但是大多数法条都与交易条款有关，因此规定的惩罚较轻。其中有些法条是专门用来为各种职业规定最低工资的。例如：

> 如果雇用了一个水手，每年要付给他六古尔 (gur) 的谷物。
>
> 如果雇人在田间劳作，每年要付给他八古尔的谷物。

50 这里的“古尔”是容积单位，大约等于 80 加仑。

近现代公认的最早的最低工资法案是 1894 年在新西兰颁布的。澳大利亚和英国紧随其后。1938 年，美国在富兰克林·德拉诺·罗斯福 (Franklin Delano Roosevelt) 的领导下制定了最低工资法。自那以来，美国的最低工资标准已经在 12 位总统手中提高了 22 次。每一次提高最低工资标准，都会引发一场关于这种做法的公正性和有效性的巨大争论。在这一节中，我们就来考察最低工资制对作为买方垄断者的雇主行为的影响。

最低工资制显然会让雇主的境况变得更糟，但是它能够让工人的境况变得更好吗？不一定。这取决于雇主对最低工资制的反应。如果雇主决定减少对劳动的使用，那么就会有工人被解雇，他们的境况显然会变得更糟，而留下来的工人的境况则会变得更好。如果雇主决定增加人手，那么工人的境况显然会变得更好。那么雇主呢？通过增加工人的数量，雇主可以增加产出。这可以补偿增加的劳动成本。要想知道这些因素中哪一个占主导地位，我们需要构建一个模型。

假设“唆麻”的生产商奥姆尼控股公司 (OmniCorp) 是底特律市唯一的雇主。该公司面对的“唆麻”的反需求函数为 $p(q)=100-q$，同时它的生产技术是将一单位劳动转化为一单位“唆麻”。

没有人会免费为奥姆尼控股公司工作。如果奥姆尼控股公司提供的工资为每单位劳动 w，那么在其他条件不变的情况下，底特律可以为它提供 w 单位的劳动。注意，工资越高，可以雇用的劳动的数量就越多。[①] 之后，我们先计算出能

① 可以这样想：工资越高（其他条件不变），就有越多的人愿意为奥姆尼控股公司工作。

够使利润最大化的 q 和 w 的选择。

如果奥姆尼控股公司希望生产出 q 单位的“唆麻”，它就必须买入 q 单位的劳动。为了吸引 q 单位的劳动，工资需要设为 q，因此它的总成本为 $C(q)=q^2$。从而，奥姆尼控股公司的利润应该是

$$\Pi(q)=R(q)-C(q)=100\,q-2q^2$$

据此，只需简单计算就可以求得使利润最大化的数量为 $q^*=25$，使利润最大化的工资是 $w^*=25$。

现在，假设底特律市通过了最低工资法，该法规定的最低工资标准略高于上述工资——更具体地说，规定的最低工资为 $25+\Delta$。虽然奥姆尼控股公司有义务按新的标准支付工资，但是它没有义务雇用所有愿意在该工资水平下工作的工人。这会对奥姆尼控股公司的产出水平以及它所雇用的工人数量产生什么影响？

奥姆尼控股公司至少有两种选择。第一种选择是，奥姆尼控股公司并没有增加产量，因此也没有增加它所购买的劳动的数量。在这种情况下，它的利润将为

$$25\times(100-25)-25\times(25+\Delta)=(25\times75-25\times25)-25\Delta$$

因此，与不受监管的情况相比，它的利润下降了 25Δ。如果奥姆尼控股公司想对 51
工人“落井下石”，该公司可以选择只雇用少于 25 单位的劳动（即雇用的工人比不受监管的情况下少）。如果该公司选择的产出水平是 $q\leqslant25$，那么它只需要雇用 $q\leqslant25$ 单位的劳动。考虑到奥姆尼控股公司将为每单位劳动支付 $25+\Delta$，它的利润将为

$$q(100-q)-q(25+\Delta)$$

对于 $q\leqslant25$，这个利润函数是随 q 而递增的，所以在实施最低工资制后，奥姆尼控股公司选择 $q=25$ 会更好。

第二种选择是利用如下事实：在最低工资标准提高为 $25+\Delta$ 之后，奥姆尼控股公司可以将产出提高到 $25+\Delta$。在这种情况下，奥姆尼控股公司的利润将为

$$(25+\Delta)(100-25-\Delta)-25\times(25+\Delta)=(25\times75--25\times25)-2\Delta^2$$

对于足够小的 Δ，这种选择要比第一种选择更好。因此，随着最低工资法的通过，奥姆尼控股公司实际上会增加雇用的劳动数量。[①] 请注意，它的产量增加将与“唆麻”的价格降低相结合，因此消费者也将从最低工资标准的提高中受益！

让我们从数学计算中抽出身来，看一看为什么奥姆尼控股公司会通过增加产出来应对最低工资标准的提高。假设 Δ 很小，那么劳动成本从 25×25 到 $(25+\Delta)(25+\Delta)$ 的增幅将不会很大。所以，劳动成本变化并不太大。然而，产量的

---

① 这一分析表明，即使最低工资标准的小幅提高对工人有利，也不意味着大幅提高对他们就更有利。

增加会导致收入的增加。我们是怎么知道这一点的？在实行最低工资制之前，奥姆尼控股公司必定是将价格设定在弹性超过 1 的点上。因此，只要把价格稍微降低一点（即稍微增加一点产量），它的收入就会增加。读者只要回想一下就会记起，使收入最大化的价格就出现在弹性正好为 1 的点上。

2.10 规模收益递增

如果企业是规模收益递增的，又会发生什么？使利润最大化的产出仍然会出现在边际收入等于边际成本的点上。但是，这样的点可能不止一个。用图形来说明会很有帮助。在图 2.6 中，产量显示在横轴上，货币价值显示在纵轴上。

边际成本下降，直到它触及横轴变成零。在两个点上，边际收入等于边际成本。第一个点在 q_1 处，第二个点在 q_2 处。对于小于 q_1 的产量，边际成本大于边际收入。因此，如果该企业选择生产 q_1 单位产出，那么它的总利润将为负值。这显然不能实现利润最大化。如果该企业将产量扩大到超过 q_1 的水平，那么它的边际成本将小于边际收入。因此，超过 q_1 的每一单位产出都能够为该企业创造利润。因此，利润在 q_2 处实现最大化，在这一点上收入也是最大化的，因为 $MR(q_2)=0$。但这并不意味着利润必定为正，因为超出 q_1 的每单位产出的利润可能无法弥补 q_1 之前的那些单位的亏损。

52

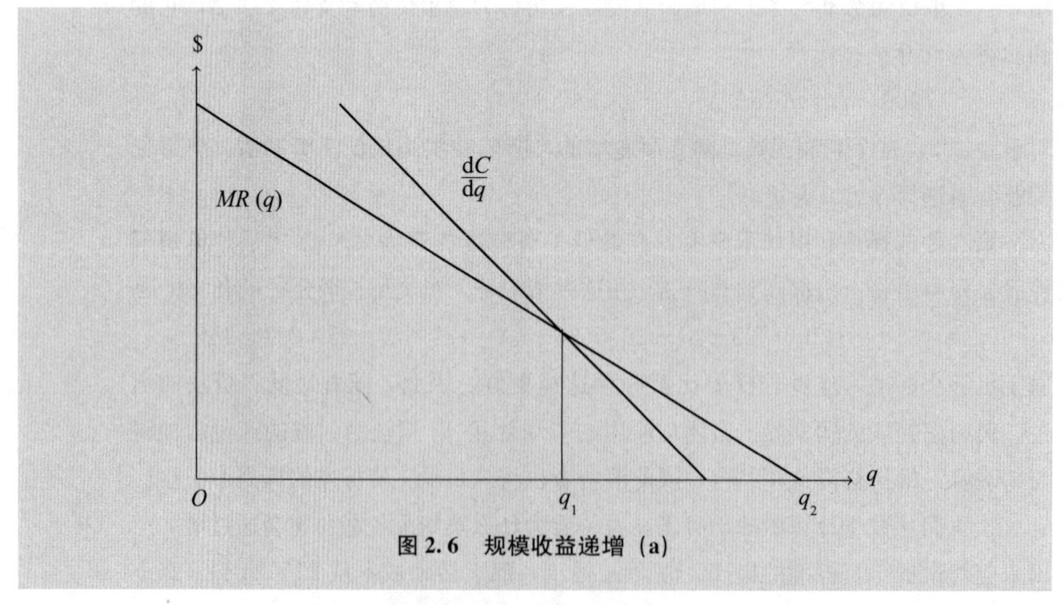

图 2.6 规模收益递增（a）

图 2.7 从另一个角度提供了说明。再一次，我们看到，有两个数量（q_1，q_2）都能使边际收入等于边际成本。q_2 是使利润最大化的产出水平。这提示了如

下规则：在边际收入等于边际成本的那些产量当中，选择使收入最大的那个产量。从这个意义上说，那些具有规模收益递增特点的企业都是以收入为中心的。

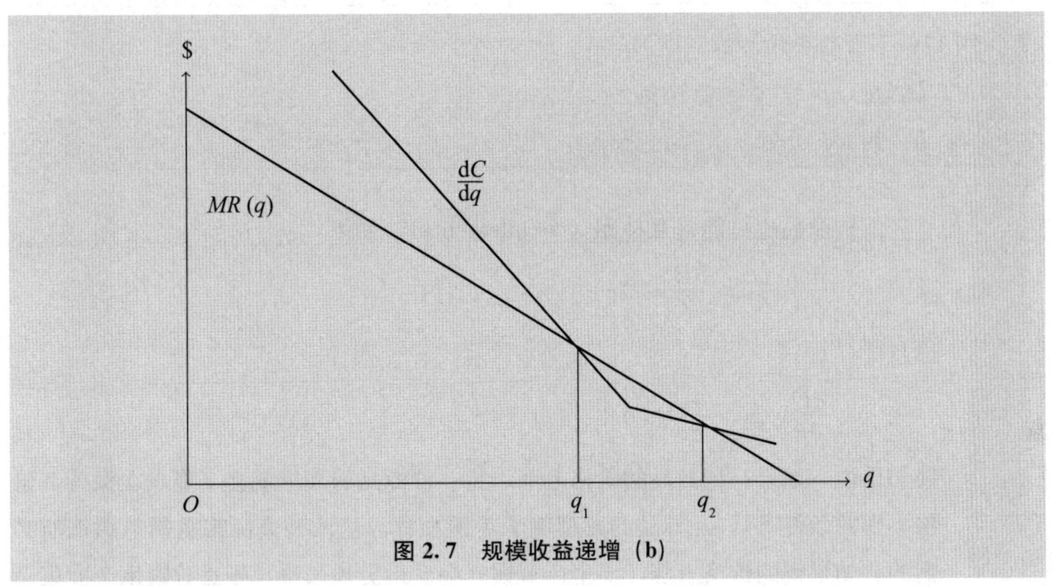

图 2.7　规模收益递增（b）

2.11　多产品垄断 53

许多卖家都销售一种以上的商品或服务。当销售的多个商品之间相互作用时，每个商品的价格都必须与其他商品协调。为简便起见，我们假设有一个垄断者，它只销售两种商品，分别称之为商品 1 和商品 2。

这两种商品可以通过两种方式相互作用。第一种方式是，两种商品的生产需要某种共同的、稀缺的资源。例如，企业的产能可能是有限的，限制两种商品的总产出。

第二种方式是，两种商品的需求是相互作用的。而这又可以通过两种形式发生。两种商品可能互为替代品，比如蛋黄酱和卡夫奇妙酱，或者今天的消费和明天的消费。换句话说，如果一种商品的价格上涨，另一种商品的需求就会增加（在其价格保持不变的条件下）。这种情况可以用下面的方法来形式化。用 p_i 表示商品 i 的单位价格，并假设商品 1 的需求是商品 1 和商品 2 的价格的函数，即 $D_1(p_1, p_2)$。类似地，$D_2(p_1, p_2)$ 则表示商品 2 的需求是商品 1 和商品 2 的价格的函数。从而，商品 1 和商品 2 彼此互为**替代品**（substitutes），如果

$$\frac{\partial D_1}{\partial p_1} \leqslant 0, \quad \frac{\partial D_1}{\partial p_2} \geqslant 0$$

而且

$$\frac{\partial D_2}{\partial p_1} \geqslant 0, \quad \frac{\partial D_2}{\partial p_2} \leqslant 0$$

例 17：下面是替代品的一个例子：

$$D_1(p_1, p_2) = 3 - p_1 + 2p_2$$

$$D_2(p_1, p_2) = 5 + 0.75p_1 - 3p_2$$

□

两种商品也可能是**互补品**（complements），如果

$$\frac{\partial D_1}{\partial p_1} \leqslant 0, \quad \frac{\partial D_1}{\partial p_2} \leqslant 0$$

而且

$$\frac{\partial D_2}{\partial p_1} \leqslant 0, \quad \frac{\partial D_2}{\partial p_2} \leqslant 0$$

换句话说，如果一种商品的价格上涨，另一种商品的需求就会下降（在保持其价格不变的条件下）。互补品的典型例子是铜和锌。这两种商品都是制造黄铜所必需的。如果铜的价格上涨，要生产黄铜就会变得更加昂贵，于是黄铜生产商就会减少产量。而这也会减少对锌的消耗。

54 **例 18**：下面是互补品的一个例子：

$$D_1(p_1, p_2) = 3 - p_1 - 2p_2$$

$$D_2(p_1, p_2) = 5 - 0.75p_1 - 3p_2$$

□

第3章 价格歧视

麦克白（Macbeth）“谋杀”了睡眠，铁路也“谋杀”了距离。诗人海因里希·海涅（Heinrich Heine）曾经这样哀悼距离的消亡：

> 我觉得，好像所有国家的山峦和森林都在向巴黎挺进。即便是现在，我还能闻到德国椴树的味道；还能听到北海的浪涛拍打着我的门。

铁路为工人阶级的出行提供了便利，他们挤在三等车厢或四等车厢里，这些车厢跟没有车顶的货运车厢差不了多少，只配了一些木制的长椅。对这些车厢内的空气，小说家阿尔封斯·都德（Alphonse Daudet）是这样描述的：

> 我永远不会忘记我坐三等车厢去巴黎的经历。车厢里面，喝得醉醺醺的水手在引吭高歌，肥胖的乡下人嘴巴像死鱼一般张着呼呼大睡，还有挎着篮子的矮小老太婆、孩子、跳蚤、奶妈……总之凡是穷人坐的车厢里应该有的所有东西都有了。当然，还有烟斗的、白兰地的、大蒜香肠的，以及湿稻草的各种味道。

平民在火车上的生活条件是“斯巴达”式的。举例来说，在英国，下层乘客的运输最初是被归类为货运的。直到后来，人们才要求议会通过法律，强制铁路公司给三等车厢和四等车厢加上车顶，以保护乘客免受火车头的热煤和烟灰的伤害。[①] 这也恰恰表明，铁路公司业主应该就是在革命到来时将最早陷入绝境的那些人。正如比利时铁路工程师和经济学家朱尔斯·裘布依（Jules Dupuit，1804—1866）所解释的那样：

> 三等车厢之所以没有车顶且只有木制座椅，并不是因为给一列火车的三等车厢装上车顶、装饰座椅需要花费几千法郎，铁路公司当然愿意为了使自

---

① 即1844年《格拉德斯通法案》(Gladstone Act)。

> 己更受欢迎而付出这些许费用。它的目标是阻止那些有能力支付二等车厢费用的乘客去乘坐三等车厢。它之所以要伤害穷人，目的不是想让他们个人受苦，而是想吓唬富人……所以，同样的道理，铁路公司对三等车厢的乘客残酷无情，对二等车厢的旅客非常吝啬，而对一等车厢的旅客却慷慨得惊人。它们在拒绝给予穷人一些必要的舒适之后，又把多余的奢侈给予了富人。

显然，裘布依已经注意到了，铁路公司这样做是试图对本质上相同的服务向不同的买家收取不同的价格。为什么？不同的买家给同一产品或服务赋予的价值是不同的。这种价值上的差异使得企业能够通过将价格与买家的保留价格匹配来获得更大的利润。这种现象就叫作价格歧视。为了说明如何计算价格歧视，我们
56 考虑一个需求函数为 $9-p$（其中 p 是单位价格）的垄断者的决策问题。根据这个需求函数，有的客户的保留价格为 8，还有的客户的保留价格是 7，还有的是 6……以此类推。当这个垄断者只能按单一价格出售产品时，我们计算出她应该将价格定在每单位 5 美元的水平上，其利润为 16 美元。假设垄断者可以向每个买家收取不同的价格而不受惩罚——假设保留价格是 8 美元时对买家收取 7 美元的价格，保留价格是 7 美元时对买家收取 6 美元……以此类推，直到保留价格为 2 美元时。[①] 在这种情况下，该垄断者的利润为 $6+5+4+3+1=19$。

但是，价格歧视是“脆弱”的，这有两个方面的原因。首先是来自其他企业的竞争。如果市场上的其他企业以降低价格来做出反应，那么价格战就可能随之而来，最终所有买家都只需支付相同的价格。

其次是因为不同的买家之间存在套利可能性，这又主要分为两种。第一种套利可能性与**商品的可转让性**（transferability of the commodity）有关。如果某个买家将商品转售给另一个买家的交易成本很低，那么价格歧视就会崩溃。如果我给你很大的折扣，但是不给你的邻居任何折扣，你就可以在买到商品后转而以比我更低的价格将商品卖给你的邻居。如果交易成本很高（例如在医疗服务、旅行等领域），那么这种套利就是不可能的。还有一个介于无交易成本和高交易成本之间的例子是“学生折扣”。一个人只需要出示学生证就可以获得这种折扣。如果非学生以某种途径获得了假身份证，那么这种折扣就可以转移给他们。

第二种套利可能性则与对提供给买家的不同服务或商品的组合的**需求可转让性**（transferability of demand）有关。在这种情况下不存在商品的转移。考虑一家向不同乘客提供头等舱和二等舱座位的航空公司。关键在于让头等舱的目标乘客购买头等舱座位，而不是二等舱座位。而要做到这一点，航空公司必须确保两种服务级别的可感知的价值差异至少与机票价格的差异一样大。

---

① 为什么我们不考虑其他的保留价格呢？

价格歧视主要有三种形式。**一级价格歧视**（first-degree price discrimination）是理想意义上的价格歧视[①]，指企业能够确定每一个买家的保留价格以及相应的价格。这种情况在现实世界中不太可能存在，因为存在套利行为，也因为缺乏关于买家的品位的完全信息。

二级价格歧视（second-degree price discrimination）通过一种“自选择”的形式，不完美地识别出买家的保留价格。买家在卖家提供的不同包装的商品之间进行选择，而在选择的过程中，他们会显示出一些关于他们的保留价格的信息。这里的诀窍是要将各种包装与买家的保留价格相匹配。稍后我们会讨论一个具体的例子。

三级价格歧视（third-degree price discrimination）是指利用买家发出的信号（年龄、时间、职业、用途、收入、种族等等）实施价格歧视。二级价格歧视与三级价格歧视之间的主要区别在于，三级价格歧视利用了有关需求的直接信号，而二级价格歧视则通过买家对不同包装的选择来间接地对买家进行筛选。

任何形式的价格歧视都会带来套利机会。因此，如果不讨论应如何处理因价格歧视而产生的套利可能性，任何针对价格歧视的“处方”都必定是不完整的。 *57*

3.1　三级价格歧视的例子

在第 2.6 节中，我们讲述了部分民众反对迈兰公司对肾上腺素笔的定价的故事。迈兰公司对这种愤怒的即时反应是，减少用户的自付费用。迈兰公司提供的折扣并不是统一的，而是与用户所拥有的保险计划（保单）的类型挂钩的。因此，拥有高免赔额保险计划的家庭（占用户总数的 70%）会收到价值高达 300 美元的优惠券。而未参保的人（占用户总数的 5%）只要收入低于美国联邦贫困线的 400%，就可以免费获得肾上腺素笔。不过，对那些参加了医疗保险计划（Medicare）、医疗补助计划（Medicaid）和三军医疗保障计划（Tricare）的人来说，这种优惠券没有什么意义，因为根据相关条件，这类优惠券都会被认定为一种非法的经济诱惑。然而，这些用户中大约有 90%的人的投保都涵盖了在肾上腺素笔上的支出。请记住，迈兰公司（和其他制药公司一样）一直在采用这种定额自付制（co-pay）作为价格歧视的一种方式。就迈兰公司而言，它所做的只是增加了提供给用户的折扣。

---

① 这是对企业而言的，而不是对买家而言的。

例 19：我们通过一个数值实例来说明上面说的这种价格歧视是如何实现的。假设一个垄断者生产出来的“唆麻”是两个生产不同商品的行业的投入品，我们不妨假设这两个行业的商品的名称分别为阿莫司（Amos）和莫萨（Mosa）。由于市场竞争激烈，这两家企业制定的价格都接近边际成本。

假设两个行业的技术都是将一单位“唆麻”转换为一单位产出。阿莫司这种产品的需求弹性为1.5，而莫萨的需求弹性则为2。最后，再假设垄断者拥有不变的边际生产成本——1美元。

先来考虑生产阿莫司的行业。由于投入等于产出，它对“唆麻”的需求弹性也为1.5。因此，通过价格加成公式，垄断者向该行业收取的价格 p 满足

$$(p-1)/p=1/1.5=2/3$$

$$\Rightarrow p=3$$

类似地，垄断者向生产莫萨的行业收取的价格则为每单位2美元（低于对生产阿莫司的行业收取的价格）。不难注意到，在这里垄断者对同一种商品在不同市场上收取了不同的价格，因此这是三级价格歧视的一个例子。这种价格歧视的实现，基础是可观察到的、与每个行业所服务的市场相关的需求弹性。

那么，垄断者要怎样做才能阻止生产莫萨的行业将“唆麻”转卖给生产阿莫司的行业呢？一种方法是（读者应该想一想还有没有其他方法），与莫萨市场中的一家企业进行垂直一体化。垄断者购买其中一家企业生产的莫萨并以每单位2美元的价格出售它。对于所有其他企业，它以每单位3美元的价格出售“唆麻”。这样一来，如果垄断者的
58 子公司以每单位3美元的价格购买“唆麻”，就没有其他的莫萨生产企业能与它竞争了。这样垄断者就把莫萨的竞争者挤出了市场。而那家生产阿莫斯的企业则继续以每单位3美元的价格购买“唆麻”。 □

3.2 二级价格歧视的例子

在二级价格歧视中，卖家向买家提供一份供选择的菜单，买家从中选择自己需要的产品。在现实世界的定价实践中，这种“菜单思想”最流行的两个例子是**版本控制**（versioning）和**捆绑销售**（bundling）。

3.2.1 版本控制

向所有买家提供相同产品的问题在于，不是所有买家都会对产品的所有特性给予同等程度的重视。因此，向基本产品添加某些特性或从基本产品中删除某些

特性来生成同一个基本产品的多个版本是很有用的一种做法。同一产品的不同版本，可针对不同的买家群体定制。例如，特斯拉（Tesla）就在销售两款不同版本的 Model S 和 Model X 电动汽车（截至 2016 年）。其中一个版本的可用电量为 60 千瓦时，每次充电可以行驶 200 英里。另一个版本的可用电量则为 75 千瓦时，每次充电可以行驶 230 英里。75 千瓦时的版本比 60 千瓦时的版本贵9 000 美元。但是关键在于，这两个版本其实搭载了相同的 75 千瓦时的电池。特斯拉公司只是在 60 千瓦时的版本中增加了一行代码，降低了电池的存储容量。

在决定一种产品要生产多少个版本及其相应售价时，企业需要考虑所选择的不同版本的产品的生产和分销成本，以及不同版本的产品出现互相蚕食现象的可能性。当为一个市场区隔设计的产品版本吸引了另一个市场区隔*的买家时，互相蚕食就发生了。这其实就是前面提到过的第二种套利形式（消费套利）。下面这个简单的数值例子可以说明版本控制涉及的权衡。

例 20：假设你是两种车型的电动汽车的垄断卖家，这两种车型的汽车每次充电后能行驶的里程不同——不妨分别称它们为短程和长程。为简单起见，假设每种车型的单位成本为零。再假设，就像前面在特斯拉的例子中已经提到的那样，短程车型和长程车型的成本是一样的。

进一步假设，存在两个规模相同的客户区隔，分别记为 A 和 B（假设每个客户区隔各与一种车型相对应）。各个客户区隔对各个车型的保留价格如表 3.1 所示。

表 3.1 保留价格表

	长程车型	短程车型
客户区隔 A 的保留价格	10 万美元	4 万美元
客户区隔 B 的保留价格	4.9 万美元	3 万美元

假设作为卖家，你无法分辨某个买家是属于客户区隔 A 还是属于客户区隔 B。换句 59
话说，没有任何可观察到的信号（如性别、年龄等）表明某个买家属于哪个客户区隔。这就排除了三级价格歧视的可能性。

现在，有三个备选方案供你考虑：第一，只对长程车型进行定价和销售；第二，只对短程车型进行定价和销售；第三，同时向市场提供两个车型。为了确定哪个备选方案是最好的，我们要计算每一个备选方案对应的利润。

---

* 市场区隔，原文为“segment”，下文还有“客户区隔”“消费者区隔”，相当于市场营销中的“细分市场”。在本书的语境中，译为“市场区隔”或“客户区隔”可能更合适一些，行文也更流畅。——译者注

如果你销售长程车型，那么只有两种价格值得考虑：略低于4.9万美元和略低于10万美元。如果定价略低于4.9万美元，那么两个客户区隔都会购买，因为他们可以得到的消费者剩余为正。如果定价介于4.9万美元和10万美元之间，那么只有客户区隔A会购买。然而，任何远低于10万美元的定价，都会使你损失大量应赚得的钱。最后，如果定价高于10万美元，那么就没有任何客户区隔的买家会购买了。因此只有两种可能的价格：略低于4.9万美元和略低于10万美元。为了避免我不得不反复地写"略低于"，读者不得不反复地读"略低于"这个短语，我们在下文中将直接省略它。换句话说，如果购买意味着零消费者剩余，同时不购买也意味着零消费者剩余，那么我们假设买家会打破僵局，决定购买。

下面的表3.2给出了对长程车型采取上述两种可能的定价策略时的需求和收入。读者肯定很容易想到，由于成本为零，利润就等于收入。

表3.2 长程车型的收入

价格	需求	收入
4.9万美元	2	9.8万美元
10万美元	1	10万美元

因此，如果只销售长程车型，就应该把它的价格定为每辆10万美元。

接下来，让我们对短程车型重复同样的分析（见下面的表3.3）。

表3.3 短程车型的收入

价格	需求	收入
3万美元	2	6万美元
4万美元	1	4万美元

显然，在这种情况下，为了实现收入最大化，应该将短程车型的价格定为每辆3万美元

综合考虑这两个备选方案，最好的选择是只出售长程车型，且将价格定为每辆10万美元。也就是说，在这种情况下，要将客户区隔B完全放弃。如果想赚到更多的钱，就必须同时向两个客户区隔出售，同时让客户区隔A的买家出更高的价。那么，怎么做到这一点呢？

基本的想法是同时提供这两种车型，并对长程车型收取更高的价格。显然，长程车型应该面向客户区隔A，短程车型应该面向客户区隔B。为了挤出客户区隔A的购买力，长程车型的价格应该高于短程车型。然而，如果长程车型定价过高，那么客户区隔A的买家会转而购买短程车型（这是与消费转移相关的套利行为）。举例来说，假设长程车型的定价为10万美元，短程车型的定价为3万美元。在面对这样的价格体系时，

不仅客户区隔B的买家会选择短程车型，客户区隔A的买家也会选择短程车型。为什么会这样？只要计算买家购买不同车型可以获得的消费者剩余就明白了。购买长程车型的消费者剩余为10万－10万＝0美元，而购买短程车型的消费者剩余则为4万－3万＝1万美元（即短程车型带来的消费者剩余更大）。如果你觉得这个结果似乎有点奇怪，那么请记住，理性买家模型假设买家会做出这样的权衡。在这种情况下，如果短程车型的价格足够低，它看起来就会更好。 60

总结一下。如果这家企业只销售一种车型，那么它应该销售售价为10万美元的长程车型。如果再以3万美元的价格推出短程车型，那么在吸引客户区隔B的买家购买的同时，也会挤占长程车型的销量。因此，为了让客户区隔A的买家只购买长程车型，（在这个例子中）就必须降低长程车型的价格，以使长程车型看起来比短程车型更有吸引力。只要长程车型带来的消费者剩余至少与短程车型一样多，客户区隔A的买家就会购买长程车型。目前，客户区隔A的买家购买短程车型的消费者剩余为4万－3万＝1万美元。因此，如果该企业给长程车型的定价为9万美元（或略低于9万美元），那么客户区隔A的买家就会购买长程车型。结果该企业可以获得的收入为9万＋3万＝12万美元。这比只出售长程车型要多出2万美元。 □

例20表明，推出一种产品的新版本会带来两种不同的后果。从积极的方面来说，这种新版本可能会迎合以前未曾触及的客户区隔。而从消极的方面来说，这种新版本与初始产品之间可能存在竞争。这种竞争的直接表现是挤占初始产品的销量，从而要求降低初始产品的价格。在上面的例子中，积极的影响超过了消极的影响，但是下面的例子说明情况并非总是如此。

例21：所有假设都与例20相同，只是对各个客户区隔的保留价格做了一处修改，如表3.4所示。

表3.4　修改后的保留价格表

	长程车型	短程车型
客户区隔A的保留价格	10万美元	6.5万美元
客户区隔B的保留价格	4.9万美元	3万美元

和例20一样，如果只出售长程车型，那么使收入最大化的价格是10万美元，得到的总收入为10万美元。而如果只出售短程车型，那么使收入最大化的价格是6.5万美元，总收入则为6.5万美元。那么，如果同时出售两种车型，会不会更有利？

如果同时出售两种车型，那么短程车型的定价必定为3万美元。这样一来，客户区

61 隔 A 的买家因购买短程车型而获得的消费者剩余为 3.5 万美元。因此，为了确保客户区隔 A 的买家仍然会购买长程车型，就必须将它定价为 6.5 万美元。然而，这里的总收入只有 9.5 万美元（客户区隔 A 的买家以 6.5 万美元的价格买入 1 辆长程车，客户区隔 B 的买家以 3 万美元的价格买入 1 辆短程车）。此时的收入比只出售长程车型的收入还要少。 □

在例 21 中，版本控制未能带来利润的增加，原因在于客户区隔 A 的买家感觉不到两个版本之间的差异。这一点从保留价格的差异中可以看得很清楚。在例 20 中，客户区隔 A 的买家对长程车型和短程车型的保留价格之间的差异达到了 6 万美元；然而，在例 21 中，这一差异仅为 3.5 万美元。换句话说，长程车型能够提供的比短程车型更大的好处已经大为减少了，这让它们在买家的心目中更加相似。

那么，提供两个版本总比只提供一个版本好吗？这看上去似乎至少不会使情况变得更糟。在提供了两个版本之后，潜在的利润最大化问题就有了更多的控制变量，从而给了卖家更大的灵活性。然而，两个版本同时销售也带来了更多的限制，对防止消费套利提出了要求。最终的结果既可能是积极的，也可能是消极的，取决于具体情况。

虽然对特斯拉来说，为了增加收入而故意销毁自己的某个版本的产品似乎不太合适，但对例 20 的分析表明，在特定情况下，版本控制反而会增加消费者剩余。

3.2.2 捆绑销售

捆绑销售是指将不同的产品或服务打包出售。一起出售的一整套软件程序、剧院的季票、往返机票和菜品固定的套餐，这些都是捆绑销售的常见例子。不过在这里，要先澄清一下“不同”（distinct）一词的含义。例如，培根-生菜-番茄（BLT）三明治套餐包括了面包、培根、生菜和西红柿等材料。有人说，由于这些都是不同的产品，所以出售 BLT 套餐是一种捆绑销售行为。但是这样一来，太阳底下几乎所有的东西都是“捆绑”着的。这样理解对我们没有帮助。相反，应该从买家的角度来评估捆绑销售的产品构成。对于在三明治店买三明治的人来说，BLT 套餐并不是一个捆绑品，因为他们本来就从没有认为商店会把 BLT 套餐的各个组成部分单独出售。相比之下，对于在家里自己做饭的买家来说，BLT 套餐就属于捆绑销售了，因为他们原本可以去超市分别购买各种原料。

捆绑销售可以分为两类。

(1) **纯捆绑销售**(pure bundling)。

卖家从不会让捆绑销售的商品单独出售，哪怕它们本来是可以单独出售的。例如，在2010年之前，用户不可能买到没有捆绑IE浏览器的Windows操作系统。因此，用户要么两者都买，要么两者都不买。

(2) **混合捆绑销售**(mixed bundling)。 62

在任何一家麦当劳，顾客都既可以选择购买超值套餐(汉堡、软饮料和薯条)，也可以分别购买各种组成套餐的食物。

卖家之所以要进行捆绑销售，并不只是为了实现价格歧视。不过我们在这里并不特别关心捆绑销售的其他原因。在本节中，我们将说明如何将捆绑销售用于价格歧视。

例22： 在这个数值示例中，共有四个买家(分别记为A、B、C和D)和两个产品。一个产品是美国有线电视新闻网(CNN)，另一个产品是娱乐与体育电视网(ESPN)。每个买家最多只能在每个频道都订阅一次。由于在特定频道上播放节目的大部分成本都是固定成本，因此我们可以假定目标就是实现收入最大化。各个频道的各个买家的保留价格如表3.5所示。

表3.5　订阅价格表

	CNN	ESPN
买家A的保留价格	80美元	40美元
买家B的保留价格	40美元	40美元
买家C的保留价格	90美元	10美元
买家D的保留价格	10美元	90美元

让买家订阅这些频道的方法主要有三个：

(1) 将每个频道作为一个独立的项目，对其单独定价，并单独出售。

(2) 将两个频道捆绑在一起进行定价并出售，并不允许只订阅单一频道(即纯捆绑销售)。

(3) 在将两个频道捆绑在一起进行定价并出售的同时，也单独出售单个频道(即混合捆绑销售)。

那么哪一种方法能够产生最多的收入呢？如果只对CNN的频道定价并只销售它，那么在每个价格点得到的收入如下面的表3.6所示。

表 3.6 CNN 频道的订阅价格、需求和相应的收入

价格	需求	收入
10 美元	4	40 美元
40 美元	3	120 美元
80 美元	2	160 美元
90 美元	1	90 美元

因此，对于 CNN 频道，使其收入最大化的价格为 80 美元。类似的分析也适用于 ESPN 频道的定价——得到的价格相同，也是 80 美元，而总收入则是 320 美元。

现在，假设我们把这两个频道捆绑在一起出售。那么，买家对捆绑销售的频道（捆绑包）的估价，有三种可能：第一种可能是，捆绑会产生协同效应（即整体大于
63 部分之和）。在这种情况下，捆绑显然是有益的。如果一个频道提供了更多的价值，那么它就可以通过制定更高的价格获得更多的价值。第二种可能是，捆绑会破坏价值。例如，由于时间限制，买家无法收看多个频道。因此，A 对这个捆绑包的保留价格为 80 美元。如果一个人只能看一个频道，他就会去看最有价值的频道。如果捆绑销售破坏了价值，那么它显然毫无意义。第三种可能是，捆绑包的保留价格就等于它的各个组成部分的保留价格之和。因此，A 和 B 对捆绑包的保留价格为 120 美元，而 C 和 D 对捆绑包的保留价格则为 100 美元。将捆绑包定价为 100 美元时，收入为 400 美元；而将捆绑包定价为 120 美元时，收入仅为 240 美元。因此，在纯捆绑销售的情况下，100 美元的定价可以使收入最大化。需要注意的是，在这种情况下产生的收入比在第一种情况下更多。

而在混合捆绑销售形式下，买家可以选择购买捆绑包，也可以选择只购买其中一个频道。这是一个能够比纯捆绑销售带来更多收入的组合。将捆绑包的价格定为 120 美元，将单个频道的订阅价格定为 90 美元。在面对这样的价格时，A 和 B 会通过购买捆绑包来最大化他们的消费者剩余，而 C 和 D 则会通过单独订阅一个频道来实现消费者剩余最大化（C 购买 CNN，D 购买 ESPN）。而总收入则为 420 美元。 □

在例 22 中，纯捆绑销售比单独销售产生了更多的收入，因为它增加了需求。当这些频道单独出售时，订阅数总共只有 4 个。然而，在纯捆绑销售的情况下，订阅数增加到了 8 个。为什么会发生这种情况？原因很简单，只需要比较一下单个产品的保留价格与捆绑包的保留价格的方差或价差就很清楚了。捆绑包的方差更小，而方差的减小是对卖家有好处的。在单独定价时，卖家会在两方面遭受损失：第一，有一些买家不会购买；第二，有些买家支付的价格比他们的保留价格

低得多。这些损失的大小随保留价格的方差增大而增大。

接下来，再来考虑例22中的混合捆绑销售。A和B支付的平均单位价格是60美元。C和D支付的平均单位价格是90美元。这就是说，同样的产品以不同的价格卖给了不同的买家。当然，这里肯定存在着套利的可能性。比如说，A可以先买下这个捆绑包，然后以每件85美元的价格再卖给C和D。在现实世界中，对这种套利行为可以通过将转售规定为非法行为或者将产品设计为难以转售的来加以控制。例如，让季票持有者得到的季票无法被分割成单独的票，或者规定在使用季票时必须出示有效的身份证件，等等。

3.3 二部收费制

二部收费有两个组成部分。第一个组成部分是一笔固定费用，它独立于消费
数量。第二个组成部分是与消费数量直接相关的使用费。这种定价方法通常称为 64
二部收费制（two-part tariff）。

要理解为什么这样一种定价方法有用，考虑如下消费边际收益递减的单一买家的情况应该会有所帮助。假设有一个生产"唆麻"的垄断者，其边际生产成本为1美元。再假设只有一个消费者，不妨称之为马里科（Mariko）。表3.7显示了马里科对不同数量的"唆麻"的增量保留价格。

表3.7 增量保留价格

数量	第一单位	第二单位	第三单位	第四单位
马里科的保留价格	7	5	3	1

假设马里科对第五单位及之后单位的"唆麻"的保留价格为零。注意，马里科对第四单位"唆麻"的保留价格比第三单位低……以此类推，这与边际收益递减是一致的。

表3.8显示了马里科在不同价格下购买的"唆麻"的数量。

表3.8 价格、需求和利润 65

每单位的价格	1	2	3	4	5	6	7
马里科的需求	4	3	3	2	2	1	1
利润	0	3	6	6	8	5	6

从表3.8很容易看出，使利润最大化的单位价格是5美元，相应的利润为8美元。那么，还有比8美元更高的利润吗？有，因为以同样的价格出售每一个单

位“唆麻”会让你损失许多本来可以赚到的钱。每单位的价格为5美元时，马里科只愿意买两单位，这个购买行为带来的消费者剩余为$7+5-2\times5=2$。所以还剩下2美元钱没有赚到手。有一种方法可以将（大部分）消费者剩余赚到手，那就是，将第一单位的价格定为7美元，将第二个单位的价格定为5美元，将第三单位的价格定为3美元……以此类推。这看上去似乎不像是捆绑销售，但是这只是表象。你也可以这样来定价：一单位的价格为7美元，两单位的价格是12美元，三单位的价格是15美元……以此类推。

当然，公布每一个单位的价格或每一个捆绑包的价格是不现实的，因此人们对接近理想价格的更简单的定价方法更感兴趣。这里就有一个例子。先收取1.99美元的固定费用，然后每个单位售价5美元。1.99美元的固定费用对购买数量没有影响，但是它将决定买家是不是选择接受报价。假设买家接受了报价，她就可以按5美元的价格买到自己想要的任何单位产品。在这个价格下，她会通过购买2单位来最大化自己的消费者剩余——这可以给她带来2美元的剩余。由于1.99美元的固定费用低于这个数字，所以在接受了这个报价后，她的消费者剩余是超过零的。因此，如果让她在买与不买之间做出选择，她会选择买。现在，利润变成了$1.99+8=9.99$美元。这种定价方法就是通常所称的二部收费制。它由固定费用F和单价p组成。如果你购买了q单位，需要支付的总价款就是$F+pq$。我们在前面的第2.4节中看到过这样的定价方法。

二部收费制只是捆绑销售的一个例子。买家面对的捆绑包依次为：1单位的产品或服务，价格为$F+p$；2单位的产品或服务，价格为$F+2p$；3单位的产品或服务，价格为$F+3p$……以此类推。二部收费制“承认”，马里科对各个单位的“唆麻”的估价是不一样的。为了从马里科身上获取尽可能多的消费者剩余，垄断者应该以7美元的价格卖给她第一单位，以5美元的价格卖给她第二单位……以此类推。二部收费制想做的也是这个。为什么这么说？如果固定费用为F，单位价格为p，消费者A需要花费$F+p\times Q$才能购买到Q单位产品，于是她支付的每单位平均价格将是

$$\frac{F}{Q}+p$$

注意，这个数量是随着她购买的数量Q的增加而下降的。因此，单位平均价格随购买数量的增加而下降。

还有什么定价方法比刚才描述的二部收费制更好吗？有的。以下就是一个更好的二部收费制定价方法：令$F=12$和$p=1$。在这样一种二部收费制下，马里

科购买不同数量的消费者剩余如表 3.9 所示。

表 3.9　数量和消费者剩余 66

数量	1	2	3	4
马里科的消费者剩余	＜0	＜0	0	0

要让自己的消费者剩余为正，马里科必须购买更大数量的“唆麻”。从表 3.9 中，我们看到马里科至少购买 4 单位，产生的利润至少为 12 美元。

二部收费制无处不在。在很多时候，固定费用 F 被冠以“报名费”、“入场费”或“服务费”等不同的名目。有些夜总会要收取入场费，然后根据顾客点的酒的数量收取更多费用。水电费有时也会采取这种形式。也许更加有趣的是，在其他情况下，固定费用甚至可以通过剃须刀或电子书阅读器等耐用品的形式收取，而单位价格 p 则通过出售刀片或电子书等消耗品的形式收取。耐用品和消耗品是相互关联的，因为需要通过耐用品去使用消耗品。也就是说，没有剃须刀的刀片是毫无价值的，而电子书则需要一个阅读器。因此，问题就在于如何巧妙地确定 F 和 p。

3.3.1　最优二部收费制

如何确定能够使垄断者的利润最大化的二部收费制？当只卖给一个买家（或有相同偏好的多个买家）时，可以使用以下程序将 F 和 p 计算出来：

（1）首先，将价格 p 设定为边际成本。

（2）对于这个 p 值，确定买家将购买多少单位来最大化其剩余。再将 F 设定为等于这个剩余。

由于二部收费制中的每单位价格是根据卖家的单位成本来确定的，因此利润是通过固定收费部分获得的。降低 p 会刺激需求，从而增加消费者剩余。卖家可以通过提高 F 来攫取消费者剩余的增量。

为了证明刚才给出的关于最优二部收费制的结论，假设单个买家可以用反需求曲线 $p(q)$ 来刻画。[①] 再假设卖家的边际成本是每单位 c。

如果卖家确定的价格是每单位 p^*，那么买家将购买 q^* 单位，其中 $p(q^*)=p^*$。因此，买家可以得到的消费者剩余为

① 这个证明也适用于具有相同反需求曲线的多个买家。

$$\int_0^{q^*} p(x)\mathrm{d}x - p^* q^*$$

在此基础上，假设买家的外部选择所能产生的消费者剩余为零，那么卖家可以设定的最大的 F 值就是这个剩余，即

$$F = \int_0^{q^*} p(x)\mathrm{d}x - p^* q^*$$

67 将 F 设定为超过这个值将导致买家退出，而如果低于这个值，就会损失本来应该赚到的钱。因此，卖家的利润是

$$\int_0^{q^*} p(x)\mathrm{d}x - p^* q^* + (p^* - c)q^* = \int_0^{q^*} p(x)\mathrm{d}x - cq^*$$

读者应该不会觉得这个式子陌生吧——它的形式在第 2.6 节中就出现过了。

卖家希望选择 p^* 以实现利润最大化。但是，p^* 并没有出现在利润表达式中，而 q^* 则出现了——但是请记住，它依赖于 p^*。所以我们可以选择 q^* 来实现利润最大化，然后再利用对 q^* 的最优选择回过头去推导出 p^* 的最优选择。求卖家的利润函数对 q^* 的微分并令其为零（并检查二阶条件），我们就可以得到

$$p(q^*) - c = 0 \Rightarrow p(q^*) = c$$

换句话说，选择能够使反需求等于边际成本的 q^* （即 $q^* = c$）。

例 23：假设现在有一个买家，其反需求曲线为 $p=9-q$（这相当于 $q=9-p$）。再假设卖家有不变的边际成本（每单位 1 美元）。将单位价格定为 1 美元。在这个价格下，需求是 8。从而固定费用为

$$F = \int_0^8 (9-x)\mathrm{d}x - 8 \times 1 = \left[9x - \frac{x^2}{2}\right]_0^8 - 8 = 32 \qquad \square$$

如果我们把这个逻辑应用到剃须刀和刀片的捆绑上，我们应该为剃须刀设定一个较高的价格，而刀片则按成本价出售。换句话说，赚钱靠的是剃须刀，而不是刀片。然而，根据 1929 年的一期《时代》杂志的说法，这与事实恰恰相反：

> 众所周知，安全剃须刀制造商的大部分利润都不是来自剃须刀，而是来自可替换的刀片。

血糖仪制造商以低于成本的价格向糖尿病患者销售了数百万台血糖监测设备（耐用品），然后从每位糖尿病患者每年需要使用的数百条检测试纸（消耗品）中获取利润。打印机公司以低于成本的价格出售打印机（耐用品），并通

过墨盒（消耗品）来获取利润。那么，难道我们上面对二部收费制的分析脱离了实际？

3.3.2 剃须刀和刀片

以低价（可能低于成本）的耐用品和高价的消耗品为核心的定价策略，也称为“剃须刀和刀片”定价模式。这要归功于一次性剃须刀的发明者金·坎普·吉 68
列（King Camp Gillette）。但是，除了名字之外，上面这个句子没有一个字是正确的。甚至连名字本身的可信性也是值得怀疑的。[①]

1904年以前，剃须刀片不是一次性的。生产刀片的成本相当高昂，因为要防止刀片在坚硬的胡茬的压力下弯曲，需要用上不少优质钢材。1895年版的《蒙哥马利·沃德邮购目录》（*Montgomery Ward catalog*）共有624页，其中有一页半是关于剃须刀和刀片的。[②] 剃须刀的价格从0.60美元到3.5美元不等，而（非一次性的）刀片的价格则差不多是剃须刀的一半。这本邮购目录还收录了磨刃机和磨刃石，它们是用来磨利刀片的。磨刀片需要时间和技巧，所以在那个时代，许多男人都要把刀片交给别人去磨。

当时比较受欢迎的剃须刀品牌之一是明星剃须刀（Star Razor）。美国最高法院大法官奥利弗·温德尔·霍姆斯（Oliver Wendell Holmes）的父亲是一位很受欢迎的旅记作家，他为明星剃须刀的产品写下了不少赞誉：

> 秉承只为我的同胞谋福利的满腔好意，我在这里竭诚推荐明星牌剃须刀，它是所有在陆地、在海洋旅行的人，以及所有留在家里的人的好伴侣。

1903年，吉列在《系统》（*System*）杂志上宣布，他发明了一次性刀片，声称：

> ……我的刀片只需要耗费非常少的材料，而且打磨起来非常容易、非常迅速，因此我能够大量生产并以非常低的价格销售刀片，从而消费者可以一次购买许多刀片，并且在用钝了之后直接丢弃，不必再像以前那样花不少钱去保持刀片锋利，这样，剃须刀片的刀刃总是和新刀片一样完好无损。

吉列想到了要生产一次性刀片，这是一个好想法，但是要让它成为现实，就必

---

① 吉列本人也是一位作家，他对行业巨头的现代时尚有很多预测，并给几乎所有人提建议。他主张所有的行业都由一家公营公司控制，并且主张所有的美国人都应该生活在一个由尼亚加拉瀑布提供动力的叫作大都会的巨型城市里。

② 蒙哥马利·沃德公司相当于那个时代的亚马逊公司。

须让刀片变得更薄，以减少对钢材的消耗，从而降低成本。然而，薄薄的刀刃也是易碎的。威廉·尼克森（William Nickerson）解决了这个问题，他是一位毕业于麻省理工学院（MIT）的工程师。同时，用来固定刀片的剃须刀则被设计成了能够防止刀片弯曲的形式。他们两人在 1901 年为这些想法申请了专利。

最初的报价是，5 美元一把剃须刀外加 20 片刀片。吉列公司声称，这些刀片可以用上 2 年，届时需要新的刀片可以按 5 美分一片的价格购买。同时，用过的刀片可以按每片 2.5 美分的价格退回工厂打磨刀刃。① 相比之下，当时工人平均每星期的工资仅为 15 美元，低端一点的一套西装则只要 12 美元。吉列公司强调，它没有采用低价剃须刀捆绑高价刀片的策略。事实上，不到一年之后，该公司就把价格调整为 5 美元一把剃须刀外加 12 包刀片，随后又改为每包 1 美元，
69 这实际上提高了刀片的价格。第一年，吉列公司只卖出了 51 把剃须刀和 48 片刀片。然后到了第二年，吉列公司就像病毒一样“流行”——卖出了 9.1 万把剃须刀和 10 万片刀片！②

据估计，吉列剃须刀可以使用 6 年。这意味着，按照最初的报价计算，一个人只需花 7 美元就可以买到 6 年剃须所用的刀和刀片。③ 根据这些数字，吉列公司至少还有三个可用的方案来为其剃须刀和刀片定价。

（1）7 美元买一把剃须刀以及终身提供的免费刀片。

（2）一把免费的剃须刀，同时将每片刀片的价格定为大约 12 美分。

（3）一个由一把剃须刀和 60 片刀片组成的捆绑包，售价为 7 美元。

为什么要优先选择其中一个方案而不是另一个呢？

“低价剃须刀＋高价刀片”策略，一直以来都被认为是吉列公司的首创，但是事实上，这个策略直到 1920 年之后才被采用，当时吉列公司正面临着对手的激烈竞争。1951 年，时任吉列公司首席执行官的约瑟夫·斯庞（Joseph Spang）是这样描述该公司的目标的：

> 要竭尽全力让尽可能多的男性拥有吉列剃须刀。通过剃须刀来赚钱的想法已经变得不重要了。这个时期可以称为“赠送”剃须刀的年代。

于是，吉列公司把剃须刀与箭牌口香糖、袖珍刀和肉罐头一起大量分发

---

① 《蒙哥马利·沃德邮购目录》也提供这种服务，打磨一片刀片的价格高达 50 美分。

② 可以说是美国参加第一次世界大战这个事件成就了吉列公司。1914 年，吉列公司以成本价向美国军队提供了 480 万把剃须刀。等到战争结束后，退伍归家的军人们在用惯了吉列公司的剃须刀之后，已经开始迷恋上它了。到 1918 年第一次世界大战结束时，吉列公司已经卖出了 100 多万把剃须刀和 1.2 亿片刀片。

③ 5 美元买剃须刀和最初配的刀片包。然后再买 2 包刀片，每包 1 美元。

给民众。[①]

3.3.3 Kindle和电子书

亚马逊公司的Kindle电子书阅读器于2007年11月推出，售价为399美元。它并不是第一个电子书阅读器。事实上，这种装置的想法早在20世纪30年代就已经有人提出了。[②] 在Kindle问世之前，索尼（Sony）等公司已经向市场推出了同样性质的电子阅读设备。

亚马逊公司还推出了最新的畅销精装书的电子版，并将价格定为每本9.99美元。出版商向亚马逊公司收取与新版精装书相同的电子书批发价。图书的批发价通常是标价的50%。因此，一本零售价为25.99美元的精装书，亚马逊公司要花13美元才能从出版商那里批发到手。如果顾客以9.99美元的价格购买了电子书，那么亚马逊公司还要损失5美元。[③] 亚马逊公司并没有遵守“低价剃须刀+高价刀片”策略。

第一代Kindle的单位成本大约为250美元，这意味着第一代Kindle的单位利润大约为150美元。每本电子书亏损5美元，这样一来，售出一只Kindle获得的利润在售出30本电子书之后就消耗尽了。这是很有可能的，因为Kindle最早的那批买家都是一些“重度”阅读者。为什么亚马逊公司宁愿承担亏损也要这
么做？我们首先要抛开这样一种解释：亚马逊公司希望通过鼓励读者转向电子书 70
来节省运费。因为通常来说，只要订单金额超过了25美元，亚马逊公司就会免费送货。假设一位顾客花30美元买了两本实体书，并获得了免费送货的资格。如果他选择加急送达，那么他需要支付3美元再加上每本书0.99美元的运费，因此，这个顾客要为两本书支付4.98美元的运费。在那个时候，亚马逊公司配送两本书的运费大约为3美元。如果顾客选择免运费，亚马逊公司将获得1美元的净利润（两本书共4美元利润再减去3美元运费）。如果顾客选择加急送达，那么亚马逊公司将获得5.98美元的利润（两本书的4美元利润加上1.98美元的运费）。

3.3.4 调　和?

认为垄断利润是通过服务费（cover charge）而不是通过按单位计算的价格

---

① Picker, R. C. (2010). The razors-and-blades myth(s). *University of Chicago Law Review*, 78, 225-255.

② 《银河系漫游指南》(*The Hitchhiker's Guide to the Galaxy*) 可以说包含了银河系的所有知识，它装在一个平装书大小的设备里，通过“Sub-Etha”接收更新信息。

③ 这5美元的损失，包括来自电子书的3.01美元损失，再加上电子书挤占了实体书导致的2美元损失。

获得的，这个直觉判断与人们普遍接受的（相反的）观点是不一致的。我们在前面描述了两个卖家背离普遍接受的观点的例子。当然，确实也有一些公司遵循了“低价耐用品、高价消耗品”的定价策略（回想一下血糖仪的例子）。那么我们应该如何调和这些观点呢？

先回想一下二部收费制的逻辑吧。垄断卖家应该首先确定买家在剃须这件事情上的终身价值，比如说 V 美元。由于刀片带来的增量价值只有在死亡时才会减少，所以 V 是不确定的。假设买家寿命很长，那么 V 将会是一个不可思议的大数字。相反，如果死亡随时可能成为现实，那么 V 就会变得微不足道。因此，买家对于他将要消费的刀片数量的不确定性，降低了他预先支付一大笔费用（服务费）的动机。不确定性有很多来源。买家可能担心自己会一直被某种特定的剃须刀锁定。买家也可能会在以后觉得自己留胡子更好看些。此外，如何防止卖家在之后提高刀片的价格？或者卖家会不会倒闭？又或者，剃须技术的革新会不会使得现有的剃须刀过时？简而言之，在买家对消费不确定的情况下，如果二部收费制固定费用的数额很大，就会给他们带来巨大的风险，使得他们不愿接受这样的报价。在这种情况下，卖家可以通过降低固定费用（F）来化解买家这种不情愿的倾向，然后通过提高单价（p）来补偿。这样做将与消费量的不确定性相关的风险转移到了卖家身上。在剃须刀和刀片的案例中，卖家承担了剃须刀的成本，然后“赌”买家会在刀片上花足够的钱，以此来收回成本，甚至赚得可观的利润。在其他情况下，卖家可以通过规定一定期限来限制自己和买家的风险。例如，F 可以体现为年费或月费，允许买家在约定的相关期间按单价无限次消费。事实上，卖家可以提供一份二部收费制的菜单。一个选项 F 值很大但 p 值很低，另一个选项 F 值很低但 p 值很大，健身俱乐部就是这方面的一个例子。如果每年交会员费（F 值很大），就可以无限次地使用健身设施一年（$p=0$）；或者不交会员费（$F=0$），但是每天使用健身设施都要交费（p 值很高）。第一个选项对那些认定自己会高频率地使用健身设施的人有吸引力，而第二个选项则对那些不能确定自己多久使用一次健身设施的人有吸引力。

71 上面最后这个观察结论使我们在分析最优二部收费制时的一个重要假设凸显了出来。那就是，假设所有的买家都有相同的需求曲线（也就是说，他们的品位完全相同）。现在我们来研究放弃这个假设的后果。对于这种情况，我们可以想象一下单杯式咖啡机和咖啡豆的垄断供应商的情况——这种咖啡机的例子有克里格公司（Keurig）的咖啡机、奈斯派索牌（Nespresso）咖啡机等。消费者是从咖啡豆中而不是从咖啡机中获得效用的；然而，没有咖啡机，任何人都无法直接生吃咖啡豆。现假设咖啡机的单位生产成本是 5 美元，咖啡豆的单位生产成本是

1 美元。

再假设有两个类型的消费者：一个类型是重度咖啡消费者，另一个类型是轻度咖啡消费者（假设两个类型各有一个消费者）。重度咖啡消费者愿意为新增一单位咖啡豆支付比轻度咖啡消费者更高的费用。重度咖啡消费者的增量保留价格如下面的表 3.10 所示。

表 3.10　重度咖啡消费者的增量保留价格

单位	1	2	3	4	5	6	7	8	9
保留价格	9 美元	8 美元	7 美元	6 美元	5 美元	4 美元	3 美元	2 美元	1 美元

轻度咖啡消费者的增量保留价格则如下面的表 3.11 所示。

表 3.11　轻度咖啡消费者的增量保留价格

单位	1	2	3	4	5	6	7
保留价格	7 美元	6 美元	5 美元	4 美元	3 美元	2 美元	1 美元

如果这个垄断卖家只向轻度咖啡消费者出售咖啡机和咖啡豆，那么为了实现利润最大化，它所制定的咖啡机和咖啡豆的价格是多少？这将是最优二部收费制定价方案的体现。按成本价出售咖啡豆，即制定的单价为 1 美元。在这个价格下，当轻度咖啡消费者购买了 7 单位咖啡豆时，他实现了剩余最大化（因为他的购买量已经达到保留价格为 1 美元的那一点）。在购买了 7 单位咖啡豆时，轻度咖啡消费者获得的剩余为 21 美元。因此，最优二部收费制定价方案是对咖啡机收取 21 美元，对每单位咖啡豆收取 1 美元。此时的利润为 21－5＝16 美元。

如果这个垄断卖家只向重度咖啡消费者出售咖啡机和咖啡豆，那么类似的分析可以表明，咖啡机的定价应为 36 美元，每单位咖啡豆的定价则应为 1 美元，此时的利润为 36－5＝31 美元。

综上所述，在只向轻度咖啡消费者销售时，卖家制定的价格为 $F=21$，$p=1$。当只向重度咖啡消费者销售时，则为 $F=36$，$p=1$。只要卖家能够区分出重度咖啡消费者和轻度咖啡消费者，这种定价方案就是有效的。那么，如果限定卖家必须对所有消费者以相同的二部收费制价格销售捆绑包，又会发生什么？

如果咖啡机的价格是 21 美元，而每单位咖啡豆的价格是 1 美元，那么购买咖啡机和咖啡豆对这两种类型的消费者都有利。然而，对重度咖啡消费者这样做，卖家会少赚很多钱。相比之下，36 美元的咖啡机价格和 1 美元的咖啡豆价格则会使得这些产品对轻度咖啡消费者没有什么吸引力。那么，是不是存在某种咖啡机和咖啡豆的价格组合，既能同时吸引重度和轻度咖啡消费者，又能给卖家带来比只卖给一种类型的消费者更多的利润？第一种定价方案构成了一个很好的起点，即咖啡机 21 美元、咖啡豆 1 美元。在这些价格下，两种类型的咖啡消费者都会购买，卖家的总利润为 42－10＝32 美元。但是，重度咖啡消费者的钱还没完全赚到手。要把这些钱赚到手，我们有两种方法可用——或者提高咖啡机的价格，或者提高咖啡豆的价格。不过在第一种情况下，我们会把轻度咖啡消费者拒之门外，因为在他们身上无利可图。接下来，让我们考虑第二种方法。

将咖啡豆的价格提高到每单位 2 美元。在这个价格下，轻度咖啡消费者会购买 6 单位咖啡豆，重度咖啡消费者则会购买 8 单位。轻度咖啡消费者的剩余为 15 美元，重度咖啡消费者的剩余更高。如果我们想同时为两个市场服务，那么轻度咖啡消费者的剩余就将是我们可以对咖啡机收取的费用的上限。因此，我们将咖啡机的价格确定为 15 美元，每单位咖啡豆的价格则确定为 2 美元。此时总利润为 30－10＋6(2－1)＋8(2－1)＝34 美元。这个利润显然比之前计算的大。现在，再假设将咖啡豆的价格定为每单位 3 美元。在这个价格下，轻度咖啡消费者会购买 5 单位，重度咖啡消费者则会购买 7 单位。此时轻度咖啡消费者的剩余为 10 美元。因此，将咖啡机的价格定为 10 美元。按照这个价格，利润将为 34 美元。利润没有发生什么变化。事实上，很容易看出，如果继续提高咖啡豆的价格，利润反而会降低。

因此，在存在多种类型的消费者时，为了最大化利润，我们可能不得不提高消耗品的价格并降低耐用品的价格。随着消费者的增量保留价格异质化，我们可能被迫从咖啡豆中赚取利润。

现在，假设咖啡豆的生产成本出现了下降。在这种情况下，卖家会降低咖啡豆的单价，同时提高咖啡机的价格。以更低的价格卖出咖啡豆，消费者就会得到更多的剩余，然后卖家通过更高的咖啡机价格收回利润。

例 24：在本例中，我们将确定存在不同类型的消费者时的最优二部收费制价格。关于消费者偏好的信息是以需求曲线的形式给出的，而不是用增量保留价格表的形式给出的。

假设市场上存在两个消费者区隔：重度消费者和轻度消费者。重度消费者只有一个，其反需求曲线是 $q_H=9-p$。轻度消费者有两个，反需求曲线均为 $q_L=6-p$。区分重度消费者和轻度消费者的标准是，在任何单价 p 水平上，重度消费者的需求都比轻度消费者大。垄断者的边际成本为每单位 1 美元。

为了更好地把握这个问题，先来考虑两种情况。

(1) 将单价设定为1美元。

此时重度消费者的需求为9－1=8，他的剩余为

$$\int_0^8 (9-x)\mathrm{d}x - 8\times 1 = 32$$

而每个轻度消费者的需求则为6－1=5，他们的剩余是

$$\int_0^5 (6-x)\mathrm{d}x - 5\times 1 = \frac{25}{2}$$

如果将固定费用定为$F=32$，那么只有重度消费者会购买，此时利润为32美元。如果将固定费用定为$F=12.5$，那么每个人都会购买，从而利润为12.5×3=37.5美元。

(2) 将单价设定为2美元。 73

这种情况下重度消费者的需求为7，他的剩余是

$$\int_0^7 (9-x)\mathrm{d}x - 7\times 2 = \frac{49}{2}$$

而每一个轻度消费者的需求为4，他们的剩余是

$$\int_0^4 (6-x)\mathrm{d}x - 4\times 2 = 8$$

如果将固定费用定为$F=49/2$，那么只有重度消费者会购买，此时利润为24.5＋7=31.5美元。如果将固定费用定为$F=8$，那么所有三个人都会购买，从而利润为3×8＋2×4＋7=39美元，注意，利润比前一种情况要高。

那么，如果要同时向两个消费者区隔销售，怎样才能找到使利润最大化的二部收费制价格呢？我们需要分别分析两种可能性：

(1) 我们想同时卖给两个消费者区隔吗？

(2) 我们想只卖给其中一个消费者区隔吗？如果是，是哪个？

首先，我们集中力量，找到在向所有消费者出售商品的情况下能够使利润最大化的$(F,\ p)$组合。用$q_L(p)$表示一个轻度消费者以单价p购买的数量，用$q_H(p)$表示一个重度消费者以单价p购买的数量。

其次，用$S_L(p)$表示一个轻度消费者以单价p购买时获得的剩余。同样，用$S_H(p)$表示一个重度消费者以单价p购买时获得的剩余。这样，假设两个区隔的消费者都购买时，总利润为

$$3F+(9-p)(p-1)+2(6-p)(p-1)$$

要把商品出售给所有的消费者，F不能超过任何一个消费者的剩余。因此，卖家面临的利润最大化问题是

$$\max_{F,p} 3F+(p-1)q_H(p)+2\times(p-1)q_L(p)$$

$$\text{s. t. } F\leqslant S_L(p)$$

$$F\leqslant S_H(p)$$

由于在每一个价格下，重度消费者的需求都大于轻度消费者，所以 $S_H(p) \geqslant S_L(p)$。因此，为了使利润最大化，垄断卖家应该使 F 等于轻度消费者的剩余。如果 F 的值高于这个数字，轻度消费者就会拂袖而去。如果 F 的值低于这个数字，垄断卖家就还有不少钱没有赚到手。给定对 F 的这个选择，总利润为

$$3\times S_L(p)+(p-1)q_H(p)+2\times(p-1)q_L(p)$$

我们需要选择适当的 p 来最大化这个表达式。

现在我们有

$$S_L(p)=\int_0^{6-p}(6-x)\mathrm{d}x-p(6-p)=(6-p)\left(3-\frac{p}{2}\right)$$

74 因此，利润是

$$3\times(6-p)\left(3-\frac{p}{2}\right)+2(p-1)(6-p)+(p-1)(9-p)=33+6p-\frac{3}{2}p^2$$

求微分，并令其为零，同时验证二阶条件，我们可以求得 $p=2$ 是实现利润最大化的选择。注意 $S_L(2)=8$。因此，当垄断卖家决定向所有消费者区隔进行销售时，最优的二部收费制价格为 $F=8$ 和 $p=2$。此时总利润是 39 美元。

如果垄断卖家决定只向一个消费者区隔进行销售，它会选择哪一个？

如果只向重度消费者销售，那么要将二部收费制价格定为 $p=1$ 和 $F=32$。这个组合不能吸引轻度消费者，而且带来的利润显然要比上述情况更少。

那么，如果只向轻度消费者销售呢？这是不可能的。很容易验证，任何对轻度消费者有吸引力的二部收费制价格都会吸引重度消费者。因此，不管怎样，垄断卖家最终都会决定同时向这两个消费者区隔销售产品。 □

如果存在竞争对手，对上面的分析有什么影响？

首先，不妨假设竞争对手开发出了一种低成本的对你的咖啡豆的替代品，每单位售价不到 1 美元。竞争对手不出售咖啡机，但是他们的咖啡豆与你的咖啡机兼容。作为在位者，你应该提高咖啡机的价格。事实上，如果能够把相关的数字都准确地计算出来，你最好让竞争对手以比你更低的价格提供咖啡豆，这会鼓励消费者购买更多的咖啡豆，从而增加他们的剩余。而对于这种增加的剩余，你可以通过提高咖啡机的价格来“收割”。

其次，如果竞争对手推出了与你的咖啡豆兼容的咖啡机，不过不生产自己的

咖啡豆，又会怎样？在这种情况下，你会降低咖啡机的价格，同时提高咖啡豆的价格。

最后，如果竞争对手也拥有完整的咖啡机-咖啡豆组合呢？那时你该怎么办？请读者自行分析。

第4章　竞　争

75 1890年，亚历山大·德尔科米纳（Alexandre Delcommune）率领探险队，驾乘两艘蒸汽轮船离开了金沙萨，前往加丹加地区，那里当时还被称为“刚果自由邦”。这个名义上自由的国家是比利时国王利奥波德二世（Leopold II）的私人财产，这是一个暴君，是穿着现代服装的阿提拉（Atilla）[*]。德尔科米纳的任务是寻找黄金，同时探索在这个地区定居的可行性。我们简短地说吧，德尔科米纳的同伴中有一个人名叫约瑟夫·康拉德（Joseph Conrad），他一直希望成为这两艘船中的一艘的船长。但是，在与德尔科米纳的兄弟大吵了一场后，他的雄心壮志也就付之东流了。不过，德尔科米纳还是允许康拉德继续随同探险。但谁曾想，这次探险会将许多人带入“黑暗之心”[**]。

现在，加丹加成了刚果民主共和国的一个省，它蕴藏的铜、钴和钻石等资源极其丰富，甚至超乎最贪婪的人的想象。大约有两百万人从事着与采矿有关的工作。矿工们分成三人作业小组，每人每天可以从地下60英尺处挖出大约220磅的铜矿石，税后价值大约是4美元。相比之下，一条面包在当地的售价为1.5美元。2008年4月24日《华盛顿邮报》（*Washington Post*）的一篇报道对这里的工作状况做了如下总结：

> 世界矿产价格在不断飙升，但是这些退伍士兵在地下20多码的矿井里辛苦劳作一天，赚到的钱还不到5美元。这是一个掠夺链条的起点，它从这里延伸到印度和其他一般人想象不到的地方，连接起了无数中间商、戴着黄金手表的工头和神秘的矿产交易商。

---

* 阿提拉，公元406—453年，建立了横跨亚欧大陆的庞大帝国，纵横无敌，被欧洲人称为“上帝之鞭”。——译者注

** 《黑暗之心》（*Heart of Darkness*）是英国作家约瑟夫·康拉德的一本小说，描述了“我”在非洲丛林中寻找一位失踪的贸易代表的经历。“黑暗之心”字面上的含义指非洲大陆腹地，同时也隐喻了这片土地上面临着腐蚀人心的黑暗。——译者注

事实上，这些矿工的单位利润其实等于零。这怎么可能呢？本章下一节将引入一个由约瑟夫·伯川德（Joseph Bertrand，1822—1900）[*]提出的价格竞争模型来解释这个问题。矿工就像相互竞争的企业一样，要为他们的劳动定价。

4.1 伯川德模型

假设有两家企业在市场上出售一种完全相同的小挂件。该市场上共有100个买家，每个买家对一个小挂件的保留价格均为2美元，而且都不会购买多于一个小挂件。也就是说，买家中没有一个人会为一个小挂件花费超过2美元。

每个小挂件的成本是0.50美元。生产可以即刻完成且不会出现次品，所以两家企业都不需要担心库存、退货以及现实世界中的其他复杂问题。两家企业的生产能力都是无限的。

假设企业和买家都只存在一天。两家企业必须同时且独立地制定价格，以便 76
在一天开始时销售各自的产品。[②] 价格一旦确定，它们就立即通知所有100个买家，而且不能再进行调整。买家从能够给他们带来最大剩余的企业那里购买。在每家企业提供的剩余相同的情况下，买家会在两家企业之间平分。

那么，你预计每家企业的报价分别是多少？将这两家企业记为企业1和企业2。如果你是企业1，会提出什么报价？为了简化问题，假设企业1和企业2都只在两个价格水平中选出一个——要么每单位2美元，要么每单位1.50美元。下面的表4.1——这种表通常称为**收益表**或支付表（payoff table）——总结了两家企业选择不同价格导致的利润结果。在这个收益表中，行对应于企业1（你）的价格或策略选择，列则代表企业2（你的对手）的价格或策略选择。表中每个单元格的左侧项是企业1的利润，右侧项则是企业2的利润。

表4.1 收益表1

企业1/企业2	价格=2美元	价格=1.50美元
价格=2美元	75美元，75美元	0美元，100美元
价格=1.50美元	100美元，0美元	50美元，50美元

如果你选择的是较低的价格（1.50美元）——因为你是一个风险厌恶者——那么我们其实还可以使选择过程更加突出。假设每家企业的经营成本为

---

* 约瑟夫·伯川德是法国经济学家，“Bertrand”按法语读音译为“伯特兰”为宜，但是习惯上译为“伯川德”。也有人译为“伯特兰德”，其实也不妥。本书沿用习惯译法，译为“伯川德”。——译者注

② 特别地，这就将共谋可能性排除在外了。

55 美元，这与销售出去的产品数量无关。表 4.2 给出了这种情况下的结果。这时，你还会选择较低的价格（1.5 美元）吗？

表 4.2　收益表 2

企业 1/企业 2	价格＝2 美元	价格＝1.50 美元
价格＝2 美元	20 美元，20 美元	－55 美元，45 美元
价格＝1.50 美元	45 美元，－55 美元	－5 美元，－5 美元

再假设我对你说，在你选择价格之前，我可以将你的竞争对手会选择什么价格告诉你，你愿意接受我的提议吗？提前知道你的对手会做什么对你的选择有影响吗？我们将注意力集中到表 4.2 上来。

如果我告诉你（不要忘记你是企业 1），企业 2 打算选择较高的价格（即 2 美元），你会怎么做？如果选择与企业 2 一样的价格，你可以获得 20 美元的利润。不过降价（降价至 1.50 美元）可以给你带来 45 美元的利润。既然钱多总比钱少好，降价就是最好的选择。因此，在这种情况下，你（企业 1）将选择较低的价格。

再假设我告诉你，企业 2 会选择较低的价格。如果你选择较高的价格来做出反应，你将会亏损 55 美元；如果你选择较低的价格，你将亏损 5 美元，亏损额将下降。在这种情况下，你会选择较低的价格。

77 想必你已经注意到了，无论企业 2 选择哪个价格，你（企业 1）选择较低的价格总是更好的。同样的推理也适用于企业 2。因此，两家企业都会选择较低的价格，并都亏损 5 美元。

而如果两家企业都选择了较高的价格，那么它们将各自获得 20 美元的利润，那将会使双方都更富有。既然认识到了这一点，为什么它们不选择较高的价格呢？问一下你自己吧。你为什么不选择较高的价格？

同样的结论也适用于表 4.1（该表没有固定成本）。再一次，这种逻辑会迫使这两家企业都选择较低的价格。

那么，如果允许公司选择任何价格，结论会改变吗？也不会。下面就来证明这一点。这个证明更加详尽，而且包含了一个我们会反复使用的观点。在证明的过程中，我们假设固定成本为零。①

如果允许这两家企业选择任何价格，那么也没有企业会选择超过每单位 2 美元的价格，因为没有买家对产品的估价超过了 2 美元。同样明显的是，没有企业会选择低于可变成本（0.50 美元）的价格。

---

① 假设固定成本不为零也没有任何区别，因为这些固定成本是沉没成本。

那么，预测企业1和企业2制定的价格分别为1.57美元和1.63美元是否合理？为了验证这一点，你要依次站在每家企业的立场上进行推理。作为企业1，你可以占领整个市场，获得的利润是107美元。然而，作为企业2，你将一无所获。更加重要的是，作为企业2，如果你预测到了这些价格，仍然选择1.63美元这个较高的价格就是愚蠢的行为。无论如何，如果你是企业2，当你预测到企业1的定价为1.57美元时，你的定价应该略低于这个价格。因此，当企业1的价格是1.57美元时，企业2是不可能把价格定为1.63美元的。

既然如此，企业1和企业2分别制定1.89美元和1.76美元的价格会怎样呢？这也是不可持续的。在这两个价格下，企业1宁愿把价格降到低于企业2的价格。

这两个例子说明，这两家企业不可能给出不相同的报价。一开始定价较高的企业可以通过降价来改善自己的处境。

那么，如果两家企业制定了完全相同的价格，又会怎样呢？比如说，每家企业的价格都定为1.70美元。在这个价格下，企业1可以获得60美元的利润。然而，如果企业1将自己的价格下调1美分至1.69美元，而企业2没有调整价格，那么企业1就可以占据整个市场了，从而使自己的利润在60美元的基础上再增加69美元。因此，即便是相同的价格也是不合理的，因为至少有一家企业可以通过降低价格来提高自己的利润。

那么，这两家企业到底可以制定什么价格呢？每家企业都按成本（即0.50美元）定价。没有一家企业能通过单方面压低价格来增加利润。更没有一家企业能通过单方面提高价格来增加利润。总之，按成本定价是唯一可行的结果。①

4.1.1 关于博弈论的题外话

在以上推理背后是博弈论的一个核心思想，即纳什均衡。在这里，我们简略地回顾一下博弈论的一些基本思想，它们对本章的其余部分很有用。

博弈论中的“博弈”一词适用于每个参与人的行为会影响到其他参与人的支付*的任何情况。要给出“博弈”的完整定义并不容易，但是如果不这样做又会导致混乱。要定义一个博弈，至少需要涉及：

（1）确定博弈中的**参与人**（player）和他们的**目标**（objective）。

---

① 有人可能会认为，比0.50美元再高1美分的价格也是正确的。是的，如果价格只能一美分一美分地增加。让我们假设价格的增量可以是1美分的任何部分，无论多小。

* “payoff”一词，在博弈论中通常译为“支付”，近年来有人主张将它译为“收益”。本书的处理方法是，在讨论博弈论时仍然译为“支付”。——译者注 78

（2）确定每个参与人可以使用的**策略**（strategy）。例如，他们能选择价格和产能吗？他们能对其他参与人发出威胁吗？他们有没有可能在游戏中与其他参与人串通？

（3）参与人选择每种策略的**结果**（outcome）和相关**后果**（consequence）是什么？区分策略选择的结果和参与人无法控制的因素所产生的后果是非常重要的。

（4）谁知道什么时间会发生什么？并非所有参与人都知道同样的事情。有些参与人可能会比其他参与人有更多的信息。而且，随着博弈的进行，信息也会逐步披露出来。

有些博弈需要所有参与人同时行动，比如石头-剪刀-布。这些博弈称为**同时行动博弈**（simultaneous-move game）。还有一些博弈是参与人在一段时间内依次采取行动的，称为**序贯博弈**（sequential game）。这两种不同类型的博弈有不同的表示方法。接下来首先描述同时行动博弈的表示方法。假设参与人都是为了获取金钱而参加博弈，而且他们都喜欢钱多而不是钱少。

同时行动博弈的表示方法如下：

（1）列出参与人名单。

（2）对于每个参与人，列出他们的策略。

（3）对于每一种策略，列出每个参与人获得的（金钱）支付。

上面这些条目都假设为所有参与人已知。

在只有两个参与人的博弈中，这些条目可以组合到一张表里，如例25所示。

例25：两家企业，两个地点。假设两家相互竞争的快餐连锁店——分别用M和W表示——各自决定要在一个小镇上开一家餐厅。这个小镇的两个购物中心——分别用L和S表示——构成了这类餐厅的两个天然场所。根据估计，在购物中心L，每天的预期买家数量为1 200人，在购物中心S，每天的预期买家数量为800人。假设，如果这两家快餐店分别选址在不同的购物中心，那么它们将分别获得所在购物中心的客源；如果它们选址在同一个购物中心，那么它们将平分那个购物中心的客源，但是将失去另一个购物中心的所有客源。

下面的表4.3总结了相应的支付数据。它描述了这两家企业的两种选择，或者用博弈论的语言来说，描述了这两个博弈参与人M和W的两种策略。对应于每一对策略的单元格是一对数字，描述了从选择这对策略中得到的相应的一对支付。例如，左上方单元格中的支付对是（600，600），这是因为如果它们都选择了购物中心L，它们各自能够获得的预期客户的数量都是600人。但是右上方的单元格，则是M选择L且W选择S时所对应的支付对（1 200，800）。每个单元格左边的项是M的支付，右边的项是W 79
的支付。□

表4.3 支付表

M/W	L	S
L	600，600	1 200，800
S	800，1 200	400，400

注意，当M选择策略L时，它也就“迫使”博弈在最上面一行进行了（最终的选择由W做出的选择决定），而当它选择策略S时，博弈就限制在最下面一行进行。由于这个原因，我们经常在谈到博弈时把像M这样的参与人称为行参与人。类似地，W的每次策略选择都将博弈限制在某一列，因此我们称像W这样的博弈参与人为列参与人。当行参与人选择了某一行，列参与人选择了某一列时，博弈的结果就是对应于所选中的单元格的一对支付。一般来说，支付表中的条目不一定是对称的，每个参与人的策略数量也可以大于两个。

在博弈中，当参与人一轮一轮地采取行动时（轮与轮之间存在着相关性），博弈的阶段用**顶点**（vertice）表示，不同顶点之间用箭头连起来，形成一系列**有向边**（directed edge），标明各个阶段发生的顺序。从一个顶点到另一个顶点的路径表示参与人的一系列行动以及博弈对手的“反行动”。顶点和边的集合称为**博弈树**（game tree）。

在双人博弈中，顶点有三种颜色：白色、黑色和红色。一个白色顶点代表了博弈中参与人1必须采取行动的一个阶段。从该顶点向外指的那些边代表了参与人1在博弈的那个阶段的策略选择。一个黑色顶点表示博弈中参与人2必须采取行动的一个阶段。红色顶点则代表博弈中“偶然因素”采取行动的一个阶段（例如，掷骰子）。在本书中，我们不考虑“偶然因素”采取行动的博弈。

例26：一个仁慈的富豪建议，乔安娜（Joanna）和奥斯卡（Oscar）进行如下分三个阶段的博弈（不过不允许他们相互串通）。

第一阶段：富豪拿出100万美元给乔安娜。如果乔安娜接受了，博弈就此结束。如果乔安娜拒绝了这个提议，博弈将进入第二阶段。

第二阶段：富豪拿出200万美元。如果奥斯卡接受了，博弈就此结束。如果奥斯卡拒绝了这个提议，博弈将进入第三阶段。

第三阶段：富豪拿出 300 万美元。如果乔安娜接受了，博弈就此结束。如果乔安娜拒绝了这个提议，博弈也就此结束。这个博弈的扩展式表示（也称蜈蚣博弈）如图 4.1 所示。

80

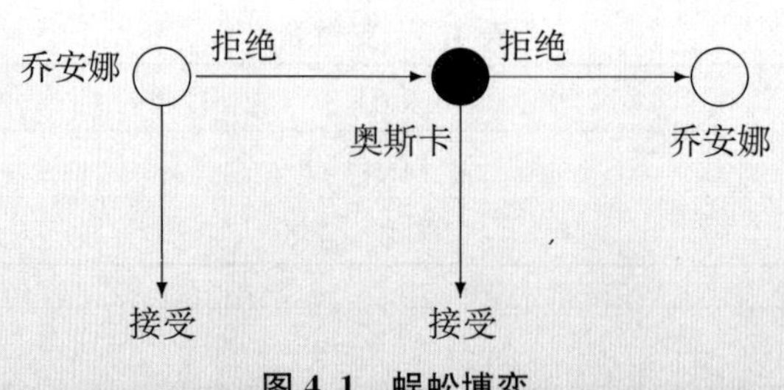

图 4.1　蜈蚣博弈

在图 4.1 中，白色圆圈代表乔安娜采取行动的阶段，黑色圆圈代表奥斯卡采取行动的阶段。从每个圆圈发出的箭头表示每个参与人在博弈的那个阶段可以采取的行动。□

在一个连续的博弈中，策略是一个完整的计划，它规定了在每一种情况发生时要采取的行动。在博弈树中，策略简化为一个“指令集”，它说明在每个白（黑）点上选择哪一条有向边。

如何博弈

在进行博弈的时候，一个很自然的问题是，我们应该选择什么策略？为了回答这个问题，不妨先考虑一个容易一些的问题：什么策略是不应该采取的？

重新考虑一下前面介绍过的伯川德模型（BM）。下面的表 4.4 复制了前面给出的部分收益数字。

表 4.4　伯川德模型中的支付表

企业 1/企业 2	价格＝2 美元	价格＝1.50 美元
价格＝2 美元	75 美元，？美元	0 美元，？美元
价格＝1.50 美元	100 美元，？美元	50 美元，？美元

考虑企业 1。不管企业 2 怎么做，企业 1 选择 1.50 美元的价格总是更加有利。如果企业 2 选择了 2 美元的价格，那么企业 1 可以获得的利润是 100 美元，而不是 75 美元。如果企业 2 选择了 1.50 美元的价格，那么企业 1 选择 1.50 美元的价格也比选择 2 美元的价格更好。将价格定为 2 美元，就是**严格被占优策略**（又称严格劣势策略，strictly dominated strategy）的一个例子。对于某个策略，如果不管对手怎么做，在博弈中总是存在其他策略比这个策略更好，那么这个策略就是严格被占优的。占优原则要求一个参与人永远不应该选择被占优的策略。占优原则不需要任何关于对手将会获得的支付的信息。

例 27：这个例子在一个更复杂的环境中说明了占优原则。列参与人（她）的策略用小写字母标记，行参与人（他）的策略则用大写字母标记。下面只给出了行参与人的 81
支付。

行/列	a	b	c
A	4	5	3
B	−100	−200	0
C	5	7	0

行参与人的策略A并不严格占优他的策略B。对于行参与人来说，当且仅当列参与人选择了策略b或策略c时，策略A才好于策略B。如果列参与人选择了策略c，那么行参与人选择策略B反而是更好的。现在，行参与人的策略C严格占优他的策略A。无论列参与人选择什么策略，行参与人选择策略C总是比选择策略A更好。那么，策略C要比策略B好吗？策略C并不严格占优策略B。确实，如果列参与人选择了策略a或策略b，那么行参与人选择策略C要比选择策略B更好。然而——这一点很关键——当列参与人选择了策略c时，行参与人选择策略B的支付与选择策略C是一样的。严格占优要求一个策略每次都能“打败”另一个策略。策略C有时能“打败”策略B，有时却只能打成平手，这是不够的。这一区别看似微不足道，却绝对不容忽视。 □

下面给出严格占优的正式定义。用 a_{ij} 表示行参与人在第 i 行上博弈且列参与人选择第 j 列时行参与人的支付。如果对于所有列策略 $a_{pj}>a_{ij}$ 都成立，那么第 p 行的策略就**严格占优**（strictly dominate）第 i 行的策略。

为了处理一个策略有时能“打败”另一个策略、有时却只能打成平手这种情况，我们再给出**弱占优**（weak dominance）概念。更正式地说，对于所有列策略 j，如果都有 $a_{pj}\geqslant a_{ij}$，那么第 p 行的策略就**弱占优**（weakly dominate）第 i 行的策略（至少对一个 j，不等式严格成立）。在例 27 中，行策略C弱占优策略B。

占优原则告诉我们，任何人都不应该采取严格被占优的策略。这个原则也适用于弱被占优策略吗？就目前而言，我们可以认为是这样的；但是在后面我们会提出一个警告。

逐步剔除

在伯川德模型中，通过将严格被占优策略剔除，我们就可以确定企业1应该采取什么行动（这种剔除本身并不能决定博弈的结果）。为此，我们需要知道企业2的支付（见表4.5）。

根据对称性，对于企业2，将价格定为2美元的定价策略也是严格被占优的。有鉴于此，我们预测每个参与人都将选择 1.50 美元的定价策略。注意前面这句话中“我们”一词的用法。作为这个博弈的旁观者，我们知道结果会是什么。那么，参与人自己呢？不妨先设身处地为参与人 1 着想。如果你是参与人 1，如果你只知道你的支付，那么你只能推断出你应该选择较低的价格。如果你不知道对手的意图，你就不能预测他们会做些什么。

表 4.5　伯川德模型中的支付表

企业 1/企业 2	价格＝2 美元	价格＝1.50 美元
价格＝2 美元	75 美元，75 美元	0 美元，100 美元
价格＝1.50 美元	100 美元，0 美元	50 美元，50 美元

这就是理性假设的作用所在。知道对手的支付且明白他们是理性的，你就能推断出他们也会选择较低的价格。

在伯川德博弈中，参与人只有两种策略，所以严格被占优策略的存在，就足以让我们确定博弈结果了。那么，在更复杂的博弈中又该怎么办呢？

例 28：考虑如下支付表：

行/列	B	N
H	1，1	0，0
M	2，0	0，0
L	3，−1	0，0

假设你是行参与人。策略 H 和 M 相对于策略 L 是弱被占优的。因此，作为行参与人，你将选择策略 L。那么，你能预测你的博弈对手会怎么做吗？无法预测，除非你知道他们的支付。现在假设你知道博弈对手的支付。注意，列参与人没有严格被占优策略（甚至连弱被占优策略也没有）。所以，你不能肯定地预测列参与人会做什么。不过，现在暂且假设列参与人知道你的支付，而且还知道你也是理性的。

于是，列参与人可以推断出，作为行参与人的你将选择策略 L。因此列参与人选择他自己的策略时，将直接忽略你的策略 H 和 M。因此，对列参与人而言，这个博弈会简化为如下形式（在剔除了行 H 和行 M 之后）

行/列	B	N
L	3，−1	0，0

然而，你知道列参与人知道你的支付且你是理性的，这样你就可以推断出列参与人会得出上面这个形式的博弈。此时，列参与人的策略 B 被策略 N 严格占优，因此你可以预测结果为（L，N）。 □

这里有两个因素将这个博弈推向单一的可能结果。第一，双方都知道整个博 83
弈的结果，而且他们知道自己知道这一点，这就是所谓的**关于博弈的共同知识**（common knowledge of the game）。第二，双方都知道自己是理性的，而且他们知道自己知道这一点，这就是所谓的**关于理性的共同知识**（common knowledge of rationality）。在这本书中，我们假设两种共同知识都成立。

例 29： 考虑如下这个更加复杂的例子。

行/列	B	N
H	3，6	7，1
M	5，1	8，2
L	6，0	6，2

在这个博弈中，列参与人没有任何一个策略是严格被占优的。不过，行参与人有严格被占优策略：行 H 严格被行 M 占优。因此，行参与人会剔除行 H。现在，假设列参与人知道行参与人这样做了。因此，列参与人可以得出结论：行 H 将永远不会被采用。将行 H 从上表中删除之后，得到的是

行/列	B	N
M	5，1	8，2
L	6，0	6，2

在留下来的这个 2×2 表格中，列 B 是严格被列 N 占优的。因此，列参与人将剔除列 B，从而得到

行/列	N
M	8，2
L	6，2

行参与人知道这一点，因此会剔除行 L。这样一来，结果将会是（M，N）。 □

那么，博弈的结果是否取决于剔除被占优策略的顺序？是的，当被剔除的策

略是弱被占优策略的时候是这样的。不过，当只有严格被占优的策略被剔除时，剔除的顺序是无关紧要的。

84

逆向归纳

在博弈的扩展式表示中，有一种与剔除严格被占优策略类似的方法，那就是**逆向归纳法**（backward induction）。为了说明逆向归纳法的思想，请读者先回想一下例26给出的蜈蚣博弈。[①]

如果你是乔安娜，你应该怎么做？通常的分析思路是：在大家撑不下去、决定拿着钱远走高飞之前，能够坚持多久？这是从第一轮博弈开始向前推理的。推理过程大致是这样的：我可以现在就拿走这100万美元；最坏的情况是，我得不到100万美元，反正那是天上掉下来的钱。现在这笔钱变成了200万美元，奥斯卡不拿钱的机会有多大？如果他不拿走钱，我就可以得到300万美元了。以此类推。

假设乔安娜和奥斯卡是理性的，那么正确的做法应该是从最后一轮往前推。在博弈的最后一轮（如果有这一轮的话），我们可以确定无疑地知道将会发生什么。乔安娜在300万美元或者什么都得不到之间进行选择。假如乔安娜是理性的，她肯定会接受这笔钱。所以，在最后一轮，我们知道她会拿走钱，而且我们知道她知道我们知道，等等。那么，在倒数第二轮，奥斯卡应该怎么做呢？如果奥斯卡不拿走钱，我们知道（他也知道）乔安娜会拿走钱，然后奥斯卡什么也得不到。所以，在倒数第二轮，奥斯卡应该拿走钱。但是在进入那一轮博弈之前，乔安娜知道如果她不拿走钱，奥斯卡就会在第二轮拿走这笔钱。那么，她会怎么做呢？她会在第一轮就拿走钱。

均　衡

许多博弈不能通过序贯博弈剔除被占优策略来解决。石头-剪刀-布就是一个例子。在这种情况下，我们会求助于约翰·纳什（John Nash，1928—2015）提出的均衡概念。为了引出纳什均衡的定义，先回过头去考虑一下伯川德模型。如果两家企业都选择了将价格定为2美元的策略，它们的境况显然会更好！既然知道了这一点，它们为什么不同意都将价格定为2美元呢？是的，它们可以同意将价格定为2美元，但是双方遵守这个协议的动机是什么呢？如果企业1认为企业2会定价2美元，那么它最好的行动就是食言而肥，将价格降低到1.50美元。（2美元，2美元）这个协议并不是一个**均衡**（equilibrium）。对于一个策略对，假设参与人1为x，参与人2为y，如果参与人1不能在参与人2采用y时通过x

---

① 之所以取这个名字，是因为它的博弈树看上去像一只蜈蚣。见图4.1。

以外的任何策略来使自己的境况变得更好，而且反之亦然，那么这个策略对就是一个均衡。均衡是能够形成自我实施的协议的一个策略对。如果我相信你会采用 y，我最好的办法是采用 x；如果你相信我会采用 x，你最好的办法就是采用 y。[①] 价格组合（2 美元，2 美元）不是均衡，因为至少有一家企业可以通过单方面偏离这个策略对来获得更大的好处。价格组合（1.50 美元，1.50 美元）是一个均衡，因为这两家企业都不能通过单方面转向另一种策略而获益。[②]

伯川德模型的这个版本，其实是囚徒困境博弈的一个例子。囚徒困境体现在这样一个事实上：博弈的结果在个体的层面上是理性的（1.50 美元，1.50 美元），但是在整体的层面上却不是理性的（两家企业都选择 2 美元的价格，整体利益会更大）。

或者换句话说，如果没有一家企业能够通过单方面提高或降低其在均衡水平 85
上的价格来为自己创造更多利润，那么每家企业的价格的集合就构成了**纳什均衡**（Nash equilibrium）。[③] 在接下来的内容中，我们将使用竞争情形下的纳什均衡来预测结果。为简洁起见，我们在提到纳什均衡时将会略去前面敬称的“纳什”。

确定均衡价格有时很困难，但是我们不必过于担心，因为我们通常感兴趣的是下面这个更简单（也更有意思）的问题：

每家企业按其边际成本定价是不是一个均衡？

可以分三个步骤来解决这个问题。

（1）首先，假设每家企业都按其边际成本定价。

（2）在这种价格组合下，确定市场在不同企业之间是如何划分的（即谁会以步骤 1 中确定的价格从哪家企业购买产品）。

（3）现在再来检验一下，是否存在一家企业可以通过（单方面地）将价格提高到高于边际成本的水平来增加利润。如果存在这样的企业，那么所有企业都以各自的边际成本定价就不是一个均衡，否则就是均衡。

注意，我们不需要考虑某家企业将价格降到成本以下这种可能性。

在接下来的内容中，我们将采用这种方法。同时在可能的情况下，我们将确定均衡价格水平。

混合策略

并不是每个博弈都存在我们在上面定义的纳什均衡（不过，我们将在本书中

---

① 在有限的意义上，这是一种自我实施机制，每个参与人都不能通过偏离均衡而得到好处。

② 如果一个博弈可以通过重复剔除被占优策略来求解，那么得到的结果将会是均衡的。

③ 均衡概念并不要求所有企业选择相同的价格或利润相等。不同的企业选择不同的价格并获得不同的利润，这样的均衡也可能存在。此外，在同一情况下可能存在多重均衡。

讨论的许多博弈都存在纳什均衡）。以石头-剪刀-布博弈为例，它的支付矩阵如下面的表 4.6 所示。

表 4.6　石头-剪刀-布

行/列	剪刀	布	石头
剪刀	0，0	1，−1	−1，1
布	−1，1	0，0	1，−1
石头	1，−1	−1，1	0，0

读者应该不难验证，这个博弈不存在如上面定义的纳什均衡。

要想保证所有博弈都存在均衡①，我们必须允许参与人对策略进行随机化②。那样的话，参与人的策略可以描述为一个概率向量。

86 在石头-剪刀-布博弈中，行参与人策略是向量（p_1，p_2，p_3）的集合，使得

（1）$p_1+p_2+p_3=1$，

（2）p_1，p_2，$p_3\geqslant 0$。

其中，p_i是行参与人选择第 i 行的概率。

原始的一组策略（在这个例子中是剪刀、石头、布）称为**纯策略**（pure strategy），随机化得到的策略称为**混合策略**（mixed strategy）。随机化策略的支付就是各种纯策略的期望支付。

对策略进行随机化，引出了一个问题，即如何解释这种做法。不过，由于如何解释不会影响混合策略在本书中的作用，所以我们在此先忽略这个问题。

4.1.2　对伯川德模型的反对意见

你如果认真考虑过伯川德模型，肯定会提出这样一个问题：为什么会有企业选择从事一项预期利润为零的业务呢？要回答这个问题，需要对伯川德模型做出一些修正。现假设，每个参与人（企业）必须首先决定要不要参加这个博弈（在知道其他参与人的决定之前），并假设这些决定一旦做出，就会公之于众。然后，每个决定参与博弈的参与人各自选择一个价格。下面的表 4.7 总结了四种可能场景的利润结果。左上角的支付源于这样一个场景：如果两家企业都决定参加博弈，那么它们自然会选择均衡价格（即两家企业的定价都是 0.5 美元）。因此，它们无法获得利润。左下角的支付则出现在如下场景：企业 1 决定不参加这个博弈，而企业 2 决定参加，于是企业 2 成为垄断者，将价格定为 2 美元。正如读者

① 至少对于那些只存在有限个策略的博弈是如此。

② 这一点并非没有争议，但是更全面的讨论超出了本书的范围。

很容易就可以验证的那样，唯一的均衡是两家企业都选择参加博弈。因此，问题的关键在于，两家企业都被向市场提供总价值为 2×100＝200 美元的产品的可能性吸引了。

表 4.7 参加还是不参加博弈

企业 1/企业 2	参加	不参加
参加	0 美元，0 美元	150 美元，0 美元
不参加	0 美元，150 美元	0 美元，0 美元

伯川德模型的如下 5 个特点，有利于迫使价格等于边际成本：

（1）假设只有一次设定价格的机会。

（2）所有企业的成本都是一样的。

（3）企业没有产量限制。

（4）销售的产品都是无差别的。

（5）买家和卖家都拥有完全信息。也就是说，买家知道每个卖家的供给量和制定的价格。卖家知道彼此的成本、供给量和价格。

这些特点合到一起，就消除了将价格定在高于边际成本的水平上的任何诱 87
因。从这个意义上说，这份清单是很有用的，因为它实际上描述了一个利润极其微薄的行业的特点。下面是对这份清单进行重新解释后得到的另一份清单。

（1）卖家关注的只是短期收益吗？这种情况是有可能出现的，因为薪酬可能与季度销售目标等短期因素挂钩。或者，企业从事的可能是每年只需签订几笔交易合同的业务，连续失去几个大订单就可能导致严重的裁员。喷气发动机行业就是一个例子。

（2）卖家有类似的成本结构吗？

（3）是否存在过剩的产能？

（4）市场上各个卖家之间的差异化程度有多大？

（5）有多大的透明度？

如果上面这些问题的答案分别是“是”、“有”、“是”、“没有”和“非常高”，那么这个行业就像伯川德模型所描述的那种行业一样，我们可以预期其利润微薄。这正是刚果矿工们所处的世界的样子。在那里，谁愿意去挖矿，谁就能当矿工。第一，由于几乎没有其他收入来源，矿工（主要是退役士兵）的供给量是非常巨大的。第二，所有矿工的采矿成本基本上都是一样的，那就是汗水！第三，所有矿工都在出售同样的东西，那就是原矿石。第四，矿工们只关注短期收益，那就是今天的饭食（为明天继续挖矿提供能量）。

当然，并不是每一个行业都像刚果矿工生活的世界一样。例如，航空公司每小时都会改变价格；许多企业能够定期增减产能。在接下来的内容中，我们将研究依次放松伯川德模型的一个假设的结果（对有些假设的研究会比其他假设更详细一些）。

4.1.3 超越一次性交易

如果博弈需要进行不止一轮，伯川德博弈的结果会有所变化吗？有可能，因为博弈不再是同时进行的，而是变成了一个参与人依次做出决策的序贯博弈。现在假设伯川德博弈要进行 10 轮。为简单起见，我们只讨论这样一个伯川德博弈：卖家受到了限制，只能在两种可能的价格之间进行选择（见表 4.1）。

我们还是运用逆向归纳法来确定结果。在最后一轮（即第 10 轮），每家企业都会选择较低的那个价格（1.50 美元），因为另一个价格是严格被占优的。在第 9 轮，你和你的竞争对手都知道，在第 10 轮，你们将各自选择 1.50 美元的价格。因此，在第 9 轮没有什么情况可以影响第 10 轮将发生的事情。所以，我们可以认为第 9 轮与第 10 轮是相互隔离的，这一轮的价格也应该定为 1.50 美元。重复这个分析，我们将看到，结果是每家企业在每一轮都会选择较低的那个价格。显然，导致这种结果的原因是存在着一个终结之轮。如果不是这样，又会发生什么呢？

假设这两家企业相互博弈的轮数是不确定的。要将这个思想形式化，我们可以采取这样的方法：在每一轮博弈结束时，用抛硬币的方法来确定这两家企业是否继续进行下一轮博弈。如果掷出的是反面，它们就结束博弈，否则再进行一轮。只要增大硬币正面朝上的概率，我们就可以增加它们长时间互动的机会。在这种情况下，一家企业在本轮博弈中的定价，可能会影响它的竞争对手在未来一轮博弈中的行为。为什么会这样？因为这里存在着一个可能的未来。读者应
88 该注意到了，我们在这里采用的说法是“可能会”，而不是“将会”。你和你的竞争对手可能会在每一轮都选择较低的那个价格（即陷入无休止的价格战），也可能会每一轮都选择较高的那个价格，或者也可能介于这两种极端情况之间。

在重复进行伯川德博弈时，策略不是你在每一轮中选择的价格，而是利用到目前为止的博弈历史来确定每一轮的价格的规则。以下是这类规则的三个例子：

（1）在每一轮中都选择较低的那个价格。这条规则实际上忽略了所发生的事情的整个历史。

（2）在第一轮中选择较高的那个价格。然后在接下来的博弈中，如果对手在前一轮中选择了较高的那个价格，就选择较高的那个价格；如果对手在前一轮中选择了较低的那个价格，就选择较低的那个价格。这条规则通常称为**“无情触**

发”（grim trigger）规则。

（3）在第一轮选择较高的那个价格。然后在接下来的博弈中，选择对手在前一轮中选择的价格。这条规则通常称为**“以牙还牙”**（tit-for-tat，TFT）规则。

如果你认为你的竞争对手遵循的是第一条规则，那么你能做出的最好反应就是在每一轮博弈中都选择较低的那个价格。需要注意的是，如果你能让你的对手相信你会按照第一条规则行事，那么他们能做出的最好反应也是在每一轮博弈中都选择较低的那个价格。因此，在重复进行的伯川德博弈中，双方都遵循第一条规则是一个均衡。

那么，如果你的对手按照第二条规则行事又会如何呢？如果你在每一轮博弈中都选择较高的那个价格，那么你在每一轮中都可以获得 75 美元的利润。如果你在第一轮博弈中通过选择较低的那个价格击败对手，那么你在那一轮中能够获得 100 美元的利润。但是，在以后所有轮次的博弈中，因为你的对手会选择较低的那个价格，所以你也会选择较低的那个价格。这样一来，你在之后的每一轮中获得的利润都将是 50 美元。因此，第一轮额外获得的那 25 美元利润，实质上是由以后各轮的 50 美元的利润支付的。如果你对未来的利润赋予合理的权重，那么每个时期都有 75 美元的收入流，显然要比第一个时期有 100 美元的收入流、之后所有时期都有 50 美元的收入流更好。如果你完全不考虑未来的收入，那么你实际上只是在进行一次性博弈。

如果你采用了在其他某一轮中选择较低的那个价格的规则（具体在哪一轮选择不重要），那么从那一轮开始，你能做的最好的事情就是在接下来的所有轮次中都获得 50 美元的利润。如果博弈进行得足够久，那么平均每一轮的利润都将接近 50 美元。然而，如果你在每一轮中都选择较高的那个价格，那么平均每一轮的利润都将接近 75 美元。因此，在与采用第二条规则的对手博弈时，你最好的选择是在每一轮中都选择较高的那个价格。这就是说，两家企业都采用第二条规则，是重复伯川德博弈的一个均衡。

第三个规则，即“以牙还牙”规则，结合了大棒和胡萝卜。如果你遵循这个规则，那么当你的对手利用低价抢夺你的市场时，这就意味着你必须以牙还牙，同样利用低价抢夺他的市场，这是大棒。如果你的对手随后选择了较高的那个价格，那么你也要跟着提高价格，这是胡萝卜。你通过采取同样的行动来鼓励对手提高价格，如果对方不这样做，你就通过降低价格去惩罚他们。读者应该很容易验证，当你采用“以牙还牙”规则时，对方的最优反应是每一轮都选择较高的那个价格。

采用“以牙还牙”规则的一个方法是保证价格匹配。假设企业1以每件2美
89 元的价格出售自己的产品，并提出了如下保证：如果买家在其他地方以更低的价格买到了同样的产品，它就把差价退还给买家。再假设担保是可信的，那么会起到什么效果（如果有的话）？因为这个保证是共同知识，所以企业2肯定也会获悉。那么企业2的定价是什么？如果企业2把价格定为2美元，它就可以获得75美元的利润。如果企业2决定选择一个比竞争对手低的价格，即将价格定为1.5美元，那么它只能获得50美元的利润。* 这是因为企业1的保证能够在企业2降低价格的那一刻自动降低企业1的价格。

因此，这种保证实际上是一种威胁：如果你不保持高价，我将立即降价惩罚你。即时报复是至关重要的。否则，企业2可能会在企业1意识到企业2降价之前迅速获得大量利润。这种公开保证使得企业2的降价行为不可能瞒过企业1，因为它能够鼓励买家监督企业2。整个计划取决于企业1是否有能力履行保证。如果买家对此有任何疑问，那么这种保证就可能没有效果。因此，仅仅提出这样的保证是不够的。关键是必须让它可信。

到目前为止我们只讨论了两种可能：一种是卖家平均每个时期能够获得50美元的利润，另一种是卖家平均每个时期能够获得75美元的利润。我们可以证明，对于50美元到75美元之间的任意一个值，都存在一个均衡，使每个参与人在每个时期（平均）都能获得这么多的利润。而这就意味着任何事情都可能发生。

当然，任何事情都可能发生并不意味着一定会发生。更加可信的说法是，企业的思考和行动能够引导它们走向每个时期都获得高收益的均衡。特别是，企业会利用重复的相互作用来相互发出信号，从而在较高的价格上有效地实现串谋。然而，这里仍然存在着不少的障碍。

首先，前述信号假说依赖于企业监控彼此价格的能力，但是这可能很难做到。降价可以用回扣、改变支付条件以及保修、改变产品序列号或增加功能来掩饰。对价格变化的间接观察，如对需求和利润的变化的观察，也必定是不完美的。例如，一家企业与某个客户之间的业务量很稳定，并不意味着他的竞争对手没有在通过降价来抢夺市场。以下这种场景并不难想象：客户的业务量在快速增长，但是他们把更大的份额送给了竞争对手，而只给那家企业固定的订单。那些有证据表明信号发送成功的情况，通常都是卖家提供标准化的产品或服务，因而价格易于监控。航空公司就是一个例子。1992年，美国司法部对当时美国最大

---

* 此处的“将价格定为1.5美元”，原文为“将价格定为2.5美元”，疑有误，根据上下文的意思修改。——译者注

的八家航空公司提起了诉讼，因为它们利用共同使用的计算机预订系统冻结了机票价格。例如，航空公司可以使用这个共同的预订系统发出信号，从1月1日起，它将把从华盛顿特区飞往波士顿的无限制经济舱机票价格上调75美元。又如，在满足某些条件的情况下，A航空公司会发出信号，表明它打算在B航空公司有利可图的航线上降低票价；而B航空公司则可能做出回应，表示它打算在A航空公司有利可图的航线上降低票价（即“以牙还牙”）。随后，这两项票价优惠将一起被放弃。在诉讼过程中，美国联合航空公司（United Airlines）和美国航空公司（USAir）同意停止使用预订系统去试探竞争对手的定价决策。其他六家航空公司最终也在2000年同意和解。

其次，价格变动的时间间隔可能相当长，可能以月计，甚至以年计。通常，
这是因为购买的次数很少（比如，购买飞机），或者买家签订了长期合同。这样 90
一来，在第10轮获得的利润与在第2轮获得的利润将是不一样的（这说明贴现系数很重要）。如果贴现系数足够高，那么在企业看来，即便第5轮系数更高也无关紧要，从而我们又回到了每一轮都选择较低的价格的策略。

串谋和发送信号

串谋能使企业避免价格竞争吗？在大多数国家，（以默认或其他方式）约定价格或数量通常是非法的。[①] 然而，即便企业藐视这方面的法律，价格操纵协议也不能消除竞争。相反，它们只会将竞争从市场上转移到密室中的讨价还价过程中。试图串通一气的企业，必须就如何瓜分利润进行讨价还价。长期而言，它们还必须协调产能的扩张，以及考虑是否将新进入者纳入卡特尔。这些往往会导致“小偷之间的争吵”。

掠夺性定价

2003年，欧盟委员会对法国互联网接入服务商瓦纳多公司（Wanadoo）处以1 000万欧元的罚款，原因是该公司以低于成本的价格阻碍了竞争。以低于成本的价格来驱逐竞争者或阻止进入者，通常称为掠夺性定价。这种行为在许多国家是非法的，但是定义和证明标准各不相同。

掠夺性定价作为一种策略，其背后的逻辑似乎很简单。如果一家企业的价格在足够长的一段时间内低于竞争对手的边际成本，那么它就可以把竞争对手排挤出去，使自己成为市场上的垄断者。而在它作为垄断者独占市场期间，这家企业可以获得足够的利润来支付当初驱逐竞争对手的成本。但是这里还必须问几个问题。首先，即便一家企业成功地将竞争对手赶出了市场，后者的产能会发生什么

---

① 企业很少会让价格固定不变。相反，它们会试图固定市场份额或销售量。这些协议将市场按地域或客户进行划分。

变化吗？只要产能仍然留在市场上，就会构成竞争威胁。其次，当竞争对手离开后，这些企业想必会提高价格。当这种情况发生时，有什么办法能阻止新的进入者呢？

掠夺性定价也是有风险的。这在一种被称为**全付拍卖**（all-pay auction）的典型环境中可以看得最清楚。想象一下，你和一个竞争对手要对一个装了 50 美元的信封出价。出价可以进行无限多轮——只要第二高的出价者仍然愿意出比这一轮的最高价还要高的价格，就进入下一轮。最后出价最高者胜出，而且，每个出价者都必须付出自己到拍卖结束前出过的最高价。这也正是这种拍卖被称为全付拍卖的原因。竞标者竞争的是信封中的钱，而对于企业来说，信封中的钱代表了它们所要竞争的市场的美元价值，它们在每一轮中的出价代表了其日常的经营成本。无论能否赢得市场，这些成本都是必须付出的。

那么，你该怎么出价呢？假设你有 10 美元，而你的竞争对手有 5 美元，这是共同知识。在这种情况下，结果是很明显的：你的竞争对手放弃出价直接离去，而你随便出点价就可以得到那个信封。因此，当各方的预算是共同知识时，财力较雄厚的竞标者获胜。[①] 然而，如果各方的预算不是共同知识，那么你要想
91 胜出就得说服其他竞标者，让他们相信你的财力更加雄厚。而要做到这一点，唯一可信的方法是尽可能积极地出价。如果你的竞争对手怀疑你在虚张声势，那么他们也会出价。在意识到这一切之前，你可能已经达到了预算或者出价超过了 50 美元。怎么会这样呢？以有两个竞标者的全付拍卖为例。假设这两个竞标者的名字是利娜（Leena）和米娜（Meena）。再假设利娜到目前为止的最高出价是 49 美元，米娜的第二高出价是 48 美元。假设现在轮到米娜出价或决定退出。如果她退出，按照拍卖规则她将会损失 48 美元。如果她不退出，那么她可以报出超过目前的最高出价的价格，比如说 50 美元。接下来，如果利娜决定退出，那么米娜胜出，保证自己不赚不亏。因此，米娜将出价提高到比目前的最高价更高是有道理的。现在换成利娜做决定了。她面对的是一个 50 美元的高出价，如果她决定退出，她就要损失 49 美元。如果她以 51 美元的出价超过最高的出价，那么她只需损失 1 美元。哪个更好？显然，出价 51 美元以超过米娜的 50 美元出价更好。胜出者虽然赢得了信封，但是要付出惨重的代价。这是一个得不偿失的“皮洛士式胜利”（Pyrrhic victory）。[②]

---

① 当各方的预算差异与投标的增量相比很小时，会出现其他一些细节问题，在此暂且忽略。

② 事实上，美国最高法院已经宣布掠夺性定价具有“内在的不确定性”，并指出它“总体上令人难以置信”。

4.1.4 产能问题

在本小节中，我们考察产能对价格的影响。我们再一次回到有两种可能价格的伯川德模型，但是假设每个卖家只能提供 20 个小挂件。在这种情况下，整个行业产能为 40 个小挂件，而潜在买家的数量仍为 100 个。由于需求超过了产能，我们在直觉上就会认为价格应该很高。这是正确的。下面的表 4.8 总结了可能的结果。我们假设，当一家企业无法满足所有需求时，过剩的需求就会流向竞争对手。读者应该不难验证，每家企业都将价格定为 2 美元是一个均衡。

表 4.8 每家企业的产能都是 20 单位

企业 1/企业 2	价格=2 美元	价格=1.50 美元
价格=2 美元	30 美元，30 美元	30 美元，20 美元
价格=1.50 美元	20 美元，30 美元	20 美元，20 美元

现在再让我们看一看，当产能增加时会发生什么。假设每家企业都将产能扩大到 60 单位。现在行业总产能为 120，超过了买家的总数。均衡价格会下降吗？要回答这个问题，请考虑下面的表 4.9。

表 4.9 每家企业的产能都是 60 单位

企业 1/企业 2	价格=2 美元	价格=1.50 美元
价格=2 美元	75 美元，75 美元	60 美元，60 美元
价格=1.50 美元	60 美元，60 美元	50 美元，50 美元

读者应该不难验证，每家企业都将价格定为 1.50 美元不是一个均衡。事实上，均衡是每家企业都将价格定为 2 美元。这怎么可能呢？这两家企业都受到了限制，只能在两种价格中选择一种：2 美元或 1.50 美元。因此，将每单位价格
降低 50 美分以增加需要服务的买家的数量是不值得的。因为虽然一家企业降价 92
可以使整个市场的买家都到它那里购买，但是它并没有能力满足这种额外的需求。以企业 1 为例，降低价格会带来额外的 40 个买家。然而，它只能满足 10 个额外买家的需求。这 10 个额外买家虽然带来了 10 美元的额外利润，但是并不能抵消在最初的 50 个买家身上因低价而损失的 25 美元利润。因此，降低价格对企业 1 来说不是一个好主意。同样的推理也适用于企业 2。

如果企业可以自由地选择任何价格，那么均衡价格确实会有所下降。① 但是

---

① 我们可以通过证明两家企业都将价格定为 3 美元不是一个均衡来说明这一点。如果两家企业制定的价格都是 3 美元，那么两家企业的利润都是 100 美元。假设企业 1 将价格降为 2.99 美元，那样就可以吸引到更多的买家。具体地说，企业 1 将能够卖出 60 单位而不只是 50 单位，它现在的利润将是 (2.99−1)×60=119.40 美元，超过了 100 美元。

价格绝不会降至成本，这一点是最重要的。为什么呢？假设两家企业都按成本（即每件产品1美元）定价。在这个价格下，市场在这两个卖家之间均分（即每家企业销售50个小挂件）。考虑企业1。如果它提高价格，它会失去多少买家？由于企业1的竞争对手只有60单位的产能，那意味着仍然有40单位的需求没有得到满足。企业1将发现，将价格定为2美元并卖给企业2未能满足需求的40个买家更有利可图。因此，每家企业都以边际成本定价不是一个均衡。

这就意味着，决定价格的不仅仅是产能和需求之间的平衡，还涉及产能如何在企业之间分配。

4.1.5 差异化

有两种差异化：垂直差异化和水平差异化。垂直差异化是指你的产品在所有买家眼中都优于竞争对手的产品。换句话说，每个买家对你的产品赋予的保留价格都要比你的竞争对手更高。拥有这种优势，企业就能够在价格上获得溢价。在水平差异化中，一个市场区隔的买家认为你的产品优于竞争对手，并愿意付出溢价；另一个市场区隔的买家则认为竞争对手的产品优于你的产品，并愿意为他们的产品付出高于你的产品的价格。例如，你的小挂件是涂成蓝色的，而竞争对手的小挂件是涂成红色的。有些客户更喜欢蓝色而不是红色，反之亦然。更喜欢蓝色，就表现为对蓝色小挂件的保留价格高于红色小挂件。在某些情况下，这种差异化也能使得企业以高于成本的价格出售产品。

我们接下来要分析的模型是伯川德模型的一个变体。[①] 企业1决定把它生产的小挂件涂成蓝色（下面称这家企业为蓝色公司），而企业2则把它生产的小挂件涂成红色（红色公司）。两家企业的生产成本都是每单位1美元，并假设每家企业都拥有无限的产能。买家的数量仍为100个。在这些买家中，有50个更喜欢蓝色小挂件而不是红色小挂件（蓝色爱好者），他们认为每个蓝色小挂件值5美元，而每个红色小挂件只值3美元。另外50个人则更喜欢红色小挂件而不是蓝色小挂件（红色爱好者），他们认为每个红色小挂件值5美元，而每个蓝色小
93 挂件只值3美元。表4.10总结了这些情况。此外，进一步假设这两家企业可以随意制定任何它们喜欢的价格。有些人更喜欢蓝色而不是红色的小挂件这个事实，并不意味着他们只会买蓝色小挂件。如果红色小挂件的价格足够低，他们也可能会转而购买红色小挂件。为了说明这一点，假设蓝色小挂件的价格是3.50

① 虽然描述起来似乎很简单，但是我们能用它做的事情是相当有限的。本章后面将讨论一个更复杂的模型——伯川德-霍特林模型（Bertrand-Hotelling model）。

美元，红色小挂件的价格是1美元。考虑一个蓝色爱好者。如果这个蓝色爱好者购买了蓝色小挂件，那么他可以获得的剩余是5－3.50＝1.50美元；如果他决定转而购买红色小挂件，那么他可以获得的剩余将是3－1＝2美元。既然购买红色小挂件带来的剩余更高，这个蓝色爱好者就肯定会购买红色小挂件，尽管他更喜欢蓝色小挂件。换句话说，红色小挂件是蓝色小挂件的不完美替代品；反之亦然。①

表4.10 保留价格的分布

买家类型	对蓝色小挂件的保留价格	对红色小挂件的保留价格	数量
蓝色爱好者	5美元	3美元	50
红色爱好者	3美元	5美元	50

接下来，我们检验一下，每家企业都按成本定价是不是一个均衡。假设两家企业的产品价格都是1美元。现在的问题是，有某家企业可以通过提高价格获得更大的好处吗？如果可以，那么两家企业都按成本定价就不是一种均衡。

例如，考虑蓝色公司。当价格为1美元时，它的利润为零。如果它把价格提高1美分，是不是会把所有的买家都驱赶到竞争对手那里去？不会。蓝色爱好者在新价格下购买一个蓝色小挂件的剩余为5－1.01，购买一个红色小挂件的剩余是3－1。不难注意到5－1.01 ＞3－1，因此，蓝色爱好者将继续从蓝色公司购买蓝色小挂件。按照这个新价格，这家蓝色公司每售出一个蓝色小挂件就可以赚到1美分。因此，以边际成本定价不是一个均衡。

我们再来检验一下，每家企业都收取更高的价格（5美元）是不是一个均衡。与前面一样，只要能确定某家企业是不是有降价的动机就足够了。以蓝色公司为例。当蓝色和红色小挂件的价格都定为5美元时，蓝色公司的利润为(5－1)×50＝200。那么，蓝色公司能通过降低价格赚到更多钱吗？降低价格的唯一动机是获得新买家，而且这些新买家一定是红色爱好者。为了吸引红色爱好者购买一个蓝色小挂件，蓝色公司必须将价格降到略低于3美元的水平［即$3-\epsilon$（读者请想一想，为什么要这样?)］。但是，这意味着蓝色公司的利润将变为$100\times(3-\epsilon-1)<200$，比以前更少了。所以蓝色公司没有单方面降价的动机。同样的道理，红色公司也没有单方面降价的动机。

就像这个例子所表明的，差异化削弱了价格竞争的强度。为什么？因为差异化给买家带来了转换成本（在这个例子中表现为心理成本）。为了消费一个红色小挂件，蓝色爱好者必须放弃2美元的价值。因为对于蓝色爱好者来说，购买

① 如果不同价格对一个买家来说意味着同样的剩余，那么我们假设这个买家会购买他喜欢的颜色的小挂件。

红色小挂件的成本很高，所以蓝色公司可以将价格提高到高于边际成本的水平。

94 很自然地，差异化会将买家划分为不同的市场区隔。从蓝色公司的角度来看，整个市场是由一个**强市场**（strong market）（蓝色爱好者）和一个**弱市场**（weak market）（红色爱好者）组成的。当蓝色公司考虑要不要降价时，必须充分权衡从弱市场获得的新增利润能不能补偿在强市场上出现的收入减损。如果强市场相对于市场的其他部分来说规模已经足够大，那么降价的动力就会减弱。要了解原因，请考虑表4.11，它是在表4.10的基础上修改而来的。这两家企业的产品仍然是差异化的。在这种情况下，每个小挂件5美元的价格能维持下去吗？不能。假设这两家企业公布的价格都是5美元，但是这不可能是一个均衡。以销售红色小挂件的红色公司为例。在5美元的价格下，它的利润为（5－1）×1＝4美元。如果它降价促销，例如将价格下降至2美元，它就能占领整个市场，此时获得的利润为（2－1）×100＝100美元（这是更多的利润）。尽管红色公司与竞争对手的产品是差异化的，但是几乎没有人会关心它在颜色这一维度上的差异。

表4.11 保留价格的分布（修改后）

买家类型	对蓝色小挂件的保留价格	对红色小挂件的保留价格	数量
蓝色爱好者	5美元	3美元	99
红色爱好者	3美元	5美元	1

表4.11这个例子带给我们的经验是，企业的差异化应该以致力于创造一个规模很大的强市场为目标。还有一个不那么明显但同样重要的经验是，企业的差异化还应该为自己的竞争对手留下一个规模相当大（相对于市场）的强市场。如果竞争对手没有任何强市场，那么它们降价时就会无所顾忌（因为反正没有什么可以失去的），而且降价会使它们的产品对你的强市场更具吸引力。更一般地说，为了搞清楚竞争对手的降价动机，企业应该比较对手的强市场的规模与降价能够吸引过来的买家增量。

再回到表4.10中总结的情况上来。假设作为红色公司，你现在可以向市场提供两个价格：同样是出售红色小挂件，分别有针对红色爱好者的较高的价格，以及针对蓝色爱好者的较低的价格。[1] 例如，红色爱好者花5美元买一个红色小挂件，而蓝色爱好者花2.5美元买一个红色小挂件。你愿意搞这种价格歧视吗？

要回答这个问题，我们先来看一看，如果你真的这么做会发生什么。以2.5美元的价格向蓝色爱好者出售一个红色小挂件，他们每人可以获得0.50美元的

---

① 而且还假设你可以防止有人将以较低价格购买的红色小挂件转售给红色爱好者。

剩余。这比他们从购买价格为 5 美元的蓝色小挂件中获得的剩余还要多。因此，蓝色公司要想留住自己的买家，就必须降低价格。在只有蓝色爱好者的市场中，红色小挂件和蓝色小挂件的价格分别是什么才能达到均衡？红色公司会以成本价（即 1 美元）对出售给蓝色爱好者的红色小挂件定价，而蓝色公司则会将蓝色小挂件的价格定为 3 美元。所有蓝色爱好者都会买蓝色小挂件。因此，红色公司不能获得额外收入，但最终还是降低了蓝色公司的价格。然而，市场上不仅仅有蓝色爱好者。蓝色公司面临以下选择：把自己的产品价格定为 3 美元，并只卖给蓝色爱好者；或者把价格降至略低于 3 美元。为什么要考虑进一步降低价格呢？原因在于，如果红色爱好者愿意花 5 美元购买红色小挂件，那么他们也会转而购买价格低于 3 美元的蓝色小挂件，因为后者能给他们带来更多的剩余。因此很容易看出，将价格降到 3 美元以下对蓝色公司来说更有利可图。但是这反过来又会迫使红色公司降低以红色爱好者为目标群体的红色小挂件的价格，以便留住他们。最终的结果是，两家企业最终都在它们自己的强市场上降低了价格，却都没能从对方那里抢到任何的市场份额！

因此，是这种价格歧视破坏了差异化的好处。在去“追求”竞争对手的买家的过程中，你迫使竞争对手降低了他们的产品价格。而这又会使得他们的产品对你自己的强市场更具吸引力。为了保持你的强市场，你不得不降低价格以留住其中的买家。于是价格出现了螺旋式下降。上面给出的例子是一个极端，它清楚地说明了这一点。在这个例子中，较低的价格导致较低的利润。不过，情况并非总是如此，因为这种价格歧视有两个方面的影响。一个方面是积极的，也是大多数卖家马上就能识别的：它使你能够将产品卖给以前没有购买过你的产品的消费者，从而带来额外的利润。另一个方面是消极的，它经常被人们忽视：这样做会驱使你的竞争对手降低价格，从而迫使你自己在你的强市场中降低价格，从而降低你的利润。在上面的例子中，消极的影响超过了积极的影响。但是也有可能出现相反的情况。

忠诚计划

忠诚计划（loyalty programs）是企业在最初不存在差异化时用来诱导出差异化的一种方法。忠诚计划是怎么做到这一点的？我们通过伯川德模型的一个变形来说明。[①] 企业 1 生产蓝色小挂件，而企业 2 生产红色小挂件。两家企业的边际成本都是不变的，为 1 美元。

---

① Klemperer，P.（1987）. Markets with consumer switching costs. *Quarterly Journal of Economics*，102（2），375－394.

在需求方面，买家的行为与通常的伯川德模型略有不同。当每家企业的产品价格**不相等**时，所有 100 个买家都从价格最低的卖家那里购买。当价格相等时，这些买家中有 50 人总是从企业 1 购买，我们称这些买家为**“蓝血人”**（blue bloods）；其余 50 人则总是从企业 2 购买，我们称这些买家为**“红血人”**（red bloods）。每家企业都知道哪些买家是“蓝血人”，哪些买家是“红血人”。所有买家都愿意为任何颜色的小挂件付出最高为 3 美元的价格。每个卖家都有足够的产能来满足整个市场的需求，而且它们都只有一次定价机会。

假设你是企业 1。如果你可以为小挂件选定一个 0～3 美元的价格，你会选择什么价格？均衡分析表明，每个小挂件的价格将会是 1 美元。这一点应该是很容易验证的，因为如果你的价格高于成本，另一家企业就可以通过更低的价格将你打败，从而获得 100%的市场份额。

现在，假设你（且**只有**你）发行了一张优惠券，用券的买家在购买蓝色小挂件时可以便宜 1 美元，但是只面向“蓝血人”。在这种情况下，你会把价格定为多少？人们通常会做出的显而易见的反应是：这样的优惠券怎么能起作用呢？它又不会给买家增加任何价值，所以企业除了按成本定价之外还能做什么呢？然而，它确实可以发挥作用。为什么呢？我们先来看一看按成本定价是不是一个均
96 衡。按成本定价意味着企业 2（生产红色小挂件的那家企业）宣布的价格为 1 美元。企业 1（生产蓝色小挂件的那家企业）如果要按成本定价，就必须定价为 2 美元——由于已经发行了优惠券，价格低于这个水平就会导致企业 1 亏损。因此，企业 1 的定价为 2 美元、企业 2 的定价为 1 美元，它们以这样的价格瓜分了市场。“蓝血人”从企业 1 购买。为什么？因为有了优惠券之后，蓝色小挂件的有效价格也是 1 美元。“红血人”则从企业 2 购买。

这个价格组合（企业 1 的价格为 2 美元、企业 2 的价格为 1 美元）是一个均衡吗？不是。企业 2 可以通过单方面提高价格改善自己的处境。事实上，如果企业 2 将价格从 1 美元提高到 2 美元，它会因这种单方面的提价行为而失去买家吗？不会。“红血人”仍然愿意花 2 美元从企业 2 购买他们最喜欢的产品。“红血人”的另一个选择是从企业 1 按 2 美元的价格购买蓝色小挂件，因为他们没有得到蓝色小挂件的优惠券。既然两种颜色的小挂件的价格对于“红血人”来说是相等的，那么他们会购买他们最喜欢的颜色的小挂件（也就是说，他们将选择企业 2）。因此，企业 2 既提高了价格，又留住了买家，所以它的利润一定会上升。

那么企业 1 将价格定为 2 美元、企业 2 将价格定为 2 美元是一个均衡吗？不是。因为企业 1 有提高价格的动机。假设企业 1 将价格定为 3 美元，企业 2 的价格仍为 2 美元。不难看出企业 1 的利润必定会增加，因为很容易验证它不会失去

任何买家。只要观察一下就会发现，“蓝血人”愿意为蓝色小挂件付出2美元，因为他们有优惠券可用。如果他们向企业2购买，他们必须支付2美元才能买到红色小挂件。既然两种颜色的小挂件的价格对于他们来说是相等的，他们就会买最喜欢的颜色的小挂件（也就是说，他们仍会选择企业1）。

那么，企业1将价格定为3美元、企业2将价格定为2美元是一个均衡吗？也不是。事实上，正如读者很容易就可以验证的那样，这个模型不存在纯策略均衡。混合策略均衡是什么并不重要。[①] 重要的是，按成本定价不再是一个均衡了。这是最值得注意的，因为在没有发行优惠券的时候，均衡利润为零。换句话说，在发行优惠券之后，就有了一种向上的激励价格，而这是以前没有的。优惠券的引入，对成本或买家对产品的评价没有影响，但是它确实会刺激价格上涨。为什么会这样？当企业1只向“蓝血人”发行优惠券的时候，它实际上宣布了两个价格：一个是针对“蓝血人”的，另一个是针对“红血人”的。而且，针对“红血人”的价格要高于针对“蓝血人”的价格。企业2在认识到这一点之后，知道自己可以在不失去买家的情况下提高价格。而正是因为企业2会提高价格，所以企业1就有空间将价格提高到2美元以上，从而获得利润。

那么，如果企业2也只向自己的买家发行优惠券，会有影响吗？没有什么影响，均衡利润还将是正的。事实上，均衡利润还会更高，因为两家企业的专用优惠券相互加强了提高价格的激励。例如，如果两家企业都定价为4美元并发行1美元的优惠券，那么每家企业都可以获得100美元的利润。

如果企业1给所有买家发行优惠券，又会怎么样呢？在这种情况下，均衡利润将为零。为什么？因为如果每个买家都得到了优惠券，那么他们就不关心从谁那里购买了。这会加剧价格竞争。

这个关于优惠券的故事说明，忠诚计划的作用就像一个“不挖走买家”的协 97
议。它的缺点是，吸引买家加入忠诚计划的初始成本可能会抵消随后从更高价格中获得的好处。也就是说，竞争从价格竞争转向了计划中的奖励的竞争。

上述优惠券在现实世界中的一个例子是航空公司的飞行常客里程。航空公司通过允许乘客自行选择来解决谁应该得到哪张优惠券的问题。那么，是什么阻止了乘客在每家航空公司的里程奖励计划中都注册？这里面的机制是，如果你从多家航空公司那里购买机票，你收到奖励的日期会延迟，从而导致它的价值贬损。这种奖励计划不是传统的数量折扣，因为它将奖励与**累计**购买量挂钩。正是这一点鼓励了乘客集中在一家航空公司购买机票。

---

① 可以证明每家企业的预期利润都是正的。

4.1.6 与互补品的竞争

假设相互竞争的卖家所提供的产品是互补品。下面通过一个具体的例子来说明与互补品的竞争，记住它对理解这个问题很有用。假设有两家企业，分别记为A和B，它们都同时生产显卡和显示器。企业A生产的显卡和显示器分别用AG和AM来表示，企业B生产的显卡和显示器分别用BG和BM来表示。为简单起见，我们假设所有产品的边际成本都为零。[①]

买家感兴趣的是购买一个显示**系统**，而不是单个部件。也就是说，一个买家要同时购买一块显卡和一台显示器。假设买家可以分成三个规模相同的群体，分别用AA、BB和AB来表示。买家对不同的显卡和显示器组合赋予的价值（保留价格）是不同的。下面的表4.12总结了这些估值。

表4.12 保留价格表

买家区隔	AG，AM	BG，BM	AG，BM	AM，BG	人数
AA	10美元	5美元	5美元	5美元	100
BB	5美元	10美元	5美元	5美元	100
AB	5美元	5美元	10美元	0美元	100

群体AA的买家最喜欢完全由企业A生产的部件组合起来的显示系统，群体BB的买家最喜欢完全由企业B生产的部件组合起来的显示系统。而群体AB的买家有些特别，他们喜欢分别由企业A和企业B生产的部件组成的显示系统，更具体地说，他们更喜欢由企业A生产的显卡和企业B生产的显示器组合起来的显示系统，而不是由企业B生产的显卡和企业A生产的显示器组合起来的显示系统。如果不存在AB这个买家群体，那么不同的显示系统会是不完美的相互替代。但是群体AB的买家认为，将一家企业生产的部件与另一家企业生产的部件组合在一起，也是有其价值的。

给定每个显示系统的价格，买家会购买能够带来最大剩余的那个显示系统。
98 例如，如果A系统的价格是8美元，而B系统的价格是2美元，群体AA的买家就会购买B系统，因为他们可以获得的剩余分别是：A系统2美元、B系统3美元。

这里有两种场景需要考虑。在场景1中，企业A的显卡与企业B的显示器不兼容，企业B的显卡与企业A的显示器不兼容。因此在场景1中，两家企业

① Mattutes，C. and P. Regibeau（1988）. Mix and match：Product compatibility without network externality. *RAND Journal of Economics*，19（2），221-234.

分别对自己生产的显示系统定价，且只销售整个显示系统。

在场景 2 中，每家企业的产品都与另一家企业的产品兼容。在这种情况下，两家企业都对单个部件定价并销售单个部件。

那么，这两家企业是否有理由更偏好场景 1 和场景 2 其中之一？使不同企业生产的组件互不兼容能够增强差异化，可能会支持更高的价格。

首先要注意的是，任何企业能够获得的最大收入，都出现在它是垄断者的时候。在垄断市场的情况下，将显示系统定价为 5 美元并向所有三个市场区隔销售可以实现收入最大化（这样做带来的收入是 5×300＝1 500 美元）。因此上面那个问题就变成了：在情景 1 中是否存在一个均衡能够支持这个结果（甚至只是接近这个结果）？答案是不存在。例如，假设每家企业将其（不兼容的）显示系统的价格定为 10 美元。企业 A 只能把它的系统卖给 AA 型买家，企业 B 只能把它的系统卖给 BB 型买家。每一家企业都可以获得 1 000 美元的收入。接下来让我们看看企业 A 是不是有单方面降价的动机。从企业 A 的角度来看，它的强市场是由 100 个 AA 型买家组成的，它的弱市场则是由 100 个 BB 型买家和 100 个 AB 型买家组成的。要想让自己的降价行为是值得的，企业 A 必须把价格降到足够低的程度，以吸引弱市场中的买家。如果企业 A 将它的显示系统的价格下降至 5 美元，就可以吸引 AB 型买家，但还是无法吸引 BB 型买家。① 然而，这种降价行为并不会增加企业 A 的利润，因为它会导致企业 A 在每个 AA 型买家身上损失 5 美元的收入，尽管可以在每个 AB 型买家身上增加 5 美元的收入。由于这些买家群体规模相等，损失刚好与增加的收入相抵。如果企业 A 将自己的显示系统的价格降到 5 美元以下，比如说 4.99 美元，那么它就可以把 BB 型买家也吸引过来。这个价格能够覆盖所有三个市场区隔，带来 4.99 美元×300 的收入，这明显超过了 1 000 美元。而且，这也将使企业 A 获得接近垄断利润的利润。但是，企业 A 将价格定为 4.99 美元、企业 B 将价格定为 10 美元不可能是一个均衡。这是因为企业 B 也有通过降价去占领企业 A 的市场的动机。由于存在 AB 型买家，场景 1 中的高价是难以维系的，他们的数量使得弱市场的规模远远超过了每家企业的强市场的规模，从而给每家企业都带来了价格下行的压力。

现在考虑场景 2。在这种情况下，每家企业对自己生产的每个部件都定价为 5 美元是一个均衡。在这个价格下，企业 A 出售两个部件给 AA 型买家，出售一个部件给 AB 型买家；企业 B 出售两个部件给 BB 型买家，出售一个部件

① BB 型买家从企业 B 的显示系统获得的剩余与从企业 A 的显示系统获得的剩余一样，都为零。在这种情况下，BB 型买家选择的是 B 企业的显示系统。

给 AB 型买家。每家企业的收入都是 5×300＝1 500 美元，利润则等于垄断利润。要检验它是不是一个均衡，可以考察企业 A 的选择（类似的分析也适用于企业 B）。

假设企业 A 提高了它的任何一个部件的价格。那样的话，它就会失去 AA 型买家，因为企业 A 的显示系统的价格已经超过了他们的保留价格。假设企业 A 降低了它的任何一个部件的价格——降价的唯一理由是试图吸引 BB 型买家，并让 AB 型买家转而购买它生产的两个部件。然而，只有当企业 A 将价格降到足够低，即足以给他们带来至少 5 美元的剩余时，这种做法才能奏效。但是，吸引 BB 型买家带来的任何剩余，都意味着原本可以从 AA 型买家身上获得的相应收入的损失，而且给予 AB 型买家的任何剩余，都意味着从他们身上得到的收入为零。最后一种可能是，提高一个部件的价格，同时降低另一个部件的价格。这种做法能否增加利润，取决于它能否改变 BB 型买家和 AB 型买家的剩余。从上面的推理可以看出，这不会发生。

因此，场景 2 对两家企业都是有利的。为什么会这样呢？第一个原因是，通过切换为兼容的显示系统，它们降低了价格竞争的强度。这一点可以从以下事实看出：从数量上看，降低一个部件的价格所带来的好处不足以弥补价格下降的坏处。第二个原因是，兼容性通过迎合 AB 型买家的需求提升了各个部件的价值，从而可以为两家企业都带来更高的利润。

现在让我们把这个例子具体化。假设我们现在观察到有两个卖家，每一个都同时生产和销售手机和在手机上运行的应用程序（我们暂且先做出这个有点不切实际的假设，即两个卖家都有能力生产手机和应用程序）。[①] 买家只拥有手机本身或只拥有应用程序本身都没有什么用，他们感兴趣的是两者的结合。在这种情况下，每个卖家都应该开发能够在竞争对手的手机上运行的应用程序吗？

上面的分析已经突出强调了卖家应该实现这种兼容性的理由。但是，有人还是认为，这两个卖家应该让各自的手机系统互不兼容，理由是，如果其中一个卖家的目的是将另一个卖家挤出市场，那么只有让彼此的系统互不兼容才可以做到这一点。这样可以迫使买家做出选择。如果卖家能够（通过激进的价格）吸引足够多的买家加入自己的阵营，就可以扼杀他们对另一个卖家的兴趣。在这种情况下，卖家面临的选择是，是与竞争对手分享市场好，还是付出一定代价独占整个市场好。

接下来，我们再考虑一下，当应用程序不是由手机生产商开发而是由第三方

---

① 同时还需要假设手机制造商不需要通过像威瑞森（Verizon）这样的电信商就可以直接服务买家。

提供时会发生什么。不难理解，在这种情况下应用程序提供商和手机制造商之间存在利益冲突。对于手机制造商来说，如果某个广受欢迎的应用程序只在某个手机制造商生产的手机上运行，而不在其他手机上运行，这就无疑会提高手机市场的差异化程度。这有利于运行该应用程序的手机制造商。而对于应用程序提供商来说，手机提供了接触买家的渠道。不同厂家的手机之间的互操作性，能够增大应用程序提供商触及的市场规模。

4.2 双模型记

有的模型很容易表述，但是并不一定容易分析。到目前为止所讨论的竞争模型都是如此。当我们希望回答比那些“基本问题”更复杂一些的问题时，用它们来进行分析就变得相当困难了。例如，让某些企业合并是一个好主意吗？如果一家企业有了一项能够节约成本的新技术，是应该将它出售还是授权给潜在的用户呢？应该由企业支付运费还是由买家支付运费？为了回答这类问题， 100
我们要利用两个基本的竞争模型。本节将引入这两个模型并说明如何使用它们。

4.2.1 古诺模型

古诺模型是以安东尼·奥古斯丁·古诺（Antoine Augustin Cournot，1801—1877）的名字命名的。这个模型的假设是：有两家企业，它们生产相同的产品，它们同时选择要生产的数量（这可以解释为对产能的选择）。不过，它们不选择价格；相反，它们的产品的价格是由客观的市场力量决定的，这种力量使得供求关系维持平衡。最后假设两家企业之间不能进行合作。

在企业必须对酒店和发电厂等长期资产进行投资的情况下，古诺模型是最有现实意义的。企业当然可以选择这些资产的规模（即产能），但是考虑这些资产在其生命周期中的每个时期的价格则是愚蠢的。因此，古诺模型做了一个简化的假设。未包括在模型中的市场力量将决定价格——例如酒店的每间客房的价格，特别是，客房的市场价格会随着可用客房数量的增加而下降。

古诺模型的形式化表述如下。如果企业1选择生产 q_1 单位的“唆麻”，企业2选择生产 q_2 单位的“唆麻”，那么每个单位“唆麻”的市场价格将为 $\max\{1-q_1-q_2, 0\}$。在这里，我们选择 $1-q_1-q_2$ 作为反需求函数的表达式是武断的。这个表达式只要能够体现单位价格随着总需求量（q_1+q_2）的增加而下降这个关键之处即可。两家企业的边际生产成本都是常数 c。在选定了上述反需求函数之后，市场价格永远不会超过每单位“唆麻”1美元。因此，为了确保两家企业有可能盈利，我们还应假设 $c<1$。

假设企业1选择数量 q_1，企业2选择数量 q_2，且 $q_1+q_2\leqslant 1$。那么企业1的利润是

$$q_1\max\{0,\ 1-q_1-q_2\}-cq_1$$

而企业2的利润则为

$$q_2\max\{0,\ 1-q_1-q_2\}-cq_2$$

很容易注意到，每家企业的利润不仅取决于自己的数量选择，也取决于竞争对手的数量选择。正是这种相互依赖性推动了下面的分析。

很显然，没有企业会选择超过1的数量。因此，每家企业都有无穷多的数量选择策略，只要所选择的数量介于0和1之间即可。所以，要为它们写出支付矩阵是不可能的。相反，我们需要确定的是，在给定竞争对手已经做出的数量选择的前提下，一家企业应该选择的能够实现利润最大化的数量。下面我们以企业1为例来说明。假设企业1认为企业2选择了某个数量 q_2，比如说，$q_2=1/4$。这样，企业1通过选择某个数量 q_1 所获得的利润是

$$q_1\max\{0,\ 1-q_1-1/4\}-cq_1$$

因为企业1永远不会选择 $q_1>3/4$，所以我们知道 $1-q_1-1/4$ 必定总是大于或等于0。因此我们可以将企业1的利润改写为

$$q_1(1-q_1-1/4)-cq_1$$

企业1现在必须选择 q_1 来最大化其利润。在这种情况下，它对 q_1 的最优选择是
101 $3/8-c/2$。[①] 所以，如果企业1认为企业2选择的数量为1/4，那么企业1应该选择的数量为 $3/8-c/2$。

不过，我们想要确定的不仅仅是企业1对于企业2的特定数量选择的最优反应，而是对于企业2所有可能的数量选择的最优反应。也就是说，我们想要确定的是企业1的**反应函数**（reaction function），即针对竞争对手的每一个数量选择，指定企业1的最优数量选择的规则。如果企业2选择了 q_2，那么很明显，企业1将选择 q_1，使得 $q_1+q_2\leqslant 1$。在这种情况下，企业1的利润作为 q_1 和 q_2 的函数，应该是

$$q_1(1-q_1-q_2)-cq_1$$

我们需要求出在给定 q_2 的情况下，企业1能够使收入最大化的 q_1。不难注意到，使利润最大化的选择取决于 q_2。因此为了求解 q_1，只需将利润函数对 q_1 取微分并令其为零：

---

① 读者应该不难验证这一点。

$$1-2q_1-q_2-c=0 \Rightarrow q_1=\frac{1-q_2-c}{2}$$

读者可以自行验证相关的二阶条件也成立。因此这确实是企业 1 能够使利润最大化的选择。注意到，当 $c \geqslant 1$ 时，q_1 的表达式将会得出一个无意义的结果，即 $q_1<0$。因此需要约束条件 $c<1$。

下面的图 4.2 显示了 q_1 如何随 q_2 变化的图形。（在该图中，q_2 在纵轴上，q_1 在横轴上。）

根据对称性，假设企业 1 选择了 q_1，企业 2 应该选择的 q_2 如下式所示：

$$q_2=\frac{1-q_1-c}{2}$$

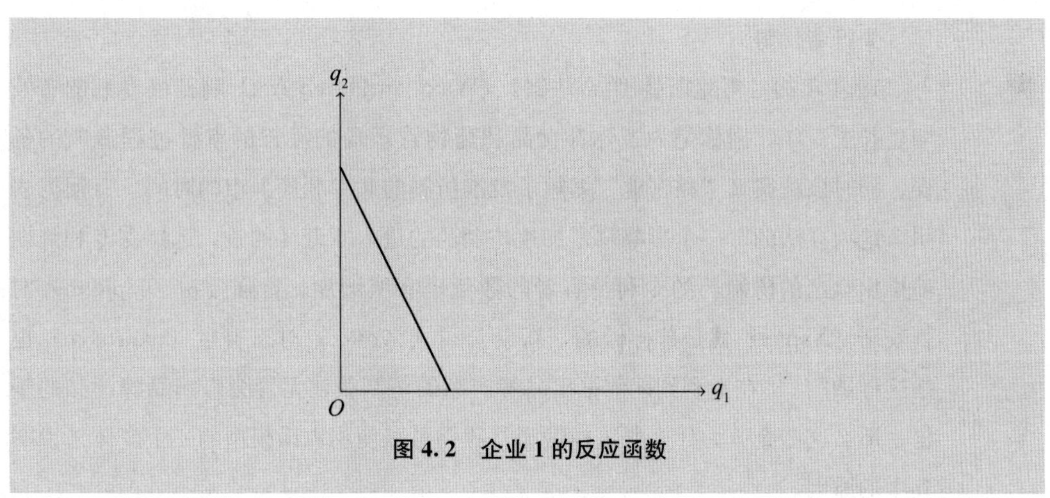

图 4.2　企业 1 的反应函数 102

图 4.3 是企业 2 的反应函数的图示，其中企业 2 的反应函数（虚线）与企业 1 的反应函数（实线）相交。如果 q_1 是对 q_2 的最优反应，且 q_2 也是对 q_1 的最优反应，那么这一对数量选择（q_1，q_2）就构成了一个纳什均衡。因此，（q_1，q_2）必须同时满足以下两个方程：

$$q_1=\frac{1-q_2-c}{2}$$

$$q_2=\frac{1-q_1-c}{2}$$

解这个方程组，我们得到的结果是 $q_1=(1-c)/3=q_2$。从图形上看，这是两个反应函数的交叉处（见图 4.3）。此时，企业 1 的利润为

$$\frac{1-c}{3}\left[1-\frac{2(1-c)}{3}\right]-c\left(\frac{1-c}{3}\right)=\frac{(1-c)^2}{9}$$

企业 2 的利润也类似可得。

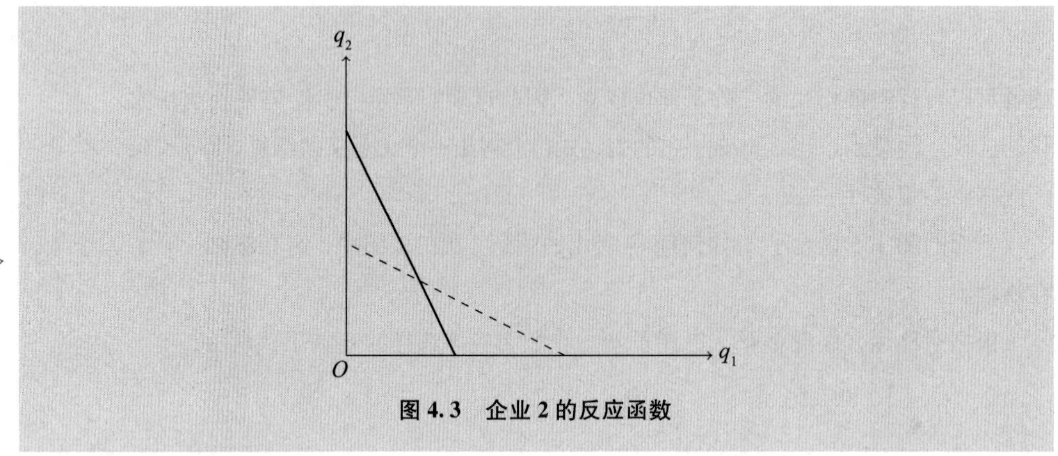

图 4.3　企业 2 的反应函数

先行者优势

1984 年的《韦克斯曼-哈奇法案》（Waxman-Hatch Act）将药品专利的有效期延长了 5 年，据称是为了弥补食品和药物管理局的漫长的审批过程造成的延误。同时该法案又"秘密地"缩短了批准仿制的非专利药上市的时间。有证据表明，这项立法的下一个影响将是加速仿制药的进入。奇怪的是，选择在专利到期前推出自己的仿制药的专利持有者的数量也有所增加。普强公司（Upjohn）对赞安诺（Xanax）就是这样做的，新泰公司（Syntax）对奈普生（naprosyn）也是这样做的。[①] 在专利到期前推出品牌产品的仿制版，无疑会影响品牌产品的销售。那么这些企业为什么要这样做呢？我们可以使用古诺模型的一个变体来说明其中的原因。

103 现在我们假设，在古诺模型中，各企业是依次采取行动的。[②] 更具体地说，企业 1 先行动。一旦企业 1 选择了一个数量，这个决定就是不可撤销的。然后企业 2 在观察到企业 1 的选择之后选择一个数量。先行动好还是后行动好？先后行动与同时行动有什么区别吗？

如果企业 1 选择了数量 q_1，那么从上面的分析可知，企业 1 知道企业 2 的最优反应是选择数量 q_2，使得

$$q_2=\frac{1-q_1-c}{2}$$

因此，市场价格将为

---

① Kamien, M. and I. Zang (1999). Virtual patent extension by cannibalization. *Southern Economic Journal*, 66 (1), 117 - 131.

② 古诺模型的这个变体是由海因里希·弗赖赫尔·冯·斯塔克尔伯格（Heinrich Freiherr von Stackelberg, 1905—1946）提出的。因此，它通常被称为斯塔克尔伯格模型。

$$1-q_1-q_2=1-q_1-\frac{1-q_1-c}{2}=\frac{1-q_1+c}{2}$$

从而，企业 1 的利润为

$$q_1\,\frac{1-q_1+c}{2}-cq_1$$

能够使上述利润最大化的 q_1 的值为 $q_1=(1-c)/2$。因此，$q_2=(1-c)/4$。通过简单的代数运算就可以求得企业 2 的利润为

$$\frac{1-c}{2}\left[1-\frac{3(1-c)}{4}\right]-c\,\frac{1-c}{2}=\frac{(1-c)^2}{8}$$

不难注意到，在这种情况下，企业 1 获得了比以前更多的利润，因为只要 $c<1$，就肯定有

$$\frac{(1-c)^2}{9}<\frac{(1-c)^2}{8}$$

同时企业 1 获得的利润也比企业 2 更多。这是由企业 2 的生产数量低于企业 1 这个事实决定的。因此，在生产数量选择方面，确实存在先行者优势。

现在，再回到前述专利问题上来。从上面的分析中，我们看到了专利药物厂家主动引入仿制药的利益可以抵消损失的可能性。诚然，在专利到期之前推出非专利仿制药会产生负面影响，因为它会影响原来的品牌药物的销售，但是这样做也可以在仿制药市场上获得先行者优势。一家企业在专利到期之前还是之后推出非专利仿制药，取决于这两种效应的相对大小。①

合 并

1988—2005 年，根据《哈特-斯科特-罗迪诺法案》(Hart-Scott-Rodino Act)，
共有超过 46 000 个合并意向被提交到了美国联邦贸易委员会和司法部。在审查 104
同一行业的两家企业的合并计划时，反垄断当局必须权衡垄断权力带来的成本和因垄断而提高效率的收益（后者通常体现为垄断者较低的生产成本，它可能会传递给消费者）。如果合并会导致价格上涨，它通常就会被阻止。在现实世界中，绝大多数此类合并都被允许无须修改即可通过。

为了更正式地考察这种权衡，现假设两家企业可以通过合并来降低它们的边际生产成本。（这种情况如何发生与我们现在讨论的问题无关。②）两家企业合并之后，将只剩下一家企业，从而使其可以像垄断者一样行事。而且相比之下，它的边际成本也会比合并前的企业更低，这可能会鼓励它制定更低的

---

① 当然，这并不是故事的全部。在专利到期前推出仿制药，还有其他我们在这里没有考虑到的好处。率先进入市场的企业有机会在仿制药细分市场中占据 180 天的垄断地位，并有机会在分销网络中排挤其他企业。

② 通常，这要通过引用“协同作用”这个神奇的语词来证明。

价格。

假设合并前，每家企业的边际生产成本 c 是恒定不变的。在均衡状态下：

$$q_1=q_2=(1-c)/3$$

合并前的市场价格为 $1-q_1-q_2=1-2(1-c)/3=(1+2c)/3$。假设合并后，存续企业的边际成本为常数 αc，其中 $\alpha<1$。合并后的企业将像一个垄断者一样行事，并选择数量 q 来最大化自己的利润

$$q(1-q)-\alpha cq$$

使利润最大化的数量选择为 $q=(1-\alpha c)/2$，相应的市场价格为

$$1-\frac{1-\alpha c}{2}=\frac{1+\alpha c}{2}$$

回想一下，合并前的市场价格是（$1+2c$）/3。如果

$$\frac{1+\alpha c}{2}<\frac{1+2c}{3}$$

那么合并就能增加消费者剩余。因此，只要 α 足够小（即从合并得到的效率收益足够大），那么合并就是有益的。故而只证明合并后成本会降低，并不足以证明合并是合理的。基于这个原因，联邦贸易委员会一般要通过一系列实证方法来估计合并对价格的影响。

4.2.2 伯川德-霍特林模型

伯川德-霍特林模型是一个关于差异化的企业之间的价格竞争的模型。与古诺模型不同，企业选择的不是产能，而是价格。这使得这个模型更适合用来解释在短期内的价格竞争。①

105 假设有1 000个买家，他们均匀分布在0和1之间的一段直线上。这意味着0和1之间的任何一小段线段上的买家数量都与该线段的长度成比例。例如，在0到0.25之间的线段上，买家数量为250人。每个买家都想得到一单位“唆麻”。

一个卖家（称为左侧卖家）位于线段的左端点（即0点）处，另一个卖家（称为右侧卖家）则位于右端点1处。它们生产和销售相同的产品，每家企业的边际生产成本都是 c。差异化不是来自产品本身，而是来自地理位置上的不同，因为买家需要支付每英里1美元的旅行费用。② 因此，在保持每个卖家的价格不变的情况下，每个买家都会选择最靠近自己的卖家。

---

① 约瑟夫·伯川德是一位数学家，这个模型是他有一次偶然涉足经济学领域的结果。当时，有人要求他评价一下古诺模型。伯川德认为古诺模型不够“自然”，并提出了另一个模型。哈罗德·霍特林（Harold Hotclling，1895—1973）扩展了伯川德模型，将微分方法融合了进来。

② 我们假设，买家只考虑同一个方向上的旅行。我们可以将它解释为送货成本，或者解释为旅行成本包含了往返旅行的费用。

虽然这个模型中的差异化源于地理分布，但是这其实只是一个解释的问题，这个模型完全可以适用于非地理差异。例如，可以假设这两个卖家各自生产一种含糖量不同的可乐，左侧卖家生产的可乐含糖量很低，而右侧卖家生产的可乐含糖量很高。两个卖家之间的线段代表介于它们的产品的含糖量之间的各种含糖量水平。买家在线段上所处的位置是他们理想的含糖量水平。而旅行成本则是指饮用含糖量与理想含糖量不同的可乐时的心理成本。

距离 0 点为 d 的买家向左侧卖家购买一单位“唆麻”的成本是 d，而向右侧卖家购买一单位“唆麻”的成本则为 $1-d$。给定左侧卖家和右侧卖家的价格，买家的购买决定是基于产品的相对交付成本做出的。交付成本是旅行成本加上产品的价格。例如，与左侧卖家之间的距离为 d 的买家的交付成本是 $d+p_L$，其中 p_L 是左侧卖家制定的每单位“唆麻”的价格。用 p_R 表示右侧卖家制定的每单位“唆麻”的价格，那么这个买家将会到左侧卖家那里购买，当且仅当

$$d+p_L<1-d+p_R$$

如果上面这个不等式反过来，那么这个买家就会到右侧卖家那里购买。我们将忽略平局的情形。

这两个卖家的策略是它们为自己的产品选择的价格。假设左侧卖家选择的价格是 p_L，右侧卖家选择的价格是 p_R。那么，从左侧卖家那里购买的买家必定距离左侧卖家为 d，使得

$$p_L+d<1-d+p_R$$

化简得：

$$2d<1+p_R-p_L \Rightarrow d<\frac{1+p_R-p_L}{2}$$

因此，所有与左侧卖家之间的距离在 $\frac{1+p_R-p_L}{2}$ 之内的买家都会从左侧卖家那里 106
购买。给定均匀性假设，在那 1 000 个买家中，会有 $\frac{1\,000(1+p_R-p_L)}{2}$ 个人从左侧卖家那里购买。

类似地，如果买家与左侧卖家之间的距离 d 满足下列条件，买家就会从右侧卖家那里购买

$$d+p_L>1-d+p_R$$

$$1-d<d+p_L-p_R$$

$$2(1-d)<1+p_L-p_R \Rightarrow 1-d<\frac{1+p_L-p_R}{2}$$

因此，所有与右侧卖家之间的距离在$\frac{1+p_L-p_R}{2}$的范围内的买家都将从右侧卖家那里购买。根据均匀性假设，会有$\frac{1\,000(1+p_L-p_R)}{2}$个买家从右侧卖家那里购买。

由于每个卖家都有一个"策略连续统"可供选择，所以要计算出这个博弈的均衡有点困难。与前面讲的数量博弈类似，我们需要确定每家企业的反应函数。

先考虑左侧卖家。假设右侧卖家已经决定了它选择的价格 p_R，并且不再改变，那么对于左侧卖家，能够使其利润最大化的 p_L（作为 p_R的函数）是什么？注意这就是左侧卖家的反应函数。

首先注意到，我们在前面已经推导出，当左侧卖家制定价格 p_L时，对它的产品的需求为

$$\frac{1\,000(1+p_R-p_L)}{2}$$

因此，需求弹性为

$$\frac{p_L}{1+p_R-p_L}$$

运用价格相对加成公式，我们知道要使利润最大化，左侧卖家的价格必须满足

$$\frac{p_L-c}{p_L}=\frac{1+p_R-p_L}{p_L}$$

解出 p_L，我们得到

$$p_L=\frac{1+p_R+c}{2}$$

这就是我们要求的左侧卖家的反应函数。

经过一个完全对称的推导过程，我们可以求出右侧卖家的反应函数是

$$p_R=\frac{1+p_L+c}{2}$$

这两个反应函数相交的地方就是均衡价格。为了求出均衡价格，我们需要解关于 p_L和 p_R的一对方程，结果是

$$p_L=p_R=1+c$$

因此，在均衡中，卖家制定的价格是比边际成本高 1 美元。

注意，均衡价格高于边际成本 1 美元。之所以高出 1 美元，原因在于这两个卖家之间的距离是 1 英里，且旅行成本是每英里 1 美元。如果旅行成本是每英里 2 美元，那么均衡价格就会是 $2+c$。如果旅行成本是每英里 1 美元且这两

个卖家之间的距离是0.5英里，那么均衡价格就会是$0.5+c$。因此，这两个卖家能够收取的高出边际成本的溢价，取决于它们之间的距离有多远（以货币形式表示）。

当两个卖家有不同的成本时，分析推导过程也类似。比如说，当左侧卖家和右侧卖家的成本分别为c_L和c_R时，均衡价格为

$$p_L=1+\frac{2c_L+c_R}{3}$$

以及

$$p_R=1+\frac{2c_R+c_L}{3}$$

从这两个表达式可以看出，成本越高的企业，制定的价格就越高。这当然没有什么好奇怪的。

下面，我们用几张图来总结上述数值例子的结果。图4.4给出了右侧卖家的反应函数，p_L显示在横轴上，p_R则显示在纵轴上。

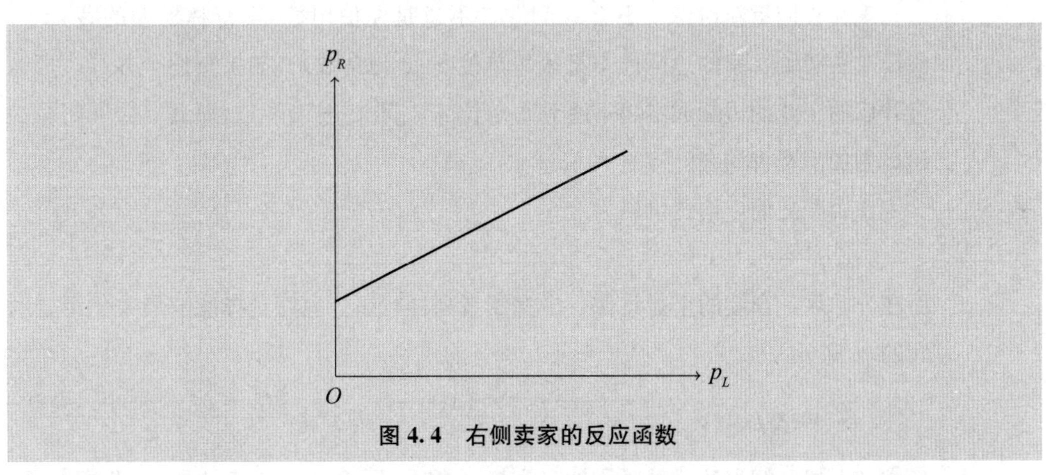

图4.4 右侧卖家的反应函数

107

图中的实线表示右侧卖家为了实现利润最大化应该制定的价格，它是给定的左侧卖家的价格的函数。举例来说，如果有人想知道，当给定左侧卖家的价格时——比如说每单位2美元——右侧卖家应该制定什么价格，我们就可以先在p_L轴上找到2美元的那一点，然后纵向延伸与图中的实线相交，再由交点向左投影至p_R轴上，在p_R轴上得到的那个点就是我们想要得到的价格。这条直线就是通常所称的反应函数。它的重要之处不在于它是一条直线，而在于它是向上倾斜的。这意味着如果左侧卖家提高（降低）其产品的价格，右侧卖家最好的做法也是提高（降低）自己的价格。

图4.5显示的是左侧卖家的反应函数（图中的虚线），表示左侧卖家为了最大化自己利润应该制定的价格，它是给定的右侧卖家的价格的函数。均衡价格落

在了实线和虚线的交点上。为什么这么说？假设左侧卖家选择了均衡价格。在这种情况下，右侧卖家应该选择的能够最大化收入的价格是什么？

108

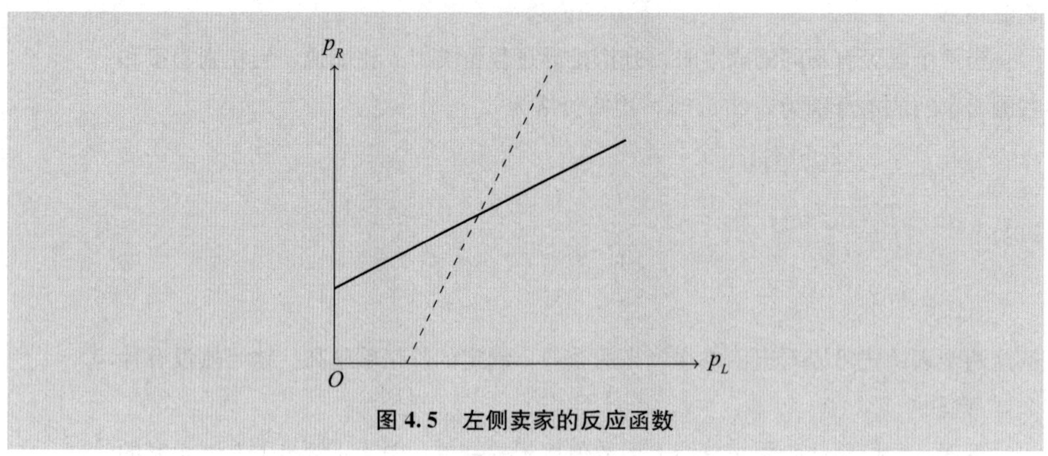

图 4.5　左侧卖家的反应函数

合　并

现在我们重新讨论一下合并问题，不过是在伯川德-霍特林模型的背景下。假设左右两侧卖家的边际成本都是每单位 c（c 为常数）。如果它们合并了，那么合并后的企业的边际成本将下降到每单位 αc，其中 $0<\alpha<1$。那么，合并将减少还是增加消费者剩余？

在合并之前，均衡价格为

$$p_L = p_R = 1 + c$$

而在合并后，存续的企业将像一个垄断者那样行事。它将选择能够最大化组合利润的 p_L 和 p_R：

$$\max(p_L - \alpha c)\frac{(1+p_R-p_L)\times 1\,000}{2} + (p_R - \alpha c)\frac{(1-p_R+p_L)\times 1\,000}{2}$$

考虑到上述利润表达式的对称性（交换 p_L 和 p_R 不会改变该表达式），我们推断，可以令 $p_L = p_R = p$。也就是说，我们可以只关注 $p_L = p_R$ 的情形，于是这个垄断者面对的优化问题就变成了

$$\max(p - \alpha c)\frac{1\times 1\,000}{2} + (p - \alpha c)\frac{1\times 1\,000}{2}$$

很容易检验，这个优化问题是无界的，也就是说，垄断者可以自由地选择 $p_L = p_R = p = \infty$。这怎么可能呢？

原因在于，这个模型没有包含对买家可以付出的价款的上限约束。这个缺点很容易修正。假设没有买家愿意付出 $U>1+c$ 的价款（即假设每个买家的保留价格为 U）。在这种情况下，垄断者就会直接选择 $p=U$。因此，合并会使买家的处境变得更糟，因为合并后的企业可以将价格定为每个买家的保留价格。无论 α

的值是什么，都会如此。这与古诺模型形成了鲜明的对比。在古诺模型中，对于足够大的 α，合并后的企业会降低价格。这是为什么呢？在合并之前，相互竞争的企业共同满足了整个市场。在合并之后，市场规模保持不变。因此，对于合并后的企业来说，降低价格不可能增加销售量，这就是为什么即便成本下降，企业也没有降低价格的动力。

第5章 偏好和效用

109 所有心理学家都是非理性的，就是这样！

他们的脑袋里全塞满了棉花、干草和破布！

他们只不过是一些令人恼火的、令人气愤的、优柔寡断的、精于算计的、令人烦躁的、令人发狂的和令人发怒的拖延者！

为什么心理学家就不能像经济学家一样呢？[1]

理性买家模型要求经济行为人的偏好可以用一个共同的货币尺度来表示。当你和我的剩余都可以用美元来衡量时，我们可以达成一致：现状的某种改变，是让我们这个集体变得更好了还是更坏了。然而，当你要求班布尔先生（Mr. Bumble）给孤儿崔斯特（Twist）一个便士时，班布尔先生的损失与崔斯特的收益是否相称，并不十分明显。[*] 在某种意义上，崔斯特对多得的那一个便士的估价与班布尔先生是有很大不同的。此外，如果只关注剩余的美元价值，我们就会忽视支付能力。可选项A能够给某个人带来的剩余，也许会超过可选项B，但是可选项A可能超出了这个人的预算。出于这个原因，我们将理性买家模型扩展为一个更一般的偏好模型，使得我们可以将这些因素都纳入进来，加以考虑。这样一来，理性买家模型将变成这个更一般模型的一个特例。

我们假设经济行为人对我们通常称为“商品”的对象集合有自己的偏好。“商品”（goods）这个词有两层意思。一是作为“货物”（commodity）的同义词。二是作为人们想要得到的有“可取性”的东西。因此，“商品”既可以是像苹果那样有形的东西，也可以是像“自由的时间”那样抽象的东西。我们假设大家都不想要的东西，比如说刺鼻的气味或癌症，不是商品。这个假设只是

---

① 这里借用了勒纳（Lerner）和洛（Lowe）的说法。

* 孤儿崔斯特和班布尔先生都是英国作家狄更斯的小说《雾都孤儿》中的人物。——译者注

为了讨论方便，因为这样做可以避免同时跟踪“良品”和“劣品”（bads）的需要。

由 n 种商品组合而成的一个商品束（bundle），可以用一个 n 维非负向量 x 来表示。x 的第 i 个分量，记为 x_i，代表组合中第 i 种商品的数量。假设我们现在考虑的商品包括糖、盐和黄油（$n=3$），那么向量（2，3，2.7）就代表一个组合，其中包含 2 单位糖、3 单位盐和 2.7 单位黄油。[1] 这里需要注意的是，我们假设商品是可分的。如果商品不可分，那么处理起来就会有很大的麻烦。然而，如果一个人有足够强的想象力，他也可以通过重新定义商品来避开这个问题。例如，有人或许会通过大小或长度来衡量住房，而不是房屋的数量。 110

第5章

消费者可以通过他们对不同商品束的**偏好**来分类。给定一个可供选择的商品束集合，消费者会从该集合中选出自己最喜欢的那个商品束。不过，为什么一个人的偏好会是现在这样（他们的这种偏好从何而来）的问题，与我们当前的研究目的无关。[2] 在一定意义上，我们可以说，经济学家是一群最宽容的人——因为他们不会批评他人的偏好，只要偏好是一致的，任何偏好都可接受。[3] 偏好的一致性由下面列举的四个条件来刻画。

（1）**完备性**（completeness）。

把任意两个商品（和服务）束分别记为 x 和 y，消费者都应该能够将它们以下列三种方式中的某一种加以排序：

a. 她偏好 x 甚于 y，用 $x \succ y$ 表示。

b. 她偏好 y 甚于 x，用 $y \succ x$ 表示。

c. 她在 x 和 y 之间的偏好是无差异的，用 $x \sim y$ 表示。

如果消费者对 x 的偏好至少与对 y 的偏好一样强，则用 $x \succeq y$ 表示。

（2）**单调性**（monotonicity）。

对于好东西，多比少好（当然不会多比少差）。

（3）**非自反性**（irreflexivity）。

给定两个完全相同的商品束，你不应该偏好其中一个而不是另一个。

（4）**传递性**（transitivity）。

如果你偏好 x 甚于 y，偏好 y 甚于 z，那么你偏好 x 甚于 z。这就是说，如果我更喜欢苹果而不是橘子，更喜欢橘子而不是葡萄柚，那么我更喜欢苹果而不是葡萄柚。

---

[1] 如果我们想要把劣品也包括进来，那么我们可以通过允许商品束的相应分量为负来做到这一点。

[2] 弗朗西斯·厄克特（Francis Urquhart）会将它们描述为“没有什么有启示意义的原则，只有生存的意志，就是一个胃口大动的肥嘟嘟的小袋子！”

[3] 看看我们经济学家有多宽容吧，我们甚至不区分偏好和偏见。

把偏好排序用文字写出来显得很笨拙，所以我们要用一种简洁的方式来表示它。这是很有用的。关于某个商品束集合的偏好排序的**数值表示**（numerical representation）是一个函数 U，它能够使得对于所有的商品束 x 和 y，当且仅当 $U(x)\geqslant U(y)$ 时，偏好 x 甚于 y。

这个函数 U 就称为**效用函数**（utility function）。它为每一个商品束都分配了一个数值得分，规则是更受偏好的商品束可以获得更高的分数。分配给特定的商品束的分数，也就是该商品束的效用。

例 30： 假设一个经济行为人的偏好可以用效用函数 $U(x_1, x_2)=x_1x_2$ 表示，其中 x_i 表示商品束 (x_1, x_2) 中的第 i 个商品的数量（$i=1, 2$）。现在考虑两个商品束（3，2）和（2.5，4），第一个商品束中的商品 1 的数量比第二个商品束多，但是商品 2 的数量则比第二个商品束少。那么这个经济行为人在这两个商品束之间更偏好哪一个？第一个商品束的效用是 $U(3, 2)=3\times2=6$，第二个商品束的效用是 $U(2.5, 4)=2.5\times4=10$。由于第二个商品束具有更高的效用，所以她应该更偏好第二个商品束而不是第一个。 □

111 我们称一个效用函数是单调的，如果

$$x\geqslant y\Rightarrow U(x)\geqslant U(y)$$

由于 x 和 y 都是向量，所以 $x\geqslant y$ 意味着，对于所有分量 $i=1, \cdots, n$，都有 $x_i\geqslant y_i$。我们称一个效用函数是严格单调的，如果

$$x\geqslant y \ \& \ x\neq y\Rightarrow U(x)>U(y)$$

因此：

（1）如果 $U(x)>U(y)$，那么严格偏好 x 而不是 y。

（2）如果 $U(x)\geqslant U(y)$，那么弱偏好 x 而不是 y。

（3）如果 $U(x)=U(y)$，那么对 x 和 y 的偏好是无差异的。

如果一个偏好排序满足了完备性、单调性、非自反性和传递性，那么它就可以用一个单调效用函数来表示。① 因此，某个消费者最偏好的商品束，就是能够最大化其效用的商品束。

效用函数本身没有任何意义。它只是表示偏好排序的一种简洁的方法。不同的效用函数可能代表了完全相同的偏好。举例来说，考虑如下偏好排序：

$$(3, 4)\succ(4, 3.5)\succ(2, 3)$$

以下两个不同的效用函数都可以用来表示这种偏好排序：

① 效用函数的单位有时也称为“尤特尔”（util）。

$U_1(3, 4)=100$，$U_1(4, 3.5)=99.9$，$U_1(2, 3)=10$；

$U_2(3, 4)=0$，$U_2(4, 3.5)=-1$，$U_2(2, 3)=-3\,000$

因此，分配给某个商品束的效用的实际数值没有任何意义。

例 31：考虑以下针对一个包含了两种商品的商品束的效用函数：

(1) $U(x_1, x_2)=x_1x_2$；

(2) $U(x_1, x_2)=5x_1x_2$；

(3) $U(x_1, x_2)=\ln x_1+\ln x_2$；

(4) $U(x_1, x_2)=x_1{}^2x_2{}^2$。

读者很容易就可以验证，如果在第一个效用函数下，人们偏好商品束 (x_1, x_2) 甚于商品束 (y_1, y_2)，那么在其他三个效用函数下，人们仍然会偏好 (x_1, x_2) 甚于 (y_1, y_2)。

作为例子，我们在这里证明，第一个效用函数和第三个效用函数表示的是相同的偏好。用 U_1 表示第一个效用函数，用 U_3 表示第三个效用函数。考虑两个商品束 $x=(x_1, x_2)$ 和 $y=(y_1, y_2)$，并假设 $U_1(x_1, x_2)\geqslant U_1(y_1, y_2)$，也就是人们偏好商品束 $x=(x_1, x_2)$ 甚于商品束 $y=(y_1, y_2)$。这样一来，我们有

$x_1x_2\geqslant y_1y_2$

$\Rightarrow \ln(x_1x_2)\geqslant \ln(y_1y_2)$ 112

$\Rightarrow \ln x_1+\ln x_2\geqslant \ln y_1+\ln y_2$

$\Rightarrow U_3(x_1, x_2)\geqslant U_3(y_1, y_2)$

因此，在效用函数 U_3 下，x 也比 y 更受人们偏好。只要把上面的代数运算过程倒转过来，我们就能证明，如果在 U_3 下 x 比 y 更受人们偏好，那么在 U_1 下 x 也比 y 更受人们偏好。□

一个经济行为人给一个商品束分配了 5 的效用，而另一个经济行为人给同一个商品束分配了 1 的效用，这个事实并不意味着第一个经济行为人比第二个经济行为人更偏好这个商品束。这里的数字 5 和 1 只是用来表示偏好的效用函数的人为产物。说这里的 5 比 1 表示的偏好程度更大，就如同比较 32 华氏度和 0 摄氏度，然后说其中一个比另一个更“温暖”一样可笑。

对于个人最大化自己的效用这种观点，有一种随意的批评颇为不屑地声称：那样的话，人们就可以通过选择一个合适的效用函数来解释任何事情了。对于我们观察到的任何行为，只要选择一个可由那种特定的行为最大化的效用函数就可以了。尽管选择你自己的效用函数来解释你想要解释的东西吧。挑战在于如何选择效用函数，以保证它所表示的偏好是一致的（满足传递性、非自

反性等等）。这严重限制了人们可以选择的效用函数的类型。并不是所有的事物都可以通过选择一个代表一致的偏好的效用函数来解释。

5.1 货币是一种商品吗？

你当然可以把货币视为一种商品，在这种情况下，一个人的效用可以看作货币的一个函数。然而，常用的货币并没有内在价值。货币只是达到目的的一种手段。因此，当被视为一种商品时，货币是被用来作为一个代理变量，为某个尚未确定的未来目的建模。

本书第1章引入的理性买家模型就是将货币作为一种商品来处理的。举例来说，假设 x 指一定数量的“唆麻”，w 指一定数量的金钱。那么在理性买家模型中，经济行为人从由 x 单位“唆麻”和 w 单位金钱构成的组合中获得的效用，就可以用 $U(x, w)$ 来表示，它取如下特定的函数形式：

$$U(x, w)=V(x)+w.$$

对于上式中的 $V(\cdot)$，我们将它解释为经济行为人赋予 x 单位“唆麻”的货币价值（即保留价格）。因为 $V(\cdot)$ 与 w 是相加的，所以它们必定是用同一个尺度来衡量的，那就是货币尺度。对于这种类型的效用函数，我们有一个专业术语来称呼它：**拟线性**（quasi-linear）。

113

5.2 什么是商品？

没有两粒玉米是完全相同的。一粒可能是金黄的，另一粒可能带有一点红色或白色。它们的重量、含水量、饱满程度以及是否受潮，都可能有所不同。既然每一粒玉米都是不同的，那么是不是可以认为每一粒玉米都是一种商品呢？如果每一粒玉米都是一种商品，那么每一粒玉米都必须有自己的价格。这无疑是一个无比荒谬的主张，根本不值得加以考虑。当然，也不能认为每一粒玉米都完全等同于其他玉米。这个问题是通过为玉米等粮食引入一定标准来解决的。在美国，这得到了1916年的《国会法案》（Act of Congress）的授权。那么，两粒玉米是足够相似的、可以认为是同一种商品的“实例”的定义究竟是什么呢？这种定义不是给定的，而是构造的。因此，当我们提到商品和服务的类型时，我们有时要依赖于一个由标准、度量方法和习惯等构成的“基础设施”，只是没有意识到这一点而已。没有这种“基础设施”，任何市场都无法存在。至于它是如何形成的，则是一个相当复杂的问题，迄今仍未得到很好的解释。

不过，就玉米而言，政府的立法提供了标准。但是，如果各国政府不能达成一致意见怎么办？香槟就是一个很好的例子。根据法国人的说法，香槟是指用生长在法国香槟地区的葡萄酿造的一种会起泡的酒。① 法国人深谙“绝对不能浪费一场危机”的道理，他们专门在第一次世界大战结束后签订的《凡尔赛和约》（Treaty of Versailles）中加入了一个条款，对香槟进行了定义。但是，美国没有批准这个条约，这使得美国的起泡酒生产商仍然可以自由自在地将它们的产品称为香槟。然而，在 2006 年，美国和欧盟签署了一项葡萄酒贸易协议，禁止美国起泡酒生产商称它们的产品为香槟。不过，“加州香槟”（Korbel）和“米勒奢华生活”（Miller High Life）等历史悠久的品牌则可以援引“祖父条款”而不受这项协议的限制。

最后，卖家并不总是希望实现标准化。如果你认为买车是一场噩梦，那就买一个床垫试试吧。这个行业使用了各种各样的花招，使你无法通过对床垫型号和厚度进行比较来总结出一个合理的价格。例如，虽然床垫制造商向不同的零售商销售的是完全相同或几乎完全相同的床垫，但是每一个制造商都有自己的独家型号名称。对此，读者不妨回顾一下本书第 3 章中关于价格歧视的讨论。

5.3　消费者选择问题

假设某个消费者的收入为 I，p_i 是第 i 种商品的单位价格（$i=1$，…，n）。用 x_i 表示这个消费者购买的第 i 种商品的数量。这个消费者将选择她能负担得起的最偏好的商品束。我们说一个商品束 $x=(x_1, x_2, \cdots, x_n)$ 是负担得起的，是指它的总价格不超过该消费者的收入（即 $\sum_{i=1}^{n} p_i x_i \leqslant I$）。这个消费者最偏好的商品束是能够最大化她自己的效用的商品束。从形式上看，这个消费者要求解如下优化问题：

$$\max U(x_1, x_2, \cdots, x_n)$$

114

$$\text{s.t.}\ \sum_{i=1}^{n} p_i x_i \leqslant I$$

$$x_i \geqslant 0\ \forall i=1, 2, \cdots, n$$

这个问题称为消费者选择问题。

① 法国人对香槟的定义还详细说明了要怎样挤压葡萄、怎样进行发酵等工艺。

例 32：假设 $n=2$，并假设这个假想消费者的偏好可以用效用函数 $U(x_1, x_2)=x_1x_2$ 表示，其收入则为 I。那么，这个消费者在寻找她能负担得起的最偏好的商品束时，要求解的优化问题是

$$\max x_1x_2$$
$$\text{s. t. } p_1x_1+p_2x_2\leqslant I$$
$$x_1, x_2\geqslant 0$$

根据我们在例 31 中的讨论，这个消费者的偏好也可以用函数 $\ln x_1+\ln x_2$ 表示。因此，她的优化问题与下面这个优化问题是等价的

$$\max \ln x_1+\ln x_2$$
$$\text{s. t. } p_1x_1+p_2x_2\leqslant I$$
$$x_1, x_2\geqslant 0$$

这两个优化问题的求解方法是相同的，因为这两个函数表示的是相同的偏好。当然，被优化的函数的取值会有所不同。 □

为了保证消费者选择问题有解，我们需要假设 U 是连续的。要求 U 必须是连续的，反过来又给潜在的偏好施加了一个约束条件。粗略地说，如果商品束 x 比商品束 y 更受偏好，那么充分“接近”于商品束 x 的另一个商品束 z，也会比商品束 y 更受偏好。为了保证只需要使用一阶条件来求解消费者选择问题，我们要求 U 是可微的并满足一个附加条件。这个条件称为凹性（concavity）。事实上，一个比凹性更弱的概念，即通常所称的拟凹性，其实也足够了。它们的正式定义将在下一节中给出。经济学家往往诉诸**收益递减规律**（law of diminishing returns）来证明这个附加条件的合理性：在其他所有商品的消费量保持不变的前提下，某一特定商品的后续单位收益会随着该商品的总消费量的增加而减少。你拥有的盐越多，你想要的额外的盐就越少。在只有一种商品的情况下，这个直觉可以形式化为关于效用函数的二阶导数符号的陈述。假设 x 表示盐的消费量，$U(x)$ 是相关的二次可微的效用函数，那么边际效用递减就等价于

$$\frac{\mathrm{d}^2U(x)}{\mathrm{d}x^2}\leqslant 0$$

115 这就是单变量函数的凹性的条件。读者应该还记得，这也正是单变量函数最优性的二阶条件。

边际效用递减规律最早出现在 18 世纪法国重农主义者安·罗伯特·雅克·杜尔哥（Anne Robert Jacques Turgot）的著作中。他这样写道：

> 土地的肥力就像一个被连续添加的砝码压下的弹簧。如果砝码的重量很小而且弹簧不是很有弹性，最初的几次尝试将不会有结果。但是当砝码的重量超过了阻力，弹簧就会被压下。在承受了一定的压力之后，弹簧又会开始阻止加于其上的额外的力量，以前加在它上面能够将它压低一英寸或更多的砝码，现在却几乎不能将它压下一丝一毫了。所以，不断添加的砝码的效果是逐渐递减的。

这段论述很吸引人，但是也很让人困惑。边际效用递减是考虑效用函数的基数（效用）值如何变化的一个条件。然而，如前所述，效用函数的值是没有任何实际意义的。我们只关心 x 的效用是不是大于 y 的效用，效用之差的大小没有意义。

在只有一种商品的情况下，对边际效用递减规律的一个解释是，它使得我们在求解优化问题时不用再去验证二阶条件了。这是一种诚实但无法令人满意的解释。更合理的解释将在本章后面给出。

5.3.1 凹性和拟凹性

一个向量的集合 C 是**凸的**（convex），如果对于每一个 $\lambda\in[0, 1]$ 和 x，$y\in C$，下式都成立：

$$\lambda x+(1-\lambda)y\in C$$

从几何上看，如果一个集合中的任意两个点之间的连线完全位于集合内部，那么这个集合就是一个凸集。同样地，C 内任意两个点的加权平均也在 C 内。最典型的凸集是由一个圆圈包围起来的区域。图 5.1 显示了凸集的另一个例子。

图 5.2 显示了非凸集的一个例子。

我们称一个定义域为凸集的函数 U 是**凹的**（concave），如果对于每一个 $\lambda\in[0, 1]$，对于 U 的定义域内的任意两个向量 x 和 y，都有：

$$U(\lambda x+(1-\lambda)y)\geqslant\lambda U(x)+(1-\lambda)U(y)$$

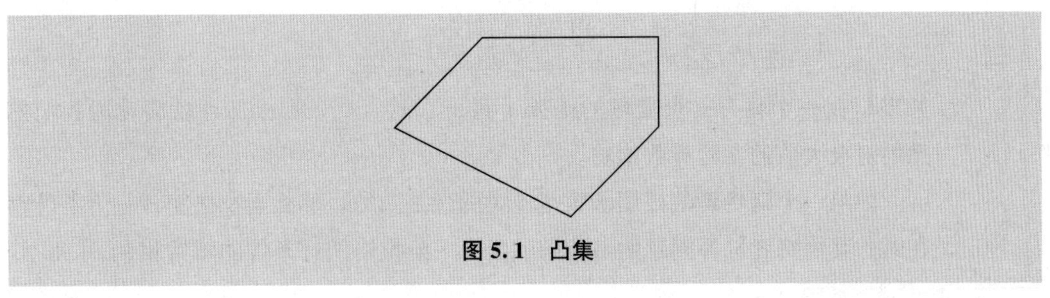

图 5.1 凸集

116

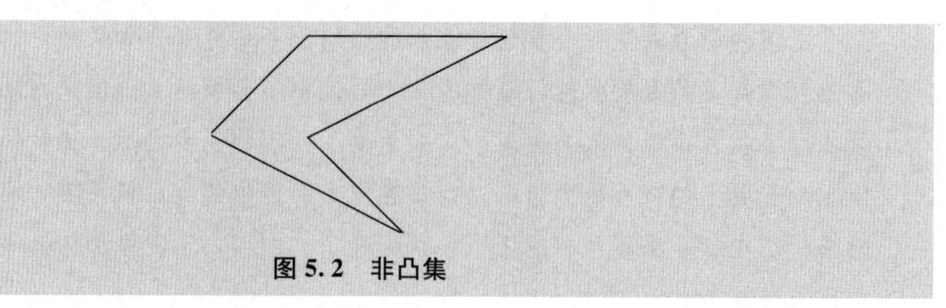

图 5.2　非凸集

通俗地说，效用函数是凹的，意味着平均值的效用大于效用的平均值。图 5.3 给出了单实变量凹函数的一个例子。

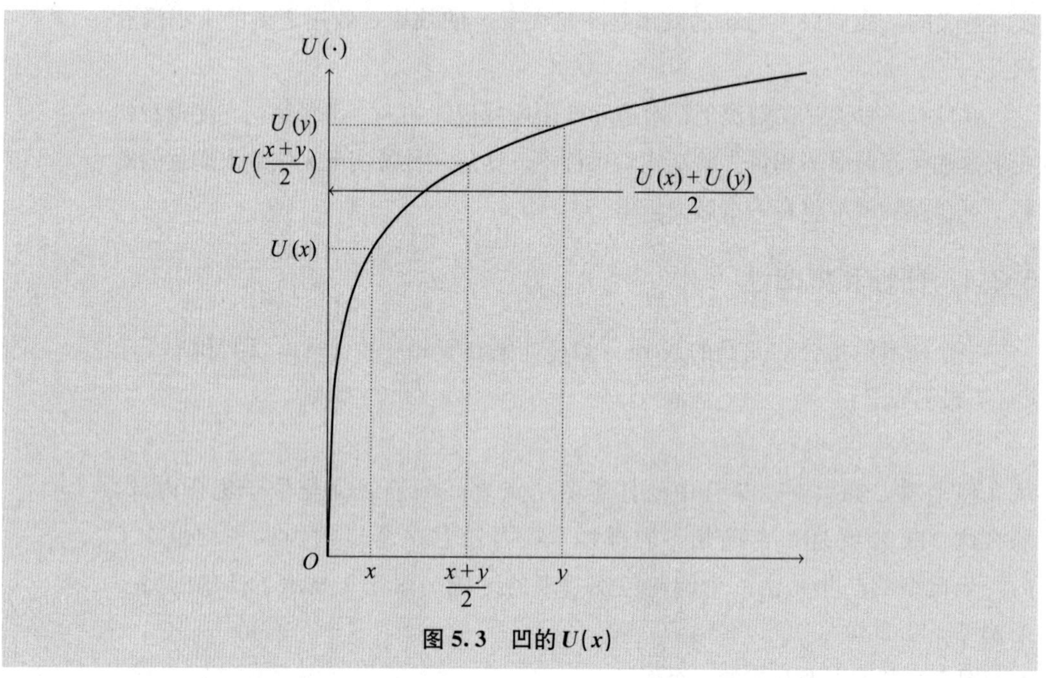

图 5.3　凹的 $U(x)$

如果 $x=(x_1, x_2)$，且 $U(x)$ 存在二阶偏微分，那么函数 U 的凹性可以通过如下黑塞（Hessian）行列式来验证：

$$\frac{\partial^2 U}{\partial x_1^2},\ \frac{\partial^2 U}{\partial x_2^2} \leqslant 0,$$

$$\left(\frac{\partial^2 U}{\partial x_1^2}\right)\left(\frac{\partial^2 U}{\partial x_2^2}\right)-\left(\frac{\partial^2 U}{\partial x_1 x_2}\right)\left(\frac{\partial^2 U}{\partial x_2 x_1}\right) \geqslant 0$$

如果 U 是一个只有一个变量的函数［例如，$U(x_1)$］，那么凹性就简化为我们熟悉的对极大值的二阶导数检验。

如果一个消费者的效用函数是连续的且是凹的，那么当拉格朗日一阶条件存在时，其消费者选择问题的最优解就是由一阶拉格朗日条件的解给出的。[①] 事实

① 一阶条件不一定有解，因此我们必须检查边界条件。

上，还可以用一个比凹性更弱的条件来代替凹性，这个条件称为拟凹性。我们将 117
函数 U 在阈值 q 处恰好能够提供效用 q 的非负向量集称为**无差异曲线**（indifference curve）$I_q(U)$：

$$I_q(U)=\{x\geqslant 0: U(x)=q\}$$

例 33： 考虑效用函数 $U(x)=\log x$，选择一个阈值 q，在阈值 q 处的无差异曲线将是 $\{x\geqslant 0: \log x=q\}$。其中只有一个点，$e^q$。□

例 34： 考虑效用函数 $U(x_1, x_2)=x_1x_2$。选择一个阈值 q，那么在阈值 q 处的无差异曲线就是能够使得 $x_1x_2=q$ 的商品束 (x_1, x_2) 的集合。图 5.4 显示了无差异曲线 $x_2=\frac{q}{x_1}$ 在 q 取三个不同的值处的图形。

不妨考虑一下在阈值 $q=1$ 和 $q=2$ 处的无差异曲线。很明显可以看出，$I_1(U)=\{(x_1, x_2)\geqslant 0: x_1x_2=1\}$，$I_2(U)=\{(x_1, x_2)\geqslant 0: x_1x_2=2\}$。曲线 $I_2(U)$ 上的每个商品束都提供了恰好为 2 的效用。曲线 $I_1(U)$ 上的每个商品束都提供了恰好为 1 的效用。因此，任何一个经济行为人，只要可以用这个例子的效用函数表示她的偏好，那么她就会严格地更偏好 $I_2(U)$ 上的每个商品束，而不是 $I_1(U)$ 上的商品束。从 $I_2(U)$ 位于 $I_1(U)$ 之上这个事实可以直观地看出这一点。读者可以自行验证这个事实。□

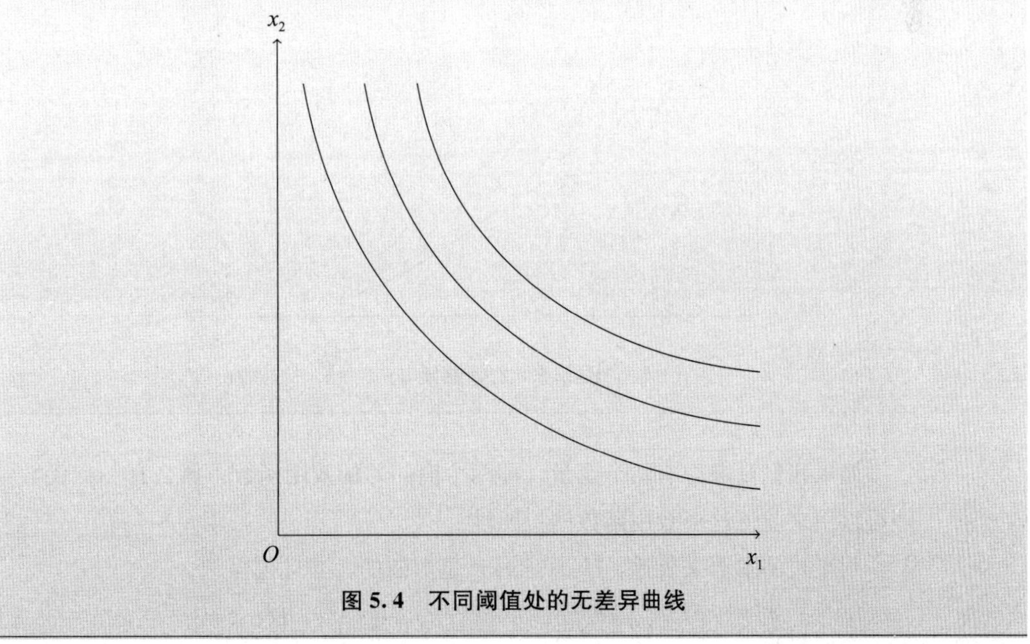

图 5.4 不同阈值处的无差异曲线

我们将函数 U 在阈值 q 处满足如下条件的向量的集合 $Cq(U)$ 称为**上等值集**

118 (upper contour set)

$$Cq(U)=\{x\geqslant 0：U(x)\geqslant q\}$$

换句话说，$Cq(U)$ 就是至少能够提供 q 的效用的商品束的集合。在阈值 q 处的上等值集的“下”界，就是在阈值 q 处的无差异曲线。

例 35：考虑函数 $U(x)=\log x$。选择一个阈值 q。阈值 q 处的上等值集为 $\{x\geqslant 0：\log x\geqslant q\}$。这就是至少与 e^q 一样大的数值的集合。□

如果 $Cq(U)$ 对于每个 q 值都是一个凸集，那么我们就称函数 U 是**拟凹的**(quasi-concave)。

例 36：考虑效用函数 $U(x_1，x_2)=x_1^{0.7}x_2$。选择一个阈值 q。在阈值 q 处的无差异曲线是能够使得 $x_1^{0.7}x_2=q$ 的商品束 $(x_1，x_2)$ 的集合。在图 5.5 中，我们绘制出曲线 $x_2=qx_1^{-0.7}$。无差异曲线右上方的区域，就是阈值 q 处的上等值集。凭肉眼观察就可以看出，这个区域是凸的，因此这个效用函数是拟凹的。□

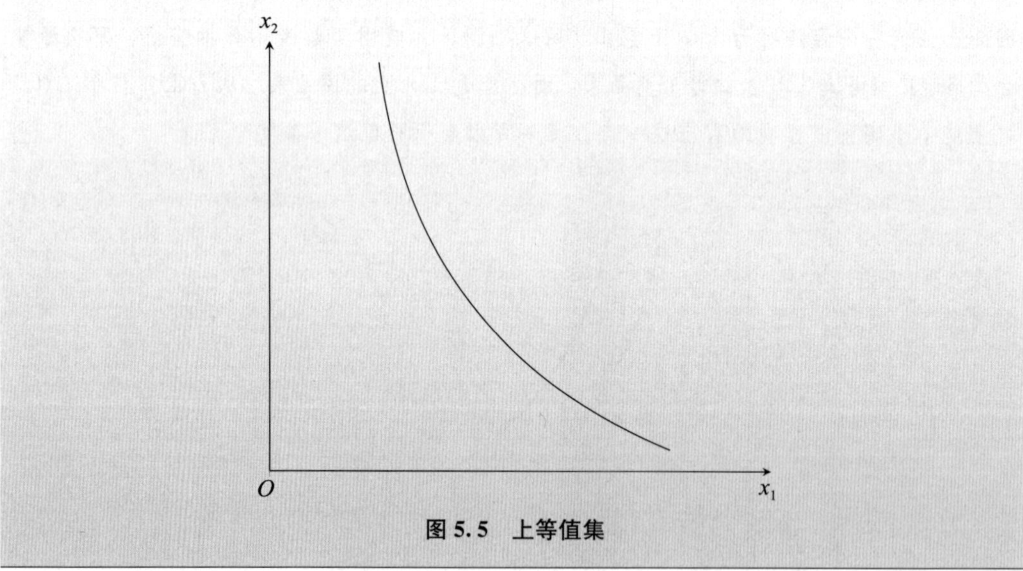

图 5.5 上等值集

119 如果我们只考虑有两个变量（即两个商品）的效用函数，那么有一个代数条件可以用来验证这个效用函数的拟凹性。

用正式的术语来表述，$U(x_1，x_2)$ 是拟凹的，当且仅当

$$\left(\frac{\partial U}{\partial x_1}\right)^2\frac{\partial^2 U}{\partial x_2^2}-2\frac{\partial U}{\partial x_1}\frac{\partial U}{\partial x_2}\frac{\partial^2 U}{\partial x_1\,\partial x_2}+\left(\frac{\partial U}{\partial x_2}\right)^2\frac{\partial^2 U}{\partial x_1^2}\leqslant 0 \qquad (5.1)$$

在第 5.7 节中，我们将利用这个条件来证明拟凹性假设。

一个凹函数必定是拟凹的，但是反命题不成立。下面这个例子说明了这一点。

例 37： 考虑函数 $U(x)=-\log x$，它的二阶导数为正，因此它显然不是凹的。然而，它的上等值集只是一个区间，因此显然是凸的。所以，这个函数是拟凹的。□

接下来再给出一个效用最大化问题的例子。

例 38： 假设我们现在有两种商品，商品 1 和商品 2，用 x_i 表示购买来用于消费的第 i 种商品的数量（$i=1$，2）。经济行为人的效用函数为 $U(x_1, x_2)=16x_1^4x_2^8$。用 p_i 表示第 i 种商品的单位价格，那么这个经济行为人的效用最大化问题为

$$\max 16x_1^4x_2^8$$
$$\text{s. t.}\ \ p_1x_1+p_2x_2\leqslant I$$
$$x_1,\ x_2\geqslant 0$$

因为效用函数是单调的，所以在最优时，预算约束的等号成立（即 $p_1x_1+p_2x_2=I$）。先暂且放弃对 x_i 变量的非负性限制（我们必须记住，最后必须验证得到的解是否满足这里省略掉的非负性约束），这个优化问题就变成了

$$\max 16x_1^4x_2^8$$
$$\text{s. t.}\ \ p_1x_1+p_2x_2=I$$

这个问题可以用拉格朗日乘数法求解。拉格朗日表达式为

$$\mathcal{L}(x_1,\ x_2,\ \lambda)=16x_1^4x_2^8+\lambda(I-p_1x_1-p_2x_2)$$

相关的一阶条件则为：

$$\frac{\partial \mathcal{L}}{\partial x_1}=64x_1^3x_2^8-\lambda p_1=0,$$

$$\frac{\partial \mathcal{L}}{\partial x_2}=128x_1^4x_2^7-\lambda p_2=0,$$

$$\frac{\partial \mathcal{L}}{\partial \lambda}=I-p_1x_1-p_2x_2=0$$

120

这是一个由三个方程组成的方程组，而且只有三个变量：x_1、x_2 和 λ。* 求解 x_1 和 x_2，我们得到

$$x_1=\frac{I}{3p_1},\ x_2=\frac{2I}{3p_2}$$

* 这里原文为“而且只有三个变量：x、x_2 和 λ”，疑有误，已根据文意修改。——译者注

基于该效用函数的拟凹性，我们可以得出这样的结论：这确实是一个最优解。请注意，使效用最大化的商品束依赖于单位价格和经济行为人的收入。 □

接下来我们再给出一个非拟凹函数的例子。

例 39：考虑效用函数 $U(x_1, x_2)=x_1^2+x_2^2$。为了说明它不是拟凹的，考虑阈值 1 处的无差异曲线：

$$\{(x_1, x_2)\geqslant 0: x_1^2+x_2^2=1\}$$

很容易看出，这就是四分之一个圆。这四分之一个圆上方区域的上等值集位于非负象限。图 5.6 显示了三个不同阈值处的无差异曲线。离原点最远的四分之一个圆是阈值 1 处的无差异曲线。如果我们选择 $x'=(1, 0)$，$x''=(0, 1)$，以及 $\lambda=1/2$（即将 x' 和 x'' 连接起来的线段的中点），那么 $\frac{1}{2}x'+\frac{1}{2}x''=(0.5, 0.5)$，位于上等值集之外。 □

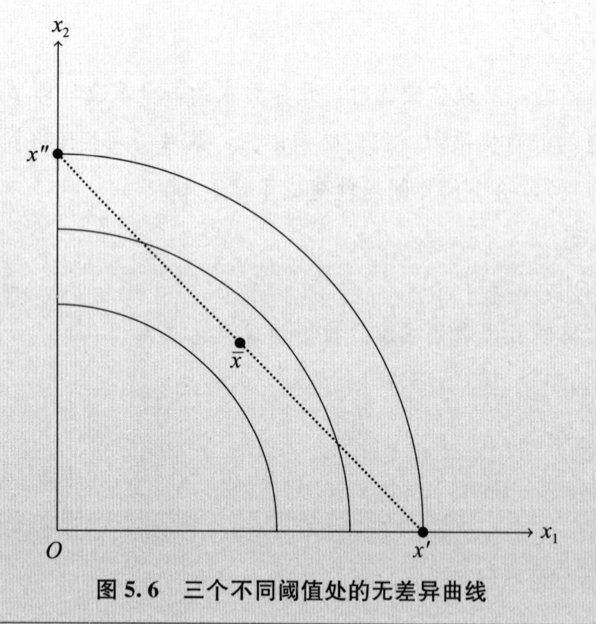

图 5.6　三个不同阈值处的无差异曲线

121 下面这个例子说明了，为什么当效用函数非拟凹的时候，一阶条件就不足以满足最优性。

例 40：考虑下面这个约束条件下的效用最大化问题：

$$\max x_1^2+x_2^2$$

$$\text{s. t. } p_1x_1+p_2x_2=I$$

注意，预算约束是用一个等式来表示的，这源于效用函数的单调性。也就是说，为了最大化效用，消费者要花掉所有的收入。对 x_1 和 x_2 的非负性约束在这里省略了。我们可以在求解后再来检查结果是否满足非负性约束。

拉格朗日表达式为

$$\mathcal{L}(x_1, x_2, \lambda)=x_1^2+x_2^2+\lambda(I-p_1x_1-p_2x_2),$$

而一阶条件则为

$$2x_1-\lambda p_1=0$$

$$2x_2-\lambda p_2=0$$

$$I-p_1x_1-p_2x_2=0$$

在图 5.7 中，三条无差异曲线的中间那条在 x^* 处与预算线相切。然而，在预算线上还有另一个商品束 y，它位于无差异曲线上，具有更高的阈值（位于离原点最远的无差异曲线上），因此具有比 x^* 更高的效用。因此，从一阶条件的解并不能得到最大值。 □

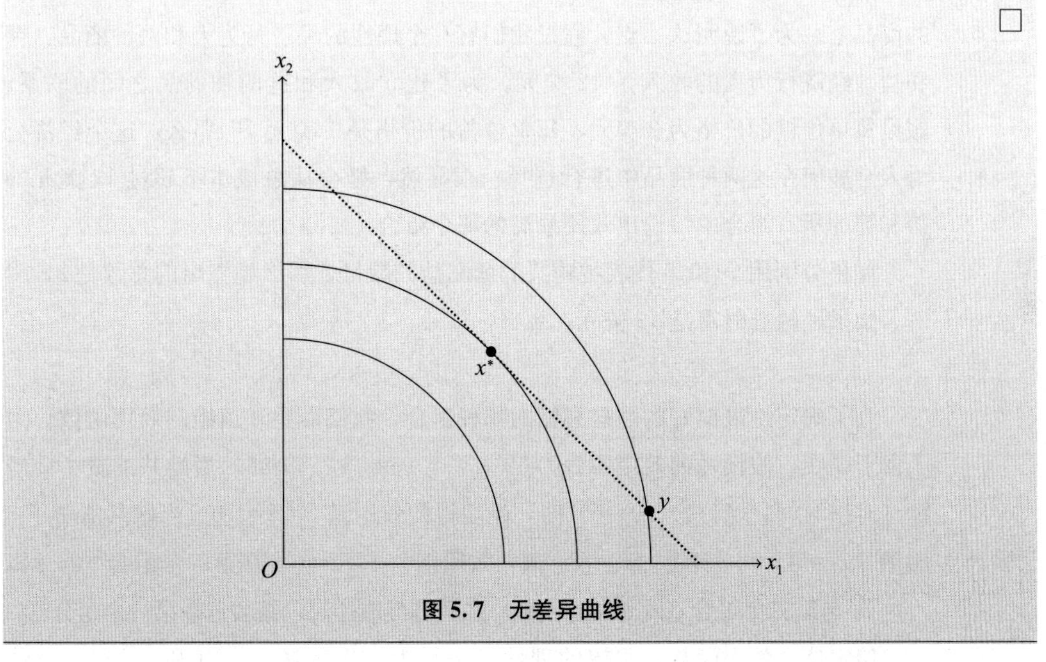

图 5.7　无差异曲线

在本章的剩余部分，我们将讨论限于只有两种商品的情形。当然，这种讨论得到的观点也适用于有三种或更多的商品的情形。当只有两种商品的时候，消费者要面对的选择问题的一般形式是 122

$$\max U(x_1, x_2)$$

$$\text{s. t.}\ \ p_1x_1+p_2x_2\leqslant I$$

$$x_1, x_2\geqslant 0$$

我们用 $(x_1(p_1, p_2, I), x_2(p_1, p_2, I))$ 表示该问题的最优解或最优商品束。

这种表示方法能够突显出最优商品束对价格和收入的依赖性。经济行为人通过这个能够使效用最大化的商品享受到的效用称为**间接**效用函数。这个间接效用函数取决于 p_1，p_2 和 I，记为 $V(p_1, p_2, I)$。因此我们有：

$$V(p_1, p_2, I)=U(x_1(p_1, p_2, I), x_2(p_1, p_2, I))$$

例 41：回顾一下前面的例 38。在那个例子中：

$$V(p_1, p_2, I)=16\, x_1(p_1, p_2, I)^4 x_2(p_1, p_2, I)^8=16\left(\frac{I}{3p_1}\right)^4\left(\frac{2I}{3p_2}\right)^8 \qquad \square$$

5.4 效用与消费

知道一个人的效用函数和他的收入，就可以预测他会如何将收入分配到不同的商品上。为了说明这一点，假设我们有一个理性的经济行为人和两种商品：糖和盐。经济行为人的收入是 12 美元。为了建立收入和这两种商品之间的联系，假设每单位糖的价格为 2 美元、每单位盐的价格是 1 美元。[①] 那么，这个经济行为人会如何在这两种商品中进行选择？很显然，她会从总成本不超过 12 美元的盐和糖的所有组合中，选出效用最高的那个组合。

如果分别用 x_1 和 x_2 代表她购买的糖和盐的数量，那么她支出的总数是 $2x_1+x_2$。如果她的总财富是 12 美元，那么

$$2x_1+x_2\leqslant 12$$

为了确定她最偏好的是盐和糖的哪种组合，我们需要知道她的效用函数。为了便于说明，假设她的效用函数为 $U(x_1, x_2)=x_1x_2$。例如，当她共消费了 2 磅糖（$x_1=2$）和 5 磅盐（$x_2=5$）时，她获得的效用是 $2\times 5=10$。当她共消费了 3 磅糖（$x_1=3$）和 2 磅盐（$x_2=2$）时，效用则为 $3\times 2=6$。在第一个组合（$x_1=2$，$x_2=5$）与第二个组合（$x_1=3$，$x_2=2$）之间进行选择时，她会选择第一个组合。

123 给定这个效用函数，假想的理性经济行为人将选择 $x_1\geqslant 0$ 和 $x_2\geqslant 0$，以使 $2x_1+x_2\leqslant 12$ 且 x_1x_2 的值最大化。从形式上看，她需要求解下面这个优化问题：

$$\begin{aligned}&\max x_1x_2\\&\text{s.t. } 2x_1+x_2\leqslant 12\\&x_1, x_2\geqslant 0\end{aligned}$$

给定的效用函数的单调性意味着，她将会把她所有的财富都花在糖和盐上。因

① 我们假设这个经济行为人的选择不会影响价格，而且她的寿命不会超过一天。

此，我们可以假设她的预算约束的等号成立，即

$$2x_1+x_2=12$$

因此，她的效用最大化问题就变成了

$$\max x_1x_2$$
$$\text{s.t. } 2x_1+x_2=12$$
$$x_1, x_2\geqslant 0$$

我们先试着用常识来求解这个优化问题。我有 12 美元可以花。因为我没有糖和盐，我现在的效用是零。我应该把这 12 美元中的**第一个**美元花在哪里？假设我用它买糖。糖的价格为每磅 2 美元，因此我可以买半磅糖。如果我这样做了，我将拥有半磅糖（$x_1=1/2$）但没有任何盐（$x_2=0$），因此我的效用将是（$1/2)\times 0=0$。也就是说，效用没有任何改进！

假设我用第一个美元去买盐，那么我仍然没有糖（$x_1=0$）但拥有 1 磅盐（$x_2=1$），此时我的效用也是零（$0\times 1=0$）。所以第一个美元花在什么东西上并不重要。效用的增加是一样的。没有任何特别理由地，我决定把第一个美元花在盐上。在购买了盐之后，我的效用仍然是零。

那么**第二个**美元该怎么花呢？如果我把它花在糖上，我可以获得半磅糖（$x_1=1/2$），因为我已经用第一个美元购买了 1 磅盐（$x_2=1$），所以我的效用将是（$1/2)\times 1=1/2$。这就是说，效用比原来增加了 1/2。

或许，如果我一味追求刺激，也可以把第二个美元继续花在盐上。让我们看看这样做会发生什么。$x_1=0$（因为我仍然没有糖），$x_2=2$，因而效用是 $0\times 2=0$，没有任何改善。显然，我应该把第二个美元花在糖上。这样一来，现在我有半磅糖和 1 磅盐，效用是 1/2。

那么，我应该怎么花我的**第三个**美元呢？如果我把钱花在糖上，我就有了 1 磅糖（$x_1=1$）和 1 磅盐（$x_2=1$），因而效用是 $1\times 1=1$，比原来的效用增加了 1/2。

而如果我把第三个美元花在盐上，$x_1=1/2$，$x_2=2$，得到的效用是（$1/2)\times 2=1$，比之前的效用增加了 1/2。因此，这一美元的糖和这一美元的盐，能使我的效用增加同样的数量。同样，没有任何特别理由地，我决定打破僵局，选择糖。所以，我把第三个美元花在了糖上。现在，我拥有 1 磅糖和 1 磅盐，效用是 1。

接下来，我应该怎么花我的**第四个**美元呢？如果我把它花在糖上，那么 $x_1=$ 124
1.5，$x_2=1$，得到的效用是 1.5。如果我把它花在盐上，$x_1=1$，$x_2=2$，得到的效用是 2。因为用它买盐能带来最大的效用增量，所以我会把第四个美元花在盐上。现在，我拥有 1 磅糖和 2 磅盐。

至此，推理过程应该很清楚了。在每一个阶段，我都会把钱花在能带来最大效用的商品上。有意思的地方也就在这里：在这种情况下，常识将指导人们实现

效用最大化的配置。请读者完成这个推导过程，最后你会发现，如果没有出现算术错误，效用最大化的配置是 $x_1=3$ 和 $x_2=6$，得到的效用为 18。

因此，在选择如何在糖和盐之间分配她拥有的那 12 美元时，我们这个理性的经济行为人一直关注两件事。第一件事是增加一单位商品的收益，第二件事是这个单位商品的价格。这个思想的正式表述就是边际效用原则，接下来会讨论。

5.5 边际效用

经济行为人从消费中获得的满足感称为他的效用，我们用一个效用函数来衡量它。① 一种商品的**边际效用**（marginal utility）是对该商品的消费增加了无限小的数量而产生的效用的增量。② 它是效用函数对代表有关商品数量的变量的导数（同时另一商品的数量则保持不变）。因此第 i 种商品的边际效用是$\frac{\partial U}{\partial x_i}$。

将总效用和边际效用区分清楚是很重要的。试考虑以下决策问题：如果你必须完全放弃盐或者完全放弃糖，你会选择放弃哪一种？在进行选择时，你要通过比较对盐和糖的总消费的效用来做出决定。换句话说，你要比较盐消费的总效用和糖消费的总效用。

接下来再考虑下面这个决策：是每年增加 1 磅的盐消费，还是每年增加半磅的糖消费？在这种情况下，你是在比较盐消费的少量增加的效用和糖消费的少量增加的效用。也就是说，你比较的是盐的边际效用和糖的边际效用。

为什么这个区分很重要？因为选择是由边际效用而不是总效用决定的。阿尔弗雷德·马歇尔（Alfred Marshall，1842—1924）是最早得出这一结论的经济学家之一。他是这样说的：

> ……良好的管理体现在对每种支出停止前的边际调整上——要使得每种支出中值一先令的商品的边际效用都相等。每个人都可以得到这样的结果：只要不断地观察，注意自己是不是在某样东西上花了太多的钱，如果那样的话，只要从那种支出中取出一点钱来，用到其他支出上去，就可以得到一些好处。

125 换句话说，选择适当的盐和糖的组合，使得 1 美元的盐产生的效用与 1 美元的糖产生的效用相等。为了将马歇尔的思想用数学形式来表述，我们令 p_1 和 p_2

---

① 我承认，这是一种循环定义。

② 一个更好的术语也许是**增量**效用（incremental utility），但是它不是经济学家使用的。

分别表示糖和盐的单价，于是如马歇尔所说，在能够使效用最大化的商品束中，下式必定成立：

$$\frac{\frac{\partial U}{\partial x_1}}{p_1}=\frac{\frac{\partial U}{\partial x_2}}{p_2}$$

如果我们将边际效用视为额外的一单位商品带来的效用，那么上式就告诉我们，为了最大化效用，应该分配我们的支出，使得每一美元在每件商品上的效用相等。这就是**等边际原则**（equimarginal principle）。不过，这个原则并不总是有效的。它需要一个限定条件：效用最大化的商品束必须位于预算线的内部。下面将对此进行更详细的讨论。

让我们用本节开始时提出的那个优化问题来验证等边际原则：

$$\begin{aligned}&\max x_1x_2\\&\text{s. t. } 2x_1+x_2=12\\&x_1,\ x_2\geqslant 0\end{aligned}$$

如前所述，最优解为 $x_1=3$，$x_2=6$，这种分配下的总效用是 18。现在我们计算糖的边际效用（保持盐的数量不变）。将当前的糖的数量增加 1 磅。新的效用是 $(3+1)\times6=24$。因此，额外增加 1 磅糖所增加的效用是 $24-18=6$。同样，增加 1 磅盐的效用是 $3\times(6+1)-18=3$。糖的边际效用是 6，盐的边际效用是 3。现在检查每种商品的边际效用（收益）与价格（成本）的比率。糖是 6/2，盐是 3/1（即两者相等）。

等边际原则最重要的含义是，对一种商品的需求不仅取决于它的价格，还取决于所有其他商品的价格。只有当一种商品相对于价格的感知价值超过了所有其他消费选项相对于价格的感知价值的时候，消费者才会购买更多这种商品。①

5.5.1　等边际原则的推导

等边际原则可以说是拉格朗日乘数法的一个结果。为什么？为了说明此中缘由，考虑一下我们那个假想的消费者，她要选择糖和盐的适当数量以实现效用最大化，即求解如下优化问题：

$$\begin{aligned}&\max U(x_1,\ x_2)\\&\text{s. t. } p_1x_1+p_2x_2=I\\&x_1,\ x_2\geqslant 0\end{aligned}$$

---

① 是的，我指的就是全部。比如说，当我决定要不要买冰激凌的时候，我不会只与其他的冰激凌做比较，因为我可以把钱花在巧克力慕斯、咖啡、提拉米苏上，或者用于洗衣。

126 这里需要注意的是，收入约束是用一个等式而不是不等式表示的。再一次，我们根据效用函数的单调性断言，消费者会把她所有的收入都花在这些商品上。拉格朗日表达式为

$$\mathcal{L}(x_1, x_2, \lambda)=U(x_1, x_2)+\lambda(I-p_1x_1-p_2x_2)$$

最优性的一阶条件是

$$\frac{\partial U}{\partial x_1}-\lambda p_1=0$$

以及

$$\frac{\partial U}{\partial x_2}-\lambda p_2=0$$

将上面两式相除就可以得到等边际原则。

下面的图 5.8 给出了等边际原则的示意图。在图中，U_0是在预算约束下达到的最大效用水平。图中显示了阈值 $q=U_0$处的无差异曲线。点（x_1^*，x_2^*）是效用最大化的商品束［也就是说，$U(x_1^*, x_2^*)=U_0$］。它必定既在无差异曲线上，又在预算线 $p_1x_1+p_2x_2=I$ 上。注意，这是预算线与无差异曲线相切的点，这样就在几何上重申了等边际原则。

读者应该牢记在心的是，最优性的一阶条件并不总是有解。为了说明此中缘由，考虑以下消费者选择问题：

$$\max U(x_1, x_2)=3x_1+x_2$$
$$\text{s. t. } p_1x_1+p_2x_2=I$$
$$x_1, x_2\geqslant 0$$

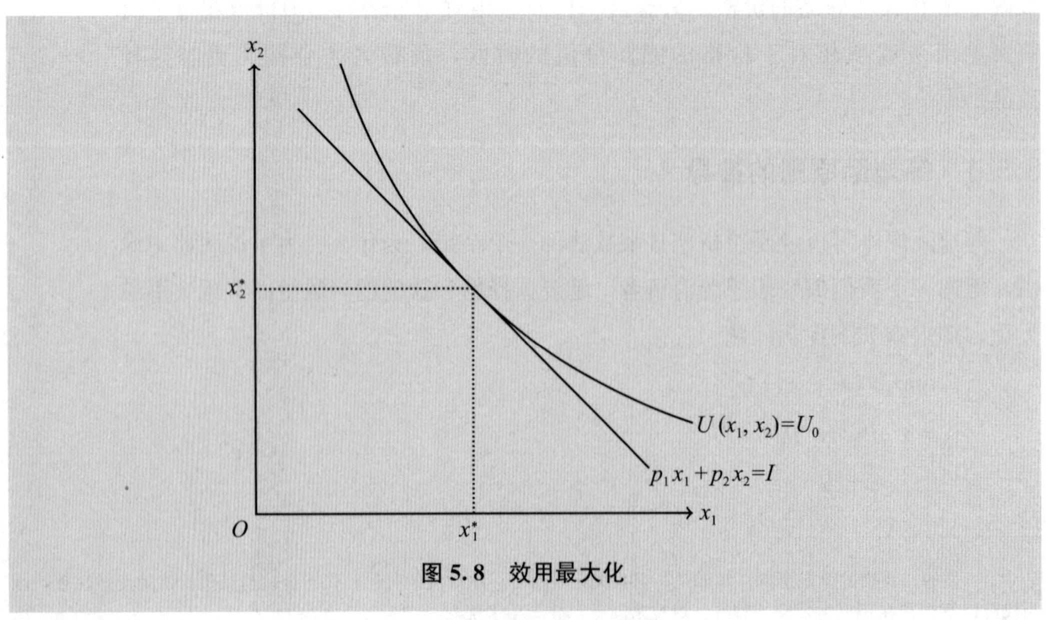

图 5.8 效用最大化

拉格朗日表达式为 127

$$\mathcal{L}(x_1, x_2, \lambda)=3x_1+x_2+\lambda(I-p_1x_1-p_2x_2)$$

最优性的一阶条件是

$$\frac{\partial U}{\partial x_1}-\lambda p_1=3-\lambda p_1=0$$

以及

$$\frac{\partial U}{\partial x_2}-\lambda p_2=1-\lambda p_2=0$$

这要求 $\lambda=\frac{3}{p_1}=\frac{1}{p_2}$，但是这不一定能够成立，除非 p_1 和 p_2 取一些非常特殊的值。在这种情况下，使效用最大化的商品束必须出现在预算线的某个角点上，而这就违背了等边际原则。从图 5.9 中可以很清楚地看出这一点。无差异曲线（实线）在任何阈值处都是一条直线。它在某一点上与预算线（虚线）相交，而这一点显然不是效用最大化的。很显然，无差异曲线仍有向外推进的空间，且仍然与预算线相交。在这张图中，预算线右下角的点（$\frac{1}{p_1}$，0）——在预算线的右下角处——显然对应于效用最大化的商品束。完整的分析请参阅下面的例 42。

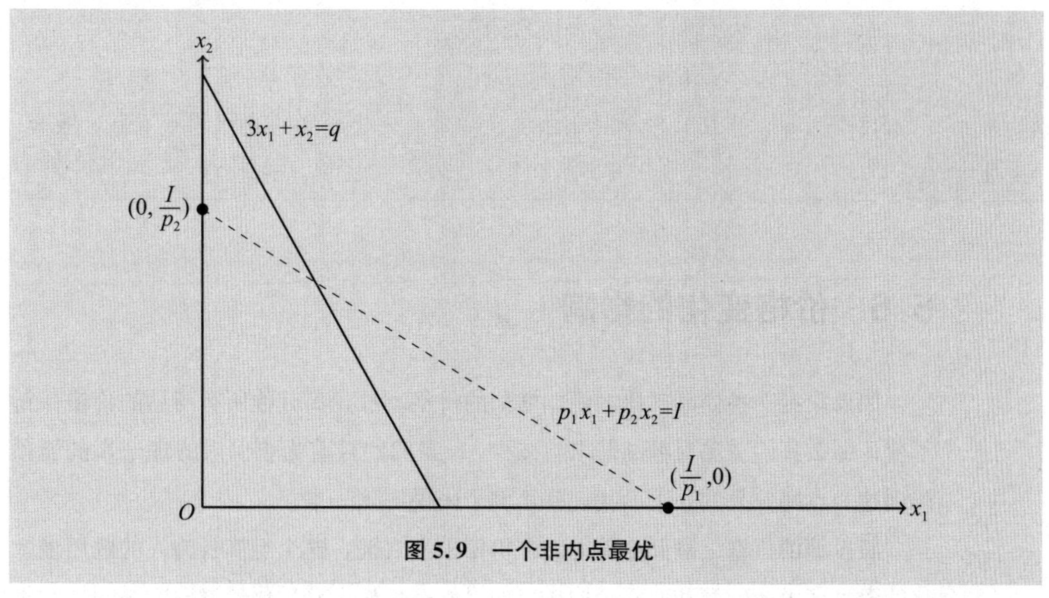

图 5.9　一个非内点最优

例 42：考虑如下优化问题

$$\max U(x_1, x_2)=2x_1+x_2$$

$$\text{s.t.}\ \ p_1x_1+p_2x_2=I$$

$$x_1, x_2\geqslant 0$$

读者应该很容易验证这个效用函数是拟凹的。

128 如果

$$\frac{2}{p_1}=\frac{1}{p_2}\Rightarrow p_1=2p_2$$

那么能够使得预算约束 $p_1x_1+p_2x_2=I$ 成立的 x_1，x_2 的任何组合，都可以使得效用最大化。然而，只要 $p_1\neq 2p_2$，我们得到的就是一个角点解。如果 $p_1<2p_2$，那么将所有收入都花在商品 1 上是最优的。为了更清楚地看到这一点，只需注意到，如果 $p_1<2p_2$，我们就可以把所有收入都花在商品 1 上，从而得到 $\frac{I}{p_1}$ 单位的商品 1；或者也可以把所有收入都花在商品 2 上，得到 $\frac{I}{p_2}$ 单位的商品 2。而从效用的角度来看，要么只购买商品 1，得到的效用为 $\frac{2I}{p_1}$；要么只购买商品 2，得到的效用为 $\frac{I}{p_2}$。由于 $p_1<2p_2$，所以我们将严格地更倾向于只购买商品 1。从同样的推理可知，如果 $p_1>2p_2$，那么我们就会把所有收入都花在商品 2 上。因此，最优商品束由下式给出

$$x_1^*(p_1, p_2, I)=\begin{cases}I/p_1 & \text{如果 } p_1<2p_2\\ 0 & \text{如果 } p_1>2p_2\end{cases}$$

$$x_2^*(p_1, p_2, I)=\begin{cases}0 & \text{如果 } p_1<2p_2\\ I/p_2 & \text{如果 } p_1>2p_2\end{cases}$$

如果 $p_1=2p_2$，那么 $x_1\geqslant 0$ 且 $x_2\geqslant 0$ 的任意组合，只要能让预算约束的等号成立，就都是最优的。 □

5.6 价格变化的影响

如果只有一种商品（比如说，糖）的价格上涨，而其他所有商品的价格保持不变，那么我们预测对糖的需求会减少。[①] 我们到目前为止引入的理论真的能预测到这一点吗？是的。下面我们就用例子来说明这一点。

假设糖的价格上涨到 3 美元。在价格上涨之前，这个经济行为人的效用最大化的商品束由 3 磅糖和 6 磅盐构成。如果她在价格上涨后仍然试图购买同样数量的这两种商品，总价格就会超出 12 美元的预算。因此，她必须放弃一些糖或盐，

---

① 罗伯特·吉芬（Robert Giffen）爵士认为有些商品违反了需求定律（也就是说，它们的需求会随着价格的上涨而增加）。他注意到，在劳动阶级中，对面包的需求随着价格的上涨而增加。然而，吉芬忘记了检验收入在面包价格上涨期间是不是保持不变。读者应该考虑如何利用收入的变化和本节中描述的需求理论来解释吉芬观察到的现象。

又或者两者各放弃一些。

为了确定她必须放弃什么，我们要问这样一个问题：她应该放弃 1 美元的糖还是 1 美元的盐？如果她放弃了价值 1 美元的糖（记住，我们现在要用新的价格了），就意味着她放弃了 1/3 磅的糖。她在做出这个牺牲前的效用 129
为 $3\times6=18$。她在放弃了 1/3 磅糖后的效用则是 $(3-1/3)\times6=16$，总效用减少了 2。

如果她放弃了 1 美元的盐，也就意味着她放弃了 1 磅的盐。同样的计算表明，她的总效用下降了 $18-3\times(6-1)=3$。

那么，她到底应该放弃哪一种商品？显然是糖，因为放弃它，她的效用减少得更少一些。请读者注意，为了回答这个问题，我们考察了边际效用与价格的比率。如果她的支出减少了 1 美元，但是仍然超出了预算，她就可以重复这个过程。重要的是，她是通过减少糖的消费来应对糖的价格上涨的。

如果计算准确，那么在价格上涨后，她将会购买 2 磅糖和 6 磅盐。注意，对糖的需求量从 3 磅下降到了 2 磅。对盐的需求量则保持在 6 磅。

5.7 互替品和互补品

我们称商品 1 是商品 2 的**替代品**，如果$\frac{dx_1(p_1, p_2, I)}{dp_2}>0$。或者换句话说，如果商品 2 的价格上升（同时商品 1 的价格保持不变），对商品 1 的需求上升，那么商品 1 就是商品 2 的替代品。当商品 2 的价格上升时，消费者通过增加对商品 1 的消费来补偿对商品 2 的消费数量的减少，从而努力地维持与以前相同的效用水平。消费者愿意通过放弃商品 i 以换取商品 j 的比率——同时保持其他商品的消费不变、保持相同的效用水平不变——称为商品 i 与商品 j 之间的**边际替代率**（marginal rate of substitution，*MRS*）。更正式地，商品 i 与商品 j 之间的边际替代率为

$$MRS(i, j)=\frac{\frac{\partial U}{\partial x_i}}{\frac{\partial U}{\partial x_j}}$$

$MRS(i, j)$ 为无差异曲线斜率的负值。

例 43：这一点可以通过下面这个效用函数来得到很好的说明：$U(x_1, x_2)=2x_1+4x_2$。在阈值 q 处的无差异曲线是能够使得下式成立的点 (x_1, x_2) 的集合

$$2x_1+4x_2=q$$

从图形上看，这条无差异曲线是一条斜率为$-1/2$的直线（x_1在横轴上，x_2在纵轴上）。

假设消费的初始商品束为（2，3），该商品束的效用为$2\times2+4\times3=16$。如果我们的假想消费者放弃了y单位商品1，其效用会下降为$16-2y$。但是，她可以通过多消费$y/2$单位的商品2来恢复到原来的效用水平。因此，这个消费者愿意用1单位的商品1来交换1/2单位的商品2［即，$MRS(1,2)=1/2$］。□

第5章 130

两种商品的效用函数的拟凹性，可以用**边际替代率递减**（diminishing marginal rates of substitution）的性质来证明。锁定某个阈值，比如q处的一条无差异曲线$I_q(U)$，然后增加对商品1的消费量（即增加x_1），但是效用要继续保持在无差异曲线$I_q(U)$上。这条无差异曲线的斜率将变为较小的负值，而这就意味着商品1对商品2的边际替代率在下降。当经济行为人沿着$I_q(U)$向右移动时，她开始消费更多商品1、更少商品2，因此商品1相对于商品2的边际价值不断下降。也就是说，当经济行为人拥有了更多的商品1和更少的商品2时，她将只愿意放弃更少的商品2来获得另一单位商品1。从形式上看，即

$$\frac{\partial MRS(1,2)}{\partial x_1}\leqslant0$$

如果你展开这个条件，就会发现它等价于式（5.1）。

如果$\dfrac{\mathrm{d}x_1(p_1,p_2,I)}{\mathrm{d}p_2}<0$，那么商品1就是商品2的**互补品**（complement）。证明这种互补性的效用函数的一个例子是$U(x_1,x_2)=\min\{x_1,x_2\}$。

例44：考虑以下消费者选择问题：

$$\begin{aligned}&\max\min\{x_1,x_2\}\\&\text{s.t. } p_1x_1+p_2x_2\leqslant I\\&x_1,x_2\geqslant0\end{aligned}$$

$U(x_1,x_2)=\min\{x_1,x_2\}$是不可微的，因此无法运用拉格朗日乘数法。接下来我们证明，在最优解中，$x_1=x_2$。为什么会这样？假设$x_1>x_2$，那么$U(x_1,x_2)=x_2$。现在将购买商品1的数量减少一个非常小的数量δ，使得$x_1-\delta>x_2$。换句话说，我们虽然减少了购买商品1的数量，但是仍然购买了比商品2更多单位的商品1。注意，$U(x_1-\delta,x_2)=x_2$（即，即便我们消费更少，效用也仍然保持不变！）。事实上，我们可以把δ增大至x_1-x_2，这个结论仍然是正确的。因此，我们可以假设，购买等量的两种商品能够使效用最大化。这个效用函数是单调的，所以我们知道，在一个最优解中，预算约束的等号成立（即$p_1x_1+p_2x_2=I$）。既然$x_1=x_2=x$，就可以推得

$$p_1x_1+p_2x_2=I\Rightarrow(p_1+p_2)x=I\Rightarrow x=\frac{I}{p_1+p_2}$$

因此 $x_1(p_1, p_2, I)=\dfrac{I}{p_1+p_2}$。很容易验证$\dfrac{\mathrm{d}x_1(p_1, p_2, I)}{\mathrm{d}p_2}<0$。 □

5.8 收入变化的影响

131

需求是如何随收入变化的？这是一个无法用理性买家模型回答的问题。为了解决这个问题，让我们先来讨论一下效用是如何随收入而变化的。我们把消费者选择问题重新写在这里：

$$\max U(x_1, x_2)$$
$$\text{s.t.}\quad p_1x_1+p_2x_2\leqslant I$$
$$x_1, x_2\geqslant 0$$

收入的边际效用是$\dfrac{\partial V(p_1, p_2, I)}{\partial I}$，它是收入的一个无穷小变化所带来的效用的增量变化。

如果我们使用拉格朗日乘数法来解决这个问题，我们将得到最优拉格朗日乘数 λ^*。于是我们有

$$\frac{\partial V(p_1, p_2, I)}{\partial I}=\lambda^*$$

这个等式可以用以下方法推导出来。读者应该还记得

$$V(p_1, p_2, I)=U(x_1(p_1, p_2, I), x_2(p_1, p_2, I))$$

当我们就等号左边对 I 求导时，右边也必须对 I 求导。但是，请记住，商品 1 和商品 2 的消费量也是 I 的函数。因此，我们必须利用链式法则：

$$\frac{\partial V}{\partial I}=\left(\frac{\partial U}{\partial x_1}\right)\left(\frac{\partial x_1}{\partial I}\right)+\left(\frac{\partial U}{\partial x_2}\right)\left(\frac{\partial x_2}{\partial I}\right)$$

现在，从最优性的一阶条件（或等边际原则），我们可以推出$\dfrac{\partial U}{\partial x_i}=\lambda^*p_i$。因此我们有：

$$\begin{aligned}\frac{\partial V}{\partial I}&=\lambda^*p_1\frac{\partial x_1(p_1, p_2, I)}{\partial I}+\lambda^*p_2\frac{\partial x_2(p_1, p_2, I)}{\partial I}\\&=\lambda^*\left(p_1\frac{\partial x_1(p_1, p_2, I)}{\partial I}+p_2\frac{\partial x_2(p_1, p_2, I)}{\partial I}\right)=\lambda^*\end{aligned}$$

最后一个等式是由下式的两边同时对 I 求导得出的

$$p_1x_1(p_1, p_2, I)+p_2x_2(p_1, p_2, I)=I$$

$x_i(p_1,\ p_2,\ I)$ 相对于 I 的图形，称为商品 i 的恩格尔曲线。它表示对商品 i 的需求是如何随收入变化的。**需求的收入弹性**（income elasticity of demand）是指一个无穷小的收入变化百分比所对应的需求变化百分比，其更正式的形式为：

132 η＝需求的百分比变化/收入的百分比变化

$$=\frac{\partial x_i(p_1,\ p_2,\ I)}{\partial I}\frac{I}{x_i(p_1,\ p_2,\ I)}$$

正常品（normal good）是指需求随收入增加而增加的商品。如果对一种正常品的需求的上升速度比收入还要快（即 $\eta>1$），就称这种商品为**奢侈品**（luxury good）。如果对一种正常品的需求的上升速度比收入慢（即 $0\leqslant\eta\leqslant1$），就称它为**必需品**（necessity）。如果对某种商品的需求随着收入的增加而下降（即 $\eta<0$），就称它为**劣等品**（inferior good）。某些啤酒可能是劣等品的一个例子。随着收入的增加，消费者可能会减少在啤酒上的支出，而增加在葡萄酒等方面的支出。图 5.10 显示了刚刚讨论的各种可能性的恩格尔曲线。

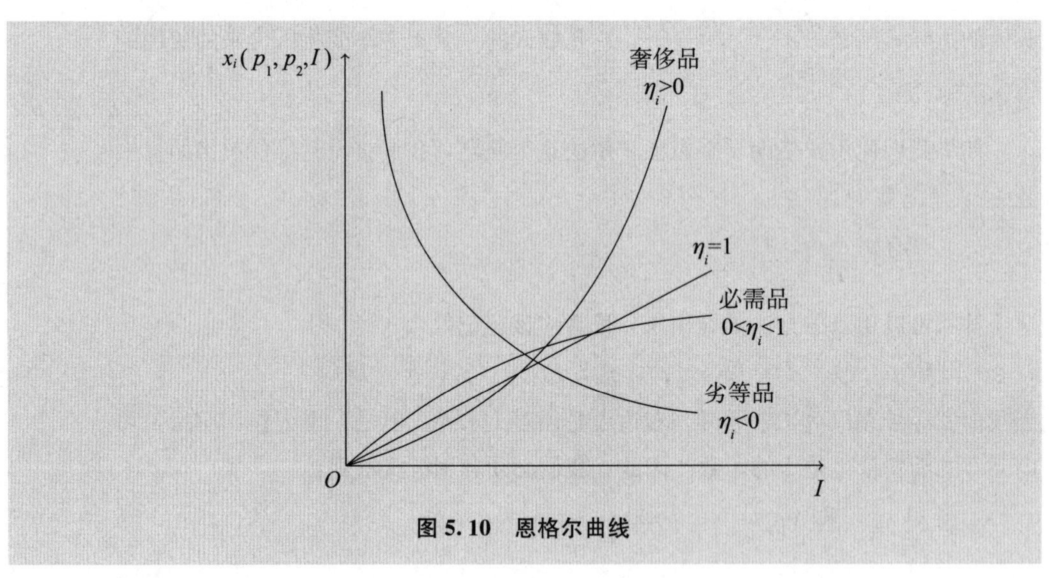

图 5.10　恩格尔曲线

例 45：假设 $U(x_1,\ x_2)=x_1^{0.4}x_2^{0.6}$。那么对商品 1 的需求是

$$x_1(p_1,\ p_2,\ I)=\frac{0.4I}{p_1}$$

这就是商品 1 的恩格尔曲线。商品 1 的收入弹性为

$$\frac{0.4}{p_1}\times\frac{I}{\frac{0.4I}{p_1}}=1$$

□

5.9　通货膨胀 133

通货膨胀是坏事吗？德国 1922—1923 年的恶性通货膨胀说明通货膨胀是坏事。在那场通货膨胀最疯狂的时期，服务员每半小时就会跳上桌子，向顾客报出新的菜单价格，不然就无法跟上通货膨胀率。纸币取代了玩具，成为新的“玩具”，因为它们更加便宜。津巴布韦的恶性通货膨胀甚至更严重，在通货膨胀登峰造极的那个月，通货膨胀率估计为百分之 796 亿。津巴布韦政府在放弃本国的货币之前，发行了 10 万亿津巴布韦元纸币。

要剖析通货膨胀问题，考虑这个例子。假设你有一处房屋，如果包括你的房屋在内的所有房屋的价格都翻了一番，而其他所有东西的价格都没有发生变化，那么你的境况是变好了还是变坏了呢？为了推断房价翻倍的后果，我们用 p_1 表示房价变化前的每单位房屋的价格，p_1 表示你所消费的所有其他物品组成的复合商品（composite good）的当前价格，并假设这些物品是只可消费、不可转售的。[1] 这个区分是很重要的，因为像房屋这样的耐用品是可以转售的。[2] 购买的用于消费的食品则通常不能转售。[3]

再用 I 表示当期的收入，$U(x_1, x_2)$ 表示通过消费商品束 (x_1, x_2) 获得的效用，那么应该选择一个商品束来求解如下优化问题：

$$\max U(x_1, x_2)$$

$$\text{s.t.}\quad p_1x_1+p_2x_2\leqslant I$$

$$x_1, x_2\geqslant 0$$

再用 (x_1^*, x_2^*) 表示使效用最大化的商品束。基于这个效用函数的单调性，我们知道有 $p_1x_1^*+p_2x_2^*=I$。

在下一个时期，单位房屋的价格变成了 $2p_1$，经济行为人又得到了另一笔收入 I，复合商品的单位价格仍然保持为 p_2。此时，效用最大化问题变成了

$$\max U(x_1, x_2)$$

$$\text{s.t.}\quad 2p_1x_1+p_2x_2\leqslant I+2p_1x_1^*$$

$$x_1, x_2\geqslant 0$$

预算约束的右边不再是 I，这是因为，在第二阶段，人们可以按每单位 $2p_1$ 的价

---

① 消费品是指用于立即消费的商品。

② 耐用品是指耐用的商品。我们可以在不耗费它的情况下享用它。

③ 这种区分既不严格也不严密，因为（例如）超市购买食品就是为了转售。

格把房屋“卖回给”市场。我们是基于如下事实做出这种设定的：房屋是耐用品，同时人们可以按现行价格买卖任何数量的房屋而不会受到“惩罚”。[①]

如果我们再一次购买商品束（x_1^*，x_2^*），那么花费的总金额仅为

134

$$2p_1x_1^*+p_2x_2^*=(p_1x_1^*+p_2x_2^*)+p_1x_1^*=I+p_1x_1^*$$

这比现在可用的钱还要少。更具体来说，还剩下了 $p_1x_1^*$ 单位的货币。这些钱可以用于购买更多的房屋或复合商品，从而增加效用。因此，房价翻倍让我们变得更富有了。

那么如果房价在下一个时期减半了呢？那样的话，效用最大化问题就变成了

$$\max U(x_1, x_2)$$
$$\text{s.t. } 0.5p_1x_1+p_2x_2\leqslant I+0.5p_1x_1^*$$
$$x_1, x_2\geqslant 0$$

如果我们仍然购买原来的商品束（x_1^*，x_2^*），那么花费的总金额为

$$0.5p_1x_1^*+p_2x_2^*=(p_1x_1^*+p_2x_2^*)-0.5p_1x_1^*=I-0.5p_1x_1^*$$

再一次，我们又剩下了一些钱可以用于额外的消费。我们变得更富有了！

在这两种情况下，人们对价格变化的反应都是转售房屋。在第一种情况下，人们剩下的现金可以用来购买更多的复合商品或更大的房屋。而在第二种情况下，人们可以购买更大的房屋，因为房价比以前更低了。很显然，价格发生变化的商品是耐用品这个事实非常重要。这种商品的耐用性使得人们能够以新的价格转售商品。但是这种“把戏”不适用于易耗的消费品。

假设我们有两种商品，每一种都是易耗的消费品。再假设一切东西的价格都翻了一番。当然，这就是通货膨胀。我们这里所说的“一切”真的就是指一切的一切，包括工资在内，因为工资是劳动的价格。在通货膨胀到来之前，效用最大化问题为

$$\max U(x_1, x_2)$$
$$\text{s.t. } p_1x_1+p_2x_2\leqslant I$$
$$x_1, x_2\geqslant 0$$

在价格和收入都翻了一番后，效用最大化问题变为

$$\max U(x_1, x_2)$$
$$\text{s.t. } 2p_1x_1+2p_2x_2\leqslant 2I$$
$$x_1, x_2\geqslant 0$$

① 例如，我们忽略了税收和费用等非常真实的交易成本。

不难注意到，在这两种情况下的预算约束是相同的。因此，所有价格都翻倍并不会改变消费。换句话说，通货膨胀不是问题！

先等等，你说什么！是的，这是因为所有价格都同时发生了相同幅度的变化。当然，问题在于并非所有价格都会以同样的速度变化。请读者回想一下前面讲的那个德国餐馆服务员的故事。如果通货膨胀之所以会成为一个问题，是因为并非所有价格都以同样的速度变化，那么它就是一个信息技术问题，而不是一个经济问题。读者很容易想象一个配备了无数智能显示器的世界，在这个世界里，千百万种库存商品的价格变化在眨眼之间就广而告之。事实上，如果我们切换到了一个无现金的世界，养老金、工资和所有形式的货币交易都可以在眨眼间根据通货膨胀进行调整。

要理解为什么通货膨胀还没有结束的迹象，就必须先搞清楚通货膨胀率是由 135
什么决定的。在美国，有关统计机构要计算两种指数——一种是消费者指数，另一种是生产者指数。在编制一种指数时，要跟踪大量的商品和服务（大约 8 万种）的价格，然后对各种商品和服务的价格变化进行加权和平均，以确定通货膨胀率。加权是构建一个标准化“篮子”的一种尝试。

因此，通货膨胀率是基于标准化“篮子”计算出来的。但是，你所消费的、为了最大化你的效用的商品和服务束，不可能与用于计算通货膨胀率的标准化“篮子”完全相同。例如，高等教育的价格就不包括在美国政府用来确定通货膨胀率的一“篮子”数据中。然而，你本人却很有可能在某个时期接受过高等教育。当单个商品的价格发生变化时，你用来最大化效用的商品束的成本变化百分比，不可能与标准化“篮子”的成本变化百分比完全一致。因此，政府计算出来的通货膨胀率并不能反映任何一个人面临的实际通货膨胀率。这个事实表明，我们不应该依赖于单一的通货膨胀率，而应该依赖于“个性化”的通货膨胀率。我们每个人要面对的，应该是一个根据自己消费情况而定的通货膨胀率。那么，怎么确定个性化的通货膨胀率呢？只需要追踪一个人的消费并计算出相应的通货膨胀率就可以了。为什么不这样做呢？如果你知道今天的消费会影响明天的通货膨胀率，你就会有很强的动力去扭曲当前的消费以夸大未来的通货膨胀率。

5.10　所得税还是销售税

政府通过税收筹集资金至少有两种方式：一种是通过所得税，另一种是通过销售税。我们现在所知的个人所得税是在 1798 年由小皮特（Pitt the Younger）

率先引入的，它当初是用于为英国对法国的一场战争筹措军费。[①]

相比之下，销售税要古老得多。最早的销售税是奥古斯都大帝（Emperor Augustus）为了筹集军费而征收的拍卖税（centesima rerum venalium），税率为售出的任何商品的价值的 1%。后来，提比略（Tiberius）将其税率降低至 0.5%，卡利古拉（Caligula）则完全废除了它。在美国，征收销售税的第一次尝试是对威士忌酒征税，这引发了 1794 年的“威士忌叛乱”。

我们是否有理由优先选择某个税种而不是另一个税种？比如说，为了确保这两种税之间是可以比较的，我们先固定销售税，然后将其与能筹集到同等数额资金的所得税进行比较。假设政府只关心能够筹集到的资金，那么它应该不会干预这种比较。因此，我们只要考察被征税的经济行为人的效用受到的影响就可以了。

让我们从一个特定的例子开始讨论吧。这个例子涉及两种商品和一个消费者，他的效用函数是 $U(x_1, x_2)=x_1x_2$。这个效用函数是拟凹的。

136 假设第一笔收入按比例 t 征税，那么这个消费者的效用最大化问题就变为

$$\max x_1x_2$$

$$\text{s.t.}\quad p_1x_1+p_2x_2\leqslant(1-t)I$$

$$x_1,\ x_2\geqslant 0$$

使效用最大化的商品束，记为 (x_1^t, x_2^t)，满足

$$x_1^t=\frac{(1-t)I}{2p_1},\quad x_2^t=\frac{(1-t)I}{2p_2}$$

这个商品束的效用是 $\frac{(1-t)^2I^2}{4p_1p_2}$。

现在考虑，对商品 2 按售价的比例 r 征收销售税时的情况。[②] 这里，消费者的效用最大化问题变为

$$\max x_1x_2$$

$$\text{s.t.}\quad p_1x_1+(1+r)p_2x_2\leqslant I$$

$$x_1,\ x_2\geqslant 0$$

使效用最大化的商品束，记为 (x_1^r, x_2^r)，由下式给出

---

① 在《亚眠和约》(Peace of Amiens）时期，亨利·阿丁顿（Henry Addington，1757—1844）废除了所得税，从而打破了“税收不可避免”这个原则。不过不久之后，阿丁顿迫于一场新的战争压力，重新施行了所得税，然后他在滑铁卢战役结束一年后又废除了它。在那个事件中，财政大臣公开烧掉了所有的税务记录。然而，副本仍然保存在税务法院的地下室里。

② 读者请想一想，我们为什么不考虑对所有商品征收销售税呢？

$$x_1^r=\frac{I}{2p_1},\quad x_2^r=\frac{I}{2(1+r)p_2}$$

消费者从这个商品束中获得的效用是$\frac{I^2}{4(1+r)p_1p_2}$。

为了比较这两种情况下消费者的效用，需要将 t 和 r 设定为能够为税务当局带来相同的收入的值。我们采取的方法是，固定 r 的值，然后调整 t，使得征收到的所得税和销售税的金额相同。

征收到的所得税为 tI，征收到的销售税为 $rp_2x_2^r$。因此：

$$tI=rp_2x_2^r=\frac{rI}{2(1+r)}$$

$$\Rightarrow t=\frac{r}{2(1+r)}$$

对于上面给出的 t 的选择，我们可以比较两种情况下消费者的效用。在征收所得税的情况下，消费者的效用为$\frac{(1-t)^2I^2}{4p_1p_2}$。在征收销售税的情况下，消费者的效用是$\frac{I^2}{4(1+r)p_1p_2}$。我们很容易就可以验证，第一个效用大于第二个效用：

$$\frac{(1-t)^2I^2}{4p_1p_2}>\frac{I^2}{4(1+r)p_1p_2}$$

$$\Rightarrow(1-t)^2>\frac{1}{1+r}$$

$$\Rightarrow\left[1-\frac{r}{2(1+r)}\right]^2>\frac{1}{1+r}$$

$$\Rightarrow\frac{(2+r)^2}{4(1+r)}>1$$

$$\Rightarrow 4+4r+r^2>4+4r$$

$$\Rightarrow r^2>0$$

这个不等式的左边显然大于右边，所以消费者会更加偏好所得税而不是销售税。

那么，这种比较的结果会不会取决于所选择的特定效用函数呢？不会。为了说明理由，我们再来考虑一个更一般的问题，即将经济行为人的效用函数表示为 $U(x_1,x_2)$。在征收销售税的情况下，要求解的优化问题是

$$\max U(x_1,x_2)$$

$$\text{s.t.}\quad p_1x_1+(1+r)p_2x_2\leqslant I$$

$$x_1,x_2\geqslant 0$$

我们用（x_1^r，x_2^r）表示这个优化问题的最优解。将政府征收销售税所得到的收入记为 R（即 $R=rp_2x_2^r$）。选择一个所得税税率，使得

137

$$tI=R\Rightarrow t=\frac{rp_2x_2^r}{I} \tag{5.2}$$

在这个所得税税率下，消费者需要求解

$$\max U(x_1,\ x_2)$$
$$\text{s.t.}\ \ p_1x_1+p_2x_2\leqslant(1-t)I=I-tI=I-R$$
$$x_1,\ x_2\geqslant 0$$

我们用（x_1^t，x_2^t）表示这个优化问题的最优解。

不难观察到，（x_1^r，x_2^r）是这个含所得税的优化问题的一个可行解，因为

$$p_1x_1^r+p_2x_2^r=p_1x_1^r+(1+r)p_2x_2^r-rp_2x_2^r=I-R$$

因此，$U(x_1^t,\ x_2^t)\geqslant U(x_1^r,\ x_2^r)$。

那么，是不是应该马上取消销售税，只征收所得税呢？尽管这种想法很诱人，但是事实并非如此。上述分析是从一个任意给定的销售税税率 r 开始的，然后再选择一个所得税税率 t 以产生相同的收入。在方程（5.2）中，对 t 的选择取决于 x_2^r。换句话说，等价的所得税税率取决于该商品需要缴纳销售税时的消费数量。然而，商品 2 的消费数量又取决于经济行为人的效用函数。因此，从一个人的消费选择中得到的对 t 的选择，对另一个人来说是不合适的。更一般地说，从某个人身上通过对某种商品征收销售税而得到的收入，将取决于该商品的消费数量。对那些只消费很少的商品 2 的个人征收销售税，并不能获得多少收入。相
138 应地，等价的所得税税率也会很低。对消费大量商品 2 的个人征收销售税，可以得到更多的收入，相应的所得税税率将会更高。

所以，要想真正理解销售税（价格的上涨或下降）对消费者的影响，我们必须理解收入效应（income effect）和替代效应（substitution effect）。

5.11 饥　饿

人们普遍认为，随着一个国家财富的增加，饥饿现象会大幅减少。然而，从某种角度来看，在印度，饥饿问题曾一度随着收入的提高而加重。人们或许可以将这种现象归咎于财富分配不均、政府和救助机构的低效率或冷漠以及世界粮食价格的上涨等等，但是还有另一种可能，那就是，我们没能正确地衡量饥饿。

现在，衡量饥饿的标准方法是将摄入的卡路里与需要的卡路里进行比较，而需要的卡路里则是根据总人口的平均水平来定义的。这样一来，一个人是不是处于饥饿状态，就由他摄入的卡路里是不是符合某个外源性标准来决定。然而，我们大多数人都不是“平均状态”的人。要知道一个人需要多少卡路里，就必须知

道他的年龄、性别、运动量等等。而且，我们也很难搞清楚一个人到底摄入了多少卡路里，因为健康状况不佳意味着摄入的卡路里中有很大一部分不能被身体吸收。

如果我们追踪人们吃的食物而不仅仅测量他们摄入的卡路里，又会怎么样？饥饿是非常不愉快的体验，这使得卡路里的边际效用非常高。因此，饥饿的人们会将更多的预算花在大米等主食上，因为大米是一种廉价的卡路里来源。一旦饥饿感减弱，他们就会把更多的钱花在更多样化的食物和更好的味道上。因此，一旦一个人不再饥饿，主食提供的卡路里所占的份额就会下降。如果一个人从主食中摄取了异常高的卡路里，就说明他很饥饿。[①]

为了说明这种衡量方法，我们构造了一个假想的例子。假设邦特（Bunter）不仅关心自己摄入的总卡路里，而且关心卡路里的来源。当牛肉和大米所提供的卡路里相等的时候，比起大米，邦特更喜欢牛肉。这一点体现在他的效用函数中，$U(b, r)=b^{0.8}r^{0.2}$，其中 b 是来自牛肉的卡路里，r 是来自大米的卡路里。假设为了生存下去，邦特每天至少要消耗 2 000 卡路里。每单位来自牛肉的卡路里的价格是 $p_b=2$，每单位来自大米的卡路里的价格是 $p_r=1$。每单位大米和每单位牛肉都能提供 1 卡路里的热量。

最初，邦特的收入是 2 020 美元。他的效用最大化问题是

$$\max_{b,r} b^{0.8}r^{0.2}$$

$$\text{s.t.}\ 2b+1r\leqslant 2\,020$$

$$b+r\geqslant 2\,000$$ 139

$$b,\ r\geqslant 0$$

我们感兴趣的是来自大米的卡路里与来自牛肉的卡路里的比率（即 r/b）。上面这个优化问题的最优解为 $r/b=99$。具体的推导见下面的例 46。

例 46： 预算约束必定是紧固的（即 $2b+r=2\,020$），因为如若不然，邦特可以增加 b 或 r（又或者两者都增加），并在不违反任何预算约束的前提下增加他的效用。现在，先暂且忽略卡路里约束。利用拉格朗日乘数法，我们可以推导出最优时 $r/b=1/2$。如果我们把这个结果代入预算约束，我们会得到 $r=404$，$b=808$。这个解的总卡路里数仅为 1 212，比 2 000 要少得多。因此，我们这个解违反了暂且忽略的卡路里约束。在最优解中，卡路里约束的等号必定成立。这样一来，我们就得到了两个方程，同时有两

---

① Jensen，R. and N. Miller (2010). A revealed preference approach to measuring hunger and undernutrition. NBER Working Paper 16555.

个未知数需要求解：

$$2b+r=2\ 020$$

$$b+r=2\ 000$$

很容易解出 $b=20$，$r=1\ 980$（即 $r/b=99$）。 □

现在，假设邦特的收入增加到了 3 000 美元。他的效用最大化问题变成了

$$\max_{b,r} b^{0.8}r^{0.2}$$

$$\text{s.t.}\ \ 2b+1r\leqslant 3\ 000$$

$$b+r\geqslant 2\ 000$$

$$b,\ r\geqslant 0$$

这个优化问题的最优解为 $r/b=1$。消耗的总卡路里则仍然是 2 000。

在这个例子中，在收入增加之后，所消耗的总卡路里是保持不变的。因此，如果用消耗的卡路里来衡量饥饿程度，那么在收入增加后，人们将会认为邦特与以前一样感到饥饿。然而，邦特消耗的卡路里中来自大米的比例已经大幅下降了。[①] 这就表明，邦特其实早就不那么饥饿了。

140

5.12 收入效应与替代效应

当像糖这样的商品价格上涨时，可能是由于征收了销售税，消费者会有两种反应。第一种反应是，消费者会减少糖的消费量。第二种反应是，消费者可以通过增加对替代品的消费来弥补减少的对糖的消费。例如，如果糖的价格上涨了，消费者就会减少糖的摄入量，而增加替代性甜味剂的摄入量。这叫作替代效应。它会在一定程度上起作用。在超过某个限度之后，销售税（价格上涨）的作用类似于所得税的作用。后者称为收入效应。

当一种商品的价格上涨时，对该商品（其他商品的价格保持不变）的需求就会下降。我们将消费的这种下降分解为收入效应部分和替代效应部分。在下文中，我们将先描述对这两种效应的分解，然后再讨论对它们的解释。作为“热身”，我们先考虑“纯”收入效应。

例 47：考虑一个只有一件商品的消费者选择问题。设 x 表示消费者购买的该商品的数量，p 为其单价，I 为消费者的收入。消费者从 x 单位的商品中得到的效用记为

① 在这个例子中，大米是劣等品。

$U(x)$。为了确定她将购买多少商品来使自己的效用最大化，我们必须求解如下优化问题

$$\max U(x)$$
$$\text{s.t. } px \leqslant I$$
$$x \geqslant 0$$

由于效用函数的单调性，最优的数量将是 $x=I/p$。现在，假设该商品的单价提高到 $p+\Delta$。这样一来，能够实现效用最大化的数量现在就变成了

$$x=\frac{I}{p+\Delta}=\frac{\frac{pI}{p+\Delta}}{p}$$

换句话说，价格上涨 Δ 的影响相当于收入减少了 $\frac{p}{p+\Delta}$ 倍。* □

当存在两种或两种以上的商品时，其中一种商品价格的升高（或降低）就不一定能仅通过收入的变化来模拟了。为什么？为了探究原因，有一个具体的例子很有用。假设消费者的效用函数为 $U(x_1, x_2)=x_1^{0.4}x_2^{0.6}$，其中 x_i 表示购买的商品 i 的数量（$i=1, 2$）。通过简单的代数运算，我们可以求得，在效用最大化时，对每种商品的需求量由下式给出

$$x_1(p_1, p_2, I)=0.4I/p_1, \text{ 以及 } x_2(p_1, p_2, I)=0.6I/p_2$$

我们假设，在开始时，$p_1=0.5$，$p_2=1$，$I=30$，再考虑商品 1 的单价提高为 1 美元后的情况。

首先，以初始价格计算出使效用最大化的商品束，并记为 e_1^*。e_1^* 的“坐标”是

$$x_1=\frac{0.4\times 30}{0.5}=24, \quad x_2=\frac{0.6\times 30}{1}=18$$ 141

在图 5.11 中，初始价格下的预算线标为 BC_1。图中也显示了商品束 e_1^*，以及无差异曲线 IC_1，它穿过了 e_1^*。

接下来，在新的价格下计算出使效用最大化的商品束，并记为 e_2^*。它的坐标为

$$x_1=\frac{0.4\times 30}{1}=12, \quad x_2=\frac{0.6\times 30}{1}=18$$

在图 5.11 中，新价格下的预算线标为 BC_2。图中也显示了商品束 e_2^*，以及无差异曲线 IC_2，它穿过了 e_2^*。

* 原文为“$\frac{p_1}{p_1+\Delta}$”，疑有误。——译者注

对商品 1 的需求从 24 单位下降到了 12 单位。在下面，我们将把这 12 单位的需求减少，分摊到收入效应和替代效应上去。

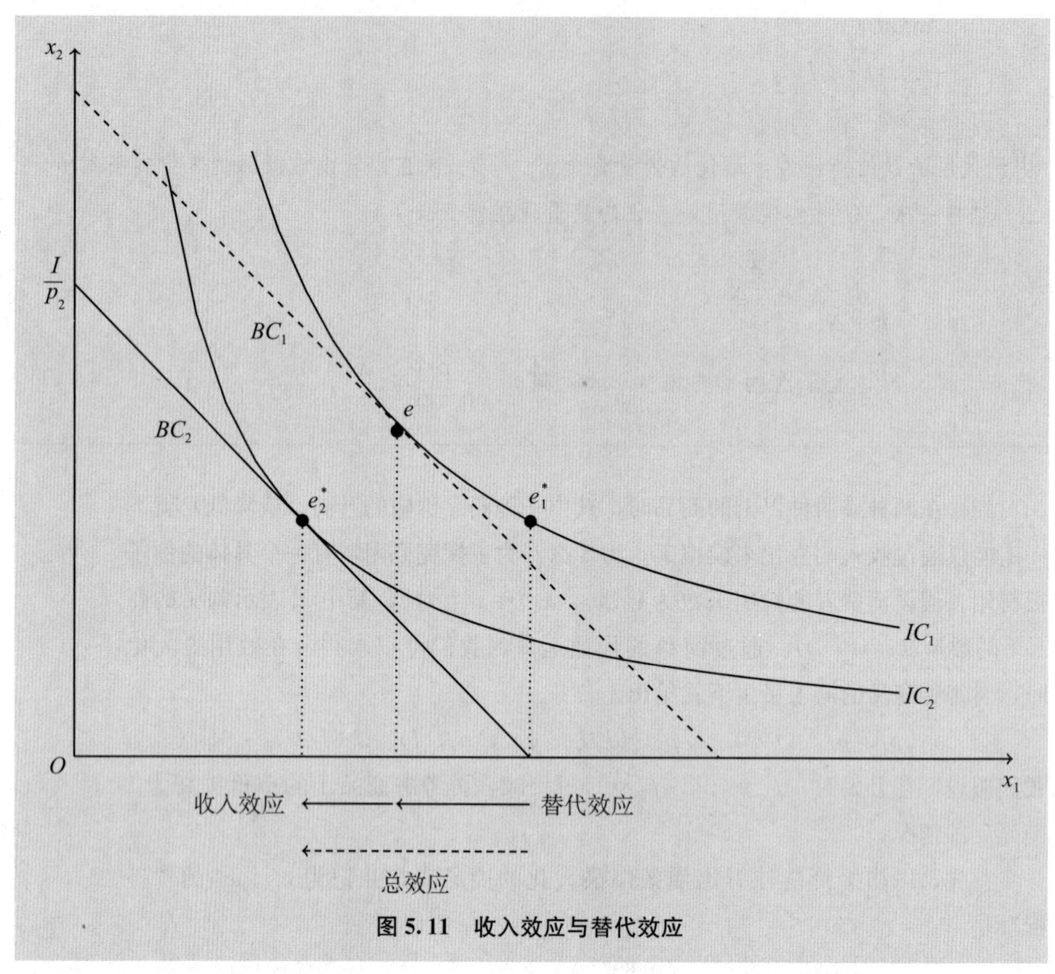

图 5.11 收入效应与替代效应

142 考虑一下消费者在新的、更高的价格下的境况。他们的效用比以前更低了。我们现在要问的是，在新的价格下，他们必须获得多少额外的收入，才能享受与以前一样的效用水平。从代数上看，我们需要找到一个收入 Y，使得通过以下优化问题的最优商品束而获得的效用等于 $U(24, 18)$：

$$\max U(x_1, x_2)$$
$$\text{s.t. } 1\times x_1+2\times x_2\leqslant Y$$
$$x_1, x_2\geqslant 0$$

这个优化问题的最优解为

$$x_1(p_1, p_2, I)=0.4Y\text{，以及 } x_2(p_1, p_2, I)=0.6Y$$

我们把这个商品束称为 e。这个商品束的效用是 $(0.4)^{0.4}(0.6)^{0.6}Y$。我们必须选择一个适当的 Y，使得这个效用等于通过 e_1^* 获得的效用：

$$(0.4)^{0.4}(0.6)^{0.6}Y=(24)^{0.4}(18)^{0.6}\Rightarrow Y=10\times6^{0.4}\times3^{0.6}$$

因此，e 为如下商品束：

$$(0.4\times10\times6^{0.4}\times3^{0.6},\ 0.6\times10\times6^{0.4}\times3^{0.6})=(15.83,\ 23.75)$$

需要注意的是，根据模型要求，商品束 e 位于无差异曲线 IC_1 以及与 BC_2 平行的预算线（虚线）上。商品束 e 被称为**补偿需求**（compensated demand）。通过提高商品 1 的价格，我们降低了消费者所能得到的效用。$Y-I$ 的数量代表了补偿消费者效用下降所需要的现金数量。商品束 e 指的就是消费者将用这些额外的现金消费的商品束（其中商品 1 在新的、更高的价格上），这就是我们使用补偿需求这个术语的原因。

e_1^* 的 x_1 坐标与 e 的 x_1 坐标之间的差异，被称为商品 1 的替代效应。经济行为人是通过从 e_1^* 切换到 e 来对商品 1 的价格上涨做出反应的，这能够使她的效用水平保持不变。她减少了对商品 1 的消费，同时又增加了对商品 2 的消费。然而，商品束 e 的成本是 $Y>I=30$（即，在新的价格下，这个商品束是消费者负担不起的）。现在，消费者必须做出调整，从原来的消费切换为对 e_2^* 的消费。e 的 x_1 坐标与 e_2^* 的 x_1 坐标之间的差异，被称为收入效应。它表示的是可以直接归因于收入下降的对商品 1 需求的下降。

如果替代效应相对于收入效应更大一些，消费者就可以通过用另一种商品替代价格已经上涨的商品来适应价格上涨。如果收入效应相对于替代效应更大一些，那么对商品征收的销售税就相当于所得税。举例来说，读者可以考虑对含糖饮料征收销售税的结果。再假设征收销售税是为了健康而试图减少消费者对此类饮料的消费。如果替代效应很大，就意味着消费者会以制度设计想要的方式对销售税做出反应，即减少对含糖饮料的消费，增加对替代品的消费（有理由希望替代品是更健康的）。相反，如果收入效应占主导地位，那么销售税的作用就类似于所得税。

5.13　对收益的衡量 143

理性买家模型的一个优点是，人们可以利用它，通过比较某种变化——比如企业合并或政府设定价格上限——发生前后的总剩余来衡量该变化的影响。这种做法之所以可行，是因为我们假设每个经济行为人的效用都可以用一个共同的货币尺度来“计价”。但是，这在更一般的情况下是不可能的，因为效用的单位“尤特尔”是无标度的。将效用函数缩小或放大 10 倍或 100 倍，并不会改变潜在的偏好，而只会改变“尤特尔”的大小。因此，我们无法确定，如果某种变化在减少了一个人的效用的同时又增加了另一个人的效用，这到底是一件好事还是一件坏事。在这个意义上，与其关注效用大小，不如只关注金钱的数量。

给定一个目标效用水平 q，我们可以确定达到这个效用水平所需的成本最小的商品束。这个问题可以表示为如下优化问题：

$$E(p_1, p_2, q)=\min p_1x_1+p_2x_2$$

$$\text{s. t.}\, U(x_1, x_2)=q$$

$$x_1, x_2\geqslant 0$$

这个问题通常称为支出问题（expenditure problem），$E(p_1, p_2, q)$ 则称为支出函数。事实上，我们在分析收入效应和替代效应时就求解过一个支出问题。回想一下，当时我们必须找到要达到价格上涨前的效用水平所需要的最低收入 Y。我们将这个支出问题的最优解用（$x_1^c(p_1, p_2, q)$，$x_2^c(p_1, p_2, q)$）来表示，在这里，$x_i^c(p_1, p_2, q)$ 称为**补偿需求**（compensated demand）。采用这个记号，是为了与实际需求 $x_i(p_1, p_2, I)$ 区分开来。

假设最初的价格是（p_1，p_2）。在这些价格下，消费者的最大效用是 q。随后，商品 1 的价格变为 $p_1'>p_1$。显然，这将降低消费者的效用。在价格上涨之后，为了让这个消费者继续拥有他在价格上涨之前所拥有的效用水平，还需要额外支付多少钱？这个问题的答案叫作**补偿变化**（compensating variation），我们把它记作 CV：

$$CV=E(p_1', p_2, q)-E(p_1, p_2, q)$$

我将证明 CV 的表现与消费者剩余非常像。我们注意到

$$E(p_1, p_2, q)=p_1x_1^c(p_1, p_2, q), p_2x_2^c(p_1, p_2, q)$$

等号两边同时对 p_1 求微分（使用链式法则），我们得到

$$\frac{\partial E(p_1, p_2, q)}{\partial p_1}=x_1^c(p_1, p_2, q)+p_1\frac{\partial x_1^c(p_1, p_2, q)}{\partial p_1}+p_2\frac{\partial x_2^c(p_1, p_2, q)}{\partial p_1} \tag{5.3}$$

从支出问题的最优性的一阶条件，我们可以推导出，对于 $i=1, 2$，$p_i=\frac{1}{\lambda^*}\frac{\partial U}{\partial x_i}$，其中 λ^* 是支出问题的最优拉格朗日乘数。将它代入方程（5.3）的右边，我们得到：

$$x_1^c+\lambda^*\left[\frac{\partial U}{\partial x_1}\frac{\partial x_1^c}{\partial p_1}+\frac{\partial U}{\partial x_2}\frac{\partial x_2^c}{\partial p_1}\right]=x_1^c(p_1, p_2, q)$$

144 但是我们怎么知道下式成立呢？

$$\frac{\partial U}{\partial x_1}\frac{\partial x_1^c}{\partial p_1}+\frac{\partial U}{\partial x_2}\frac{\partial x_2^c}{\partial p_1}=0$$

回想一下，$U(x_1^c(p_1, p_2, q), x_2^c(p_1, p_2, q))=q$，两边同时对 p_1 求导，得到

$$\frac{\partial U}{\partial x_1}\frac{\partial x_1^c}{\partial p_1}+\frac{\partial U}{\partial x_2}\frac{\partial x_2^c}{\partial p_1}=0$$

因此：

$$\frac{\partial E(p_1, p_2, q)}{\partial p_1}=x_1^c(p_1, p_2, q)$$

运用微积分基本定理，我们有：

$$CV = E(p_1', p_2, q) - E(p_1, p_2, q) = \int_{p_1}^{p_1'} x_1^c(t, p_2, q)\mathrm{d}t \qquad (5.4)$$

注意，如果我们用 $x_1(t, p_2, I)$ 替换掉方程（5.4）右边的 $x_1^c(t, p_2, q)$，我们就得到了消费者剩余。可惜没有证据表明 $x_1^c(t, p_2, q)=x_1(t, p_2, I)$。而且，我们从来没有观察到 $x_1^c(t, p_2, q)$，因为经济行为人不会通过最小化支出去达到某个目标效用水平。然而，如果商品 1 价格上涨的收入效应很小，我们就可以断言 $x_1(t, p_2, I)$ 接近于 $x_1^c(t, p_2, q)$。为了说明此中缘由，请读者看一看图 5.11。如果收入效应很小，商品束 e（这是对应于补偿需求的商品束）的 x_1 坐标就接近于 e_2^* 的 x_1 坐标。因此，如果收入效应很小，消费者剩余就是对补偿变化的一个很好的近似。

第 5 章

第6章　完全竞争

145 世界上最北边的清真寺位于诺里尔斯克市，那是一个北极圈内的城市，总人口为17.5万。居民们居住在一块面积与德国差不多大的荒凉不堪的土地上，忍受着平均温度零下9摄氏度（包括夏季在内）的极度严寒，忍受着酸雨——酸雨是由三个巨大的镍熔炉每年排放90万吨二氧化硫造成的。

诺里尔斯克市是在20世纪30年代建成的，与她一起出现在那个永久冻土带中的，还有一大片被人们称为“黑暗撒旦”的工厂。建造它们的则是无数被流放到那里的罪犯劳工。到了1950年，共有超过10万名政治犯被安排到了这些工厂劳动，以确保苏联实现自给自足。诺里尔斯克市与其他像它一样的城市一起，把苏联从一个落后的农业国家变成了一个工业大国和超级军事大国。西方资本主义各国花了好几代人的时间才取得的成就，苏联人通过对经济的“制高点”的全面控制，在短短几十年的时间里就一举实现了。

除了中央计划体制，我们是否还有其他选择？当然有。那就是由个人的贪婪所推动的分散经济——每个人追求不同的甚至可能是相互矛盾的目标。那么，这种分散经济怎么会不以一片混乱而告终呢？弗朗西斯·斯巴福德（Francis Spufford）在他的著作《红色丰裕》（*Red Plenty*）中的一段话，似乎抓住了其中的精髓：

> 在资本主义制度下，人类过着什么样的生活？马克思描绘了一幅噩梦般的画面。一切货物之所以被生产出来，都是为了进行交换；真正的品质和用途全都消失了，人类自身的制造和生产能力也变成了一种可交易的物品。再然后，制造者自身和被制造出来的东西一样，也变成了商品。社会的运行也变成了一种“僵尸之舞”，不停地以可怕的速度旋转着，所有物品和人，都模糊在了一起，直到物品变成了半活的、人变成了半死的。股票市场的价格对整个世界发动了“反攻倒算”，似乎它们本身就是独立的力量一样，要求工厂开门或关闭，要求真正的人类工作或休息，忙忙碌碌或磨磨蹭蹭。在为

> 股票价格注入了活力之后，人却觉得自己的肉体变得冰冷了，不再具有任何人味，成了一种分配工时的机制。活着的钱和垂死的人，像皮肤一样柔软的金属和像金属一样坚硬的皮肤，牵着手、搭着肩，一圈又一圈，一曲又一曲，跳得停不下来。加速的和将死的，一起旋转着……难道还有别的选择吗？有意识地安排的另一种选择？埃米尔猜想，那应该是一种别样性质的舞蹈。一种很好地配合着音乐的舞蹈，每一步都满足了一些真正的需要，做了一些切实的好事，而且无论舞者旋转得多快，他们在移动起来时都非常容易，因为他们移动时跟随的是一种人类的节拍，是所有人都能理解的，也是所有人都会选择的。

然而，有一种比马克思（Karl Marx）还要早的传统提出了完全不同的观点。对此，经济学家肯尼斯·阿罗（Kenneth Arrow）和弗兰克·哈恩（Frank Hahn）这样解释道：

> 对于“一个由个人的贪婪驱动、由大量的不同经济行为人控制的经济体，最终会变成什么样子？”这个问题，基于所谓“常识”的最直接的答案 146
> 是什么？很可能是：一片混乱。然而，长期以来，一个完全不同的答案一直被认为是正确的，并且已经渗透到许多绝不是经济学家的普通人的经济思维中。这个事实本身就足以成为认真研究它的理由。这个命题已经被提出来了，并已经得到了认真对待。重要的是不仅要搞清楚它是不是对的，而且要搞清楚它何以可能是对的。

这也正是我们在本章中要完成的工作。

6.1 背景设定

我们的分析将在里昂·瓦尔拉斯（Leon Walras，1834—1910）构想的一个程式化的环境中进行，它被称为**交换经济**（exchange economy）：

（1）只有数量有限的经济行为人和企业。

（2）每个个体都可以用自己的效用和禀赋来刻画。

（3）效用是自身消费的一个单调的、拟凹的函数。

（4）只有数量有限的商品。

在这个交换经济中，没有生产。可用的商品集是固定的，经济行为人只能在彼此之间互相交换。

不妨通过一个例子来帮助读者把握这种交换经济背后的思想。假设我们有两个经济行为人，分别称为 A 和 B；还有两种商品，分别标记为商品 1（糖）和商品 2

（盐）。经济行为人 A 的禀赋为 7 单位的商品 1 和 3 单位的商品 2，记为 $w^A=(7，3)$。经济行为人 B 的禀赋为 0 单位的商品 1 和 4 单位的商品 2，记为 $w^B=(0，4)$。这个经济体内不存在生产活动。

经济行为人 A 的效用函数为 $U_A(x_1，x_2)=x_1^2x_2$，经济行为人 B 的效用函数为 $U_B(y_1，y_2)=3\ln y_1+2y_2$。在这里，$x_i$ 是经济行为人 A 消费的商品 i 的数量（$i=1，2$），y_i 是经济行为人 B 消费的商品 i 的数量（$i=1，2$）。

6.1.1 仁慈的中央计划者

仁慈的中央计划者会做什么事情？这取决于她所掌握的权力和她的目标。假设这个计划者可以独裁如何分配两个人的总禀赋，但是她希望以对每个人都有利的方式进行禀赋的分配。

中央计划者能做的最简单的事情就是，让每个经济行为人把自己的禀赋消费掉。如果每个经济行为人都这样做，那么经济行为人 A 将得到 $U_A(7，3)=7^2\times3=147$ 的效用，经济行为人 B 将得到 $U_B(0，4)=-\infty$ 的效用。

如果经济行为人 B 用 2 单位的商品 2 来交换经济行为人 A 的 1 单位的商品 1，那么经济行为人 A 将得到新的商品束（6，5），而经济行为人 B 将得到新的商品束（1，2），此时经济行为人 A 的效用为 $U_A(6，5)=6^2\times5=180$。由于这个结果超过了原来的禀赋所能给她带来的效用，因此在交易后，经济行为人 A 显然变得更“富有”了。那么，经济行为人 B 呢？经济行为人 B 在交易后的效用为 U_B
147 $(1，2)=2$，也明显超过了原来禀赋所能给她带来的效用。因此，这是一个互惠互利的交换，这两个经济行为人显然可以这么做。而且，就这一个交易是互惠互利的吗？不。读者可以验证，经济行为人 B 放弃 1.5 单位的商品 2 去换取 1 单位的商品 1 也是互惠互利的。那么，是不是肯定会存在某个互惠互利的交易？不是。如果一个经济行为人的禀赋包含了所有商品，而另一个经济行为人的禀赋不包含任何商品，就很容易看出这一点了。

如果存在互惠互利的交换，中央计划者要怎样做才能找到它？从代数的角度来看，这个问题可以表述为找到（x_1，x_2，y_1，y_2），使得下面各式同时成立

$$x_1+y_1=7 \tag{6.1}$$

$$x_2+y_2=7 \tag{6.2}$$

$$x_1，x_2，y_1，y_2\geqslant0 \tag{6.3}$$

$$U_A(x_1，x_2)\geqslant U_A(7，3) \tag{6.4}$$

$$U_B(y_1，y_2)\geqslant U_B(0，4) \tag{6.5}$$

式（6.1）～（6.3）合在一起构成了可行性（feasibility）约束。换句话说，要

分配的每种商品的总量必须与可用的总量完全相等。式（6.4）和式（6.5）要求每个经济行为人可以获得至少与消费自己禀赋时相同的效用。这个方程组的解集（如果它不是一个空集）描述了一系列互惠互利的交换，我们称之为**个体理性分配**（individually rational allocations）的集合。无论对“仁慈”的合理定义是什么，中央计划者都应该选择一种符合个体理性的分配方法。

我们可以使用埃奇沃思盒（Edgeworth box）来将互惠互利的交换集“可视化”，如图 6.1 所示。埃奇沃思盒的横边的长度代表商品 1 的总禀赋，竖边的长度代表商品 2 的总禀赋。[①] 方盒内的每一个点都代表了组合禀赋在两个个体之间的分配。

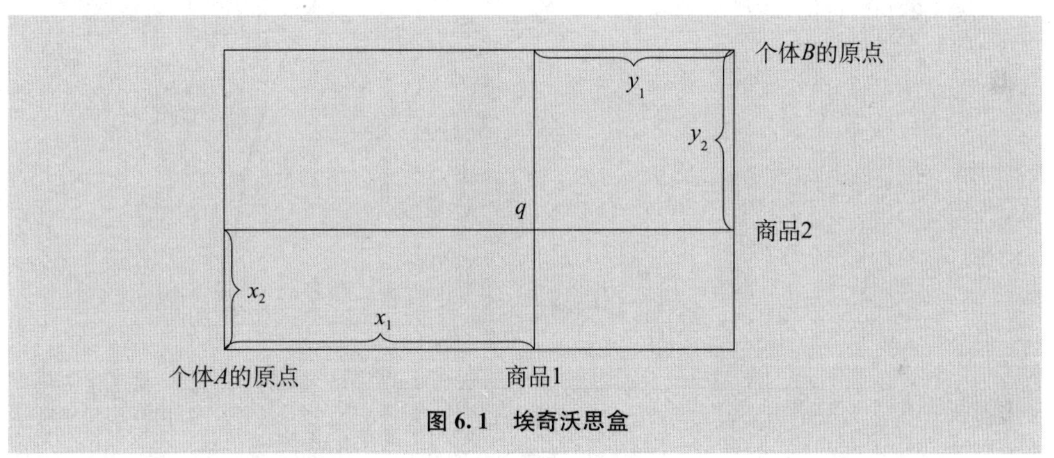

图 6.1 埃奇沃思盒

现在考虑方盒内部标记为 q 的那个点，它的坐标为（x_1，x_2），当以左下角为原点时，它给出了分配给经济行为人 A 的商品束。同一个点的坐标（y_1，y_2）——不过，这要以右上角为原点——则给出了分配给经济行为人 B 的商品束。

现在考虑图 6.2 中显示的埃奇沃思盒。它对应的是一个每种商品的总量为 100 单位的经济体。每个经济行为人的禀赋用标记为 q 的点表示。以左下角为原点的坐标表示经济行为人 A 的禀赋，以右上角为原点的坐标表示经济行为人 B 的禀赋。

接下来，看一看所有能够给 A 带来与其初始禀赋恰好一样多的效用的商品束。这些商品束位于 A 的通过点 q 的无差异曲线上（如图中的虚线所示）。类似地，所有能够给 B 带来与其初始禀赋恰好一样多的效用的商品束，则位于 B 的通过点 q 的无差异曲线上（如图中的实线所示）。

① 在我们上面的例子中，分别对应于 7 个单位。

148

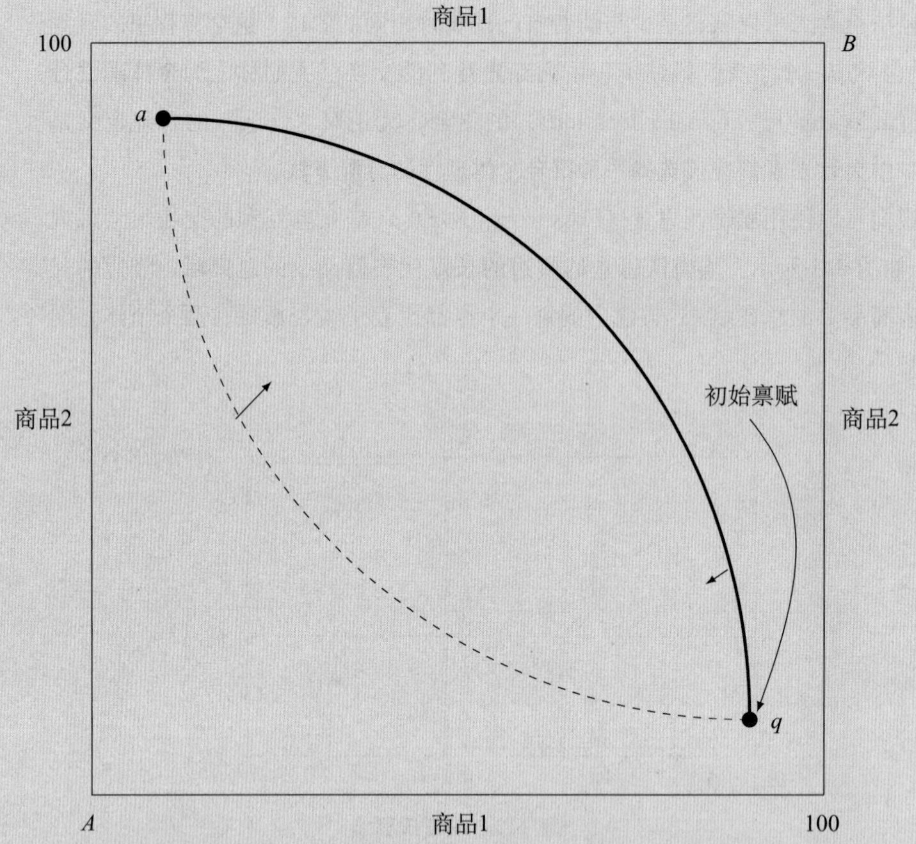

图 6.2　互惠互利的交换

埃奇沃思盒中虚线上方的每一个点（见附近的箭头所指的位置）都对应着一个商品束，该商品束带给经济行为人 A 一个比其禀赋更大的效用。埃奇沃思盒中实线下方的每一个点（见旁边的箭头所指的位置）则都对应着一个给经济行为人 B 带来比其禀赋更大的效用的商品束。因此，虚线和实线围住的区域内的每

149 一点都对应着一个互惠互利的交换。正如图 6.2 所表明的，在这个例子中可能存在着许多个不同的互惠互利的交易机会。

那么，中央计划者怎样才能找到这些互惠互利的交易机会？像我们刚才这样做就行。询问每个个体的效用函数和禀赋，然后追踪进行互惠互利的交易的可能性。那么，在众多可能的交易机会中，计划者应该选择哪一种？

6.2　帕累托最优

如果有许多种分配方案都是符合个体理性的，那么中央计划者应该选择哪一

种？是能够使总效用最大化的那个方案吗？也许吧。但是，效用函数只是一种表示排序的工具，没有实质含义。读者应该还记得，两个不同的效用函数可以表示相同的偏好排序。因此，表示方式的选择将影响选择哪一种分配方法来实现总效用的最大化。那么，有没有一种标准是我们可以使用的，而且对偏好的表示方式不敏感？有的。那就是通常所称的帕累托最优。

用 X 表示商品在两个经济行为人（为简单起见，假设只有两个经济行为人）之间的一个配置，用 Y 表示另一个配置。如果每个人在配置 Y 下的境况至少与在配置 X 下一样好，并且至少有一个人严格地更好，那么我们就说配置 Y 是**帕累托优于**（Pareto superior）配置 X 的。对于特定的个人，我们可以用效用函数来衡量其境况是否变得更好。举例来说，假设在配置 X 中，A 的效用是 3，B 的效用是 5；再假设在配置 Y 中，A 的效用是 7，B 的效用是 5。那么配置 Y 就是帕累托优于配置 X 的。下面的表 6.1 总结了这一点。

表 6.1　效用表

	配置 X	配置 Y
A 的效用	3	7
B 的效用	5	5

在 X 和 Y 之间进行选择时，经济行为人 B 对 X 和 Y 是无差异的。然而，经济行为人 A 显然更偏好 Y 而不是 X。因此，在这种情况下，我们说 Y 是帕累托优于 X 的。如果相反，经济行为人 B 在配置 Y 中的效用为 4（见表 6.2），那么 Y 就不是帕累托优于 X 了，虽然经济行为人 A 的境况在配置 Y 下会更好，但是经济行为人 B 则不然。

表 6.2　效用表

	配置 X	配置 Y
A 的效用	3	7
B 的效用	5	4

可行的配置 X 是**帕累托最优**（Pareto optimal）的，如果没有任何一个其他可行的配置 Y 帕累托优于 X。帕累托最优配置集（帕累托最优配置有时可能不止一个）代表了不降低某个经济行为人的效用就不能加以改变的配置集。 150

在图 6.2 中，两条无差异曲线之间的任意一点都是帕累托优于禀赋 q 和 a 的。这是因为任意一个这样的点都“高于”两个经济行为人的无差异曲线。读者应该相信，帕累托最优点是两条无差异曲线相切的点。

例 48：考虑本节前面引入的交换经济模型。如果没有交易，每个经济行为人都从他们的禀赋中获得效用——经济行为人 A 的效用是 $7^2\times3$，经济行为人 B 的效用是 $3\ln0+2\times4$。

考虑配置 X^*，它分配给经济行为人 A 的商品束为（6，4.5），分配给经济行为人 B 的商品束为（1，2.5）。从而有

$$U_A(6, 4.5)=6^2\times4.5>7^2\times3=U_A(7, 3)$$

以及

$$U_B(1, 2.5)=3\ln1+2\times2.5>U_B(0, 4)$$

两者都严格优于无交易的现状点。因此，配置 X^* 相对于现状来说是帕累托最优的。那么，是否存在一种可行的分配方案，可以使两个经济行为人的境况都变得更好？

如果不存在其他的**可行**配置，使得每个经济行为人都能够得到至少与在配置 X^* 下相同的效用，并且至少有一个经济行为人可以获得更高的效用，那么 X^* 就是**帕累托最优**的。如果 X^* 不是帕累托最优的，我们应该能够找到一个新的配置（x_1，x_2，y_1，y_2），使得

$$x_1+y_1=7$$
$$x_2+y_2=7$$
$$x_1, x_2, y_1, y_2\geqslant0$$
$$U_A(x_1, x_2)\geqslant U_A(6, 4.5)$$
$$U_B(y_1, y_2)\geqslant U_A(1, 2.5)$$

其中，最后两个不等式中最少有一个是严格成立的。读者应该能够自行证明这是不可能的。因此，X^* 是帕累托最优的。 □

我们怎样才能找到帕累托最优配置？事实证明，任何能够使经济行为人效用的非负加权和最大化的可行配置都是帕累托最优的。更具体地说：

$$\max w_AU_A(x_1, x_2)+w_BU_B(y_1, y_2)$$
$$\text{s.t. } x_1+y_1=7$$
$$x_2+y_2=7$$

151 $$x_1, x_2, y_1, y_2\geqslant0$$

其中，w_A，$w_B\geqslant0$ 为非负权重。用（x_1^*，x_2^*，y_1^*，y_2^*）表示这个优化问题的最优解。接下来证明（x_1^*，x_2^*，y_1^*，y_2^*）是帕累托最优的。

用反证法。假设它不是帕累托最优的。那么必定存在另一个可行配置（$\bar{x}_1$，$\bar{x}_2$，$\bar{x}_1$，$\bar{y}_2$）帕累托优于（x_1^*，x_2^*，y_1^*，y_2^*），而这就意味着

$$U_A(x_1^*, x_2^*)\leqslant U_A(\bar{x}_1, \bar{x}_2) \tag{6.6}$$

$$U_B(y_1^*,\ y_2^*) \leqslant U_B(\bar{y}_1,\ \bar{y}_2) \tag{6.7}$$

而且至少有一个不等式必定严格成立。现在将第一个不等式乘以 w_A，将第二个不等式乘以 w_B，然后再相加，得到

$$w_A U_A(x_1^*,\ x_2^*) + w_B U_B(y_1^*,\ y_2^*) < w_A U_A(\bar{x}_1,\ \bar{x}_2) + w_B U_B(\bar{y}_1,\ \bar{y}_2) \tag{6.8}$$

不等式（6.8）与选择（x_1^*，x_2^*，y_1^*，y_2^*）来最大化加权效用之和的假设相矛盾。证明完毕。

帕累托最优分配不一定是公平的。假设现在多了一个蛋糕，要在两个人之间分配，并且每个经济行为人都喜欢更多蛋糕、而不是更少蛋糕。一个人得到 99%蛋糕、另外一个人得到 1%这样的分配是帕累托最优的。每人各得一半蛋糕的分配也是帕累托最优的。事实上，蛋糕的每一种分法都是帕累托最优的。

总而言之，中央计划者可以找到一个可行的、符合个体理性的、帕累托最优的分配方案。那么，分散的市场能做到这一点吗？

6.3 完全竞争市场

为了确定在分散的市场中，何种配置（如果存在的话）将会被选择，我们必须先描述清楚，每个经济行为人知道什么以及他们将如何行事。

（1）每个经济行为人都知道每种商品的价格。

（2）买、卖等的交易成本为零。

（3）经济行为人可以在现行价格上买入（卖出）他们想买（卖）的任何数量的商品。假设他们的个别交易不会影响现行价格。这个假设叫作**受价**（price-taking）假设或价格接受假设。

（4）经济行为人会最大化效用。

这样一个经济体就称为完全竞争市场（不过不存在生产）。

6.3.1 瓦尔拉斯均衡

在完全竞争市场中，是否存在这样一组价格——每种商品都有一个价格——在这组价格下，消费者的需求与商品的总供给达到平衡？令很多人非
常惊讶的是，在本节开头所描述的那些条件下，答案是肯定的。要知道为什 152
么，请想象一下由一个拍卖师（称为“瓦尔拉斯拍卖师”）确定价格的过程。[①]

① 拍卖师不一定是人。它也可以是一段会调整价格的代码。

(1) 拍卖师公开宣布一个价格向量 $p=(p_1, p_2, \cdots, p_n)$，每种商品各有一个价格。

(2) 在拍卖师公开宣布的价格下，每个消费者报告他们希望购买或出售的每种商品的数量（目的是最大化他们自己的效用）。比如说，有些消费者希望增加其禀赋中商品 j 的数量，因为他们对商品 j 的消费超过了他们所拥有的该商品的禀赋，这些人是商品 j 的需求者；还有一些人则希望减少其禀赋中商品 j 的数量，这些人是商品 j 的供应商。他们之所以这样做，是因为他们希望用出售商品 j 所获得的钱来购买更多的其他商品。

(3) 拍卖商收集这些报告，并确定对每种商品的超额需求（即需求数量和供给数量之间的差额）。[①]

如果每一种商品的超额需求均为零，我们就找到了想要的价格。假设商品1的超额需求是正的。也就是说，在宣布的价格下，商品1的需求超过了商品1的供给。拍卖商应该怎么做？很简单，提高商品1的价格（并保持其他商品的价格不变）。这会导致两件事情的发生。那些要求买到商品1的人会减少他们的需求，而那些愿意出售商品1的人会增加他们希望提供的数量。如果我们足够幸运（我们确实足够幸运），那么我们可以把价格提高到刚好足以使需求匹配供给的程度。有人会问，这和运气有什么关系呢？因为随着商品1的价格上涨，需求可能转向另一种商品。而为了维持第二种商品的供求平衡，人们可能不得不提高第二种商品的价格。然而，这反过来又会导致需求回到商品1上来。因此，在试图找到一个平衡点的过程中，价格可能会陷入徒劳的振荡。

使所有商品的供给都等于需求（即超额需求为零）的价格称为**瓦尔拉斯均衡价格**（Walrasian equilibrium price）。相关的使效用最大化的商品束则称为一个**瓦尔拉斯配置**（Walrasian allocation）。这里非常重要的一点是：在合适的价格下，为了最大化自身效用而**独立**地采取行动的经济行为人会选择适当的商品束，使得每种商品的超额需求为零。这说明经济可以由价格来驱动运行，但是没有说明价格是如何产生的。

例49：考虑例48中的交换经济。回想一下，经济行为人 A 拥有的禀赋为：7单位的商品1和3单位的商品2，记为 $w_A=(7, 3)$；经济行为人 B 的禀赋为0单位商品1和4单位的商品2，记为 $w_B=(0, 4)$。这是一个纯交换经济，不存在生产活动。

① 如果这种差额对于某些商品是正的，就意味着该商品的需求超过了供给。如果是负的，则表明供给超过了需求。

经济行为人 A 的效用函数为 $U_A(x_1, x_2)=x_1^2x_2$，经济行为人 B 的效用函数为 153
$U_B(y_1, y_2)=3\ln y_1+2y_2$。假设单位价格 p_1 和 p_2 是由瓦尔拉斯拍卖商制定的。

(1) 拍卖师公开宣布价格 (p_1, p_2)。

(2) 在公开宣布的价格下，每个经济行为人报告各自的效用最大化的商品束。

(3) 拍卖师选择 (p_1^*, p_2^*) 以出清市场（即，对商品 1 的总需求等于商品 1 的总供给，对商品 2 的总需求等于商品 2 的总供给）。

在拍卖师宣布的价格下，每个经济行为人要进行如下思想实验。首先，在市场上以拍卖师宣布的价格出售自己的禀赋以获得现金。有了可用的现金之后，再回过头去购买能使自己效用最大化的各种商品。

在公布的价格 (p_1, p_2) 下，经济行为人 A 求解如下最优问题

$$\max x_1^2x_2$$
$$\text{s.t.}\ \ p_1x_1+p_2x_2\leqslant 7p_1+3p_2$$
$$x_1,\ x_2\geqslant 0$$

在公布的价格 (p_1, p_2) 下，经济行为人 B 求解如下最优问题

$$\max\ 3\ln y_1+2y_2$$
$$\text{s.t.}\ \ p_1x_1+p_2x_2\leqslant 0\times p_1+4p_2$$
$$x_1,\ x_2\geqslant 0$$

现在我们可以任意选择一种商品，比如说商品 1，并将其价格设定为 1。为什么？因为将所有价格乘以一个相同的数字（即标度变化）不会改变任何人的预算约束，因此也不会改变效用最大化的商品束。当我们将商品 1 的价格设为 1 时，在如下意义上，我们也就将商品 1 当成了一个"计价单位"——商品 2 的价格，即 p_2，表示要想交换 1 单位商品 2 所需要的商品 1 的单位数。例如，$p_2=2$ 就意味着 2 单位商品 1 可以交换 1 单位商品 2。

设 $p_1=1$ 意味着经济行为人 A 求解的是如下优化问题

$$\max x_1^2\ x_2$$
$$\text{s.t.}\ \ x_1+p_2x_2\leqslant 7+3p_2$$
$$x_1,\ x_2\geqslant 0$$

这个优化问题的解是

$$x_1=\frac{2(7+3p_2)}{3},\ x_2=\frac{7+3p_2}{3p_2}$$

同理，经济行为人 B 求解的是如下优化问题 154

$$\max\ 3\ln y_1+2y_2$$
$$\text{s.t.}\ \ x_1+p_2x_2\leqslant 0\times 1+4p_2$$

$$y_1,\ y_2 \geqslant 0$$

得到的解为

$$y_1 = \frac{3p_2}{2},\ y_2 = 2.5$$

瓦尔拉斯拍卖师希望选择适当的 $(1,\ p_2)$，使得对每种商品的需求都恰好完全匹配每种商品的供给：

$$\frac{2(7+3p_2)}{3} + \frac{3p_2}{2} = 7 \Rightarrow p_2 = \frac{2}{3}$$

因此，瓦尔拉斯均衡价格为 $p_1=1$，$p_2=2/3$，均衡配置则为经济行为人 A 消费 (6, 4.5)、经济行为人 B 消费 (1, 2.5)。 □

再让我们看看，例 49 中哪些地方用到了完全竞争市场假设。很显然，我们利用了消费者知道价格这个事实，同时忽略了任何交易成本。我们还假设，在拍卖师公开宣布的价格下，经济行为人会如实报告自己的禀赋和需求。他们肯定会如实报告吗？下面这个例子表明，经济行为人有可能通过谎报他们的需求而获利。

例 50：假设我们有两个经济行为人（称他们为 A 和 B）和两种商品。经济行为人 A 的效用函数为 $u_A(x_1,\ x_2)=x_1x_2$，其中 x_i 表示 A 消费的商品 i 的数量（$i=1$, 2），经济行为人 A 的禀赋为 0.5 单位的商品 1，0 单位的商品 2。经济行为人 B 的效用函数为 $u_B(y_1,\ y_2)=2y_1+y_2$，其中 y_i 表示 B 消费的商品 i 的数量（$i=1$, 2），经济行为人 B 的禀赋为 0.5 单位的商品 1，1 单位的商品 2。我们把商品 1 设定为计价单位，并用 p 表示商品 2 的单价。读者可以验证，经济行为人 A 在效用最大化时的需求为

$$x_1 = \frac{1}{4},\ x_2 = \frac{1}{4p}$$

经济行为人 B 在效用最大化时的需求取决于 p 大于还是小于 1/2（请回顾一下例 42）。如果 $p>1/2$，那么使 B 的效用最大化的需求是

$$y_1 = \frac{1}{2} + p,\ y_2 = 0$$

155 如果 $p<1/2$，那么使 B 的效用最大化的需求是

$$y_1 = 0,\ y_2 = 1 + \frac{1}{2p}$$

如果 $p=1/2$，那么在 B 的预算线 $y+py_2=1/2+p$ 上的所有点的效用都相同，都可以实

现效用最大化。

然而还需要检验一下。读者马上就可以发现，当 $p>1/2$ 时，对商品 1 的需求与它的供给是不匹配的：

$$\frac{1}{4}+\frac{1}{2}+p\neq1$$

对于 $p<1/2$ 也是一样。

所以，我们必须检验 $p=1/2$ 时的情况。在这个价格下，经济行为人 A 对商品 1 的需求是 1/4，从而留下了 3/4 单位的商品 1 给经济行为人 B。经济行为人 A 对商品 1 的需求是 $\frac{1}{4\times1/2}=\frac{1}{2}$，从而留下了 1/2 单位的商品 1 给经济行为人 B。如果商品束（3/4，1/2）位于经济行为人 B 的预算线上，就可以使她的效用最大化，于是我们找到了一个均衡配置。我们很容易就可以验证这一点：

$$3/4+p\times1/2=3/4+1/2\times1/2=1$$

经济行为人 B 从商品束（3/4，1/2）获得的效用为 $2\times3/4+1/2=2$。

接下来，让我们考察一下如果经济行为人 B 谎报自己的效用函数为 y_1y_2，会发生什么。当商品 2 的价格为每单位 p 时，经济行为人 B 声称自己对商品 1 的需求为 $\frac{1}{4}+\frac{p}{2}$、对商品 2 的需求为 $\frac{1}{4p}+\frac{1}{2}$——这两者是通过求解以下最大化问题得到的：

$$\max y_1y_2$$

$$\text{s. t. } y_1+py_2=\frac{1}{2}+p$$

利用经济行为人 A 前面报告的需求和经济行为人 B 现在报告的需求，可以确定一个新的 p 的均衡值。与前面一样，只要验证一下商品 1 满足市场出清条件就足够了：

$$\frac{1}{4}+\frac{1}{4}+\frac{p}{2}=1\Rightarrow p=1$$

在这个价格下，经济行为人 B 将得到 $\frac{1}{4}+\frac{1}{2}=\frac{3}{4}$ 单位的商品 1、$\frac{1}{4}+\frac{1}{2}=\frac{3}{4}$ 单位的商品 2。这个商品束给她带来的效用（她的真实的效用函数而不是她谎报的效用函数计算）为 $2\times\frac{3}{4}+\frac{3}{4}=\frac{9}{4}$，这比原来的效用值 2 要大。换句话说，通过谎报需求，经济行为人 B 能够提高她的效用，从而使自己变得更“富有”。

需要注意的是，经济行为人 B 这样做的好处是通过推高商品 2 的价格而获得的。请回想一下，经济行为人 B 是唯一拥有商品 2 的经济行为人。她利用这种垄断力量改善了自己的处境。 □

既然一个人报告的需求会影响价格，那么他就有动机谎报需求。不过，价格 156

接受假设排除了这种可能性，它假设每个经济行为人都相信他们的需求报告的变化不会影响价格。这是一个至关重要的假设，没有这个假设，本章接下来的所有内容都将成空。这个假设是一个合理的假设吗？下面这个例子给出了答案为“是”的条件。

例 51： 考虑例 50 的一个变体。假设经济体中有 $2N$ 个经济行为人——经济行为人 A 有 N 个克隆体，经济行为人 B 也有 N 个克隆体。经济行为人 A 的 N 个克隆体与其具有相同的效用函数和禀赋。经济行为人 B 的 N 个克隆体也是如此。很容易看出，商品 2 的均衡价格仍然是 1/2（以商品 1 为计价单位）。

现在，假设经济行为人 B 的其中一个克隆体为了将 p 推高到大于 1/2 而谎报了需求。经济行为人 A 的所有克隆体对商品 1 的总需求是 $N/4$。由于 $p>1/2$，经济行为人 B 的所有克隆体（除了谎报自己的需求的那一个之外）对商品 1 的总需求是 $(N-1)(1/2+p)$，经济行为人 B 的那个“反常”的克隆体对商品 1 的需求是 $1/4+p/2$。因此，对商品 1 的总需求是

$$\frac{N}{4}+(N-1)\left(\frac{1}{2}+p\right)+\frac{1}{4}+\frac{p}{2}$$

这必须等于商品 1 的总供给，即

$$\frac{N}{4}+(N-1)\left(\frac{1}{2}+p\right)+\frac{1}{4}+\frac{p}{2}=N$$

$$\Rightarrow p=\frac{1}{2}+\frac{1}{2N}$$

注意，如果 N 很大，那么均衡价格将接近于 1/2。换句话说，随着克隆体的数量增加，一个“反常”的 B 克隆体将商品 2 的价格推高到 1/2 以上的能力将下降。这当然是不难预料到的，因为这个“反常”的 B 克隆体对商品 2 不再拥有垄断地位了。 □

有人可能会问，瓦尔拉斯均衡的存在性是不是像例 49 这样的一些人为产物。不是的。这一点从图 6.3 所示的埃奇沃思盒可以看得很清楚。图中标出了瓦尔拉斯配置。它是通过向上平移 A 的无差异曲线（往东北方向）、向下平移 B 的无差异曲线（往西南方向）得到的。图中还用虚线“模拟”了每条无差异曲线的轨迹。

这两条无差异曲线互相靠拢，直到它们恰好在某一点相切（即图中给出的那一对实线无差异曲线）。此时，两条无差异曲线共享一条共同的切线（图中未显示）。这条公共切线是每个经济行为人的预算线。它的斜率给出了瓦尔拉斯均衡价格的比率。无差异曲线相切的那一点就是瓦尔拉斯配置。例 49 和图 6.3 验证了瓦尔拉斯配置所具有的三个特性：

157

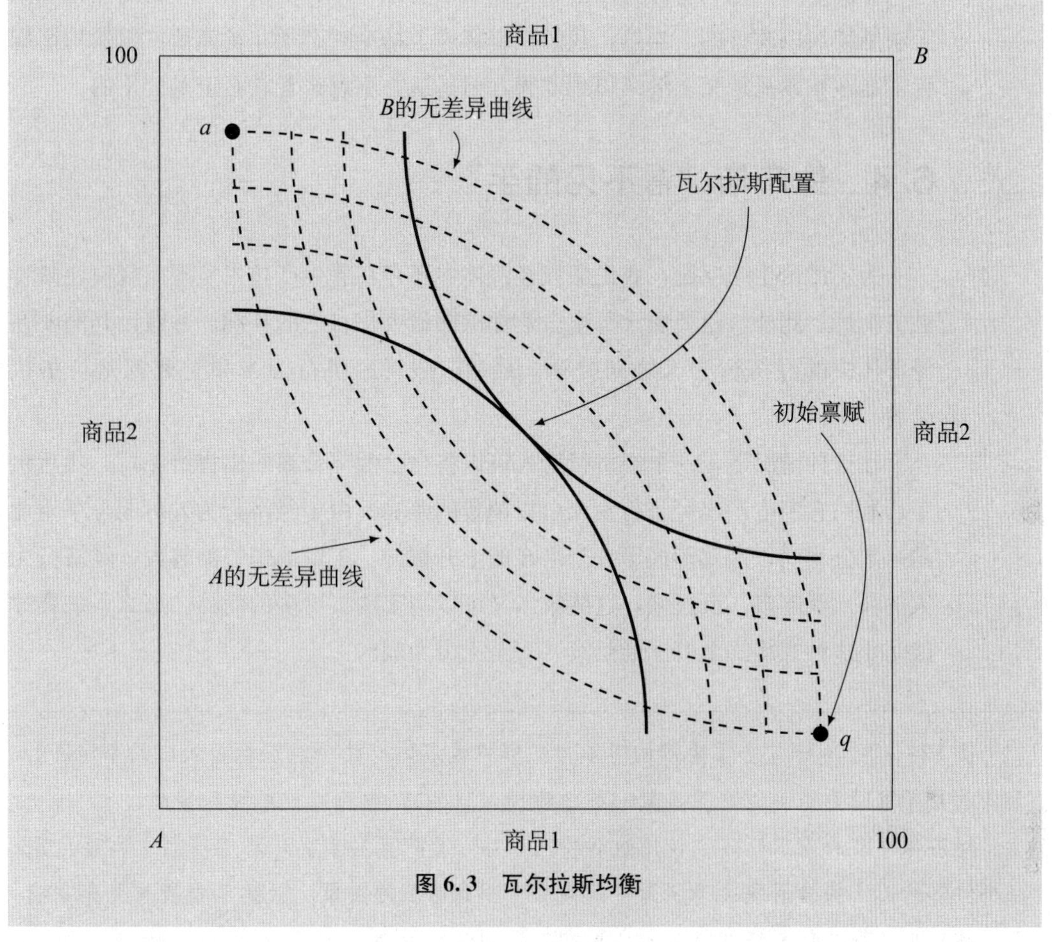

图 6.3　瓦尔拉斯均衡

（1）瓦尔拉斯配置是可行的（即，对于每一种商品，分配出去的总量恰好等于可用的总量）。

（2）就个体而言，它是理性的。

（3）它是帕累托最优的。这源于这样一个事实，即实线无差异曲线在对应于瓦尔拉斯配置的点上彼此相切。埃奇沃思盒中的任何其他点都必定或者位于 A 的实线无差异曲线的下方，或者位于 B 的实线无差异曲线的上方，这就使得至少有一个经济行为人的境况要比在瓦尔拉斯配置下更糟。

第二个特性确保了每个经济行为人都有参与市场交易的动机，因为他们确定能够获得至少与只通过消费自己禀赋所得到的同样多的效用。第三个特性则表明，瓦尔拉斯配置不能在不使某个人的境况变得更差的情况下得到改善。这个结论通常称为经济学第一福利定理。让我们重申这个定理，以备将来引述：

在本节开头给出的条件下，瓦尔拉斯均衡配置是可行的、个体理性的、帕累托最优的。

经济学第一福利定理为以下结论奠定了基础：对自由市场产生的商品配置是
158 无法继续加以改善的。当然，我们在解释这个结论时必须非常谨慎。虽然均衡配置不能在帕累托意义上继续得到改善，但是这并不意味着它必定是公平的。

6.4 生产与“看不见的手”

为了讨论生产问题，我们假设经济体中还存在着生产技术呈现出规模递减特性的工厂。此外，还要假设每家企业都试图最大化自己的利润，并假设利润要在经济体中的经济行为人之间分享。最后，假设经济行为人和企业都是价格接受者。

在这种情况下，一个经济行为人可以将自己的部分禀赋出售给工厂，然后由工厂利用它们生产出经济行为人可以消费的商品。由于经济行为人可能分享企业的一部分利润，这就形成了一个潜在的上升螺旋：工厂的销售额越大，经济行为人的收入就越多，反过来，这些收入又可以用于购买更多的商品。那么，怎样才能防止这种螺旋式上升不断延续，直至无穷大呢？

例 52：这个例子包含了生产的可能性。假设经济体有两个经济行为人，每个经济行为人的初始禀赋都是一种商品，我们称之为投入（品），它可以被解释为劳动。

经济体中有一家工厂，它使用这种投入（品）生产两种商品，称为商品 1 和商品 2。每个经济行为人的效用取决于所消费的商品 1 和商品 2 的数量。效用不能直接从消费投入（品）来获得。每个经济行为人各拥有工厂利润的一半。

用 x_i 表示经济行为人 1 购买的商品 i 的数量，并用 y_i 表示经济行为人 2 购买的商品 i 的数量。p_1 表示商品 1 的单位价格，p_2 表示商品 2 的单位价格，p 表示投入（品）的单位价格。

经济行为人 1 的效用是商品束（x_1，x_2）的函数，其形式为 $U_1(x_1, x_2)=x_1x_2$。经济行为人 2 的效用是商品束（y_1，y_2）的函数，其形式为 $U_2(y_1, y_2)=y_1y_2$。

商品 1 的生产函数为 $\sqrt{z_1}$，其中 z_1 为生产商品 1 所使用的投入（品）的数量。商品 2 的生产函数为 $\sqrt{\frac{z_2}{2}}$，其中 z_2 为生产商品 2 所使用的投入（品）的数量。

给定价格向量（p_1，p_2，p），工厂要选择适当的 z_1 和 z_2 来最大化自己的利润。这个利润最大化问题可以表述为：

$$\Pi=\max p_1\sqrt{z_1}+p_2\frac{\sqrt{z_2}}{2}-p(z_1+z_2)$$

$$\text{s. t. } z_1,\ z_2\geqslant 0$$

只需用通常的方法，就可以得到这个优化问题的最优解：

$$z_1=\left(\frac{p_1}{2p}\right)^2,\ z_2=\left(\frac{p_2}{4p}\right)^2$$

这就是工厂对商品 1 和商品 2 的需求曲线。工厂对商品 1 的供给为 $\sqrt{z_1}=\frac{p_1}{2p}$，对商品 2 159
的供给则为 $\frac{\sqrt{z_2}}{2}=\frac{p_2}{8p}$。

因此，工厂的利润为：

$$\Pi=\frac{4p_1^2+p_2^2}{16p}$$

经济行为人 1 面对的效用最大化问题是：

$$\max x_1x_2$$

$$\text{s. t.}\quad p_1x_1+p_2x_2\leqslant p\times 1+\Pi/2$$

$$x_1,\ x_2\geqslant 0$$

预算约束的右边包括了出售投入（品）所得的钱和工厂利润的一半。因此，使效用最大化的商品束由下式给出：

$$x_1=\frac{p+\frac{\Pi}{2}}{2p_1},\ x_2=\frac{p+\frac{\Pi}{2}}{2p_2}$$

这就是经济行为人 1 对商品 1 和商品 2 的需求曲线。注意，经济行为人 2 的效用函数与经济行为人 1 的效用函数是相同的，并且他们具有相同的收入。因此，经济行为人 2 与经济行为人 1 具有完全相同的需求曲线。

为了确定瓦尔拉斯均衡，我们需要得出商品 1、商品 2 和投入（品）的市场出清条件：

$$\frac{p+\frac{\Pi}{2}}{2p_1}+\frac{p+\frac{\Pi}{2}}{2p_1}=\frac{p_1}{2p}$$

$$\frac{p+\frac{\Pi}{2}}{2p_2}+\frac{p+\frac{\Pi}{2}}{2p_2}=\frac{p_2}{8p}$$

$$\left(\frac{p_1}{2p}\right)^2+\left(\frac{p_2}{4p}\right)^2=2$$

回想一下，与前面一样，我们总是可以将其中一种商品的价格设定为 1。在这个例子中，我们设定 $p=1$。于是，市场出清条件就可以重写为：

$$2\times\frac{1+\frac{\Pi}{2}}{2p_1}=\frac{p_1}{2}$$

$$2\times\frac{1+\frac{\Pi}{2}}{2p_2}=\frac{p_2}{8}$$

$$\left(\frac{p_1}{2}\right)^2+\left(\frac{p_2}{4}\right)^2=2$$

160 化简得：

$$2+\Pi=p_1^2$$

$$8+4\Pi=p_2^2$$

$$\left(\frac{p_1}{2}\right)^2+\left(\frac{p_2}{4}\right)^2=2$$

很容易解出 $p_1=2$，$p_2=4$。 □

例 53：当工厂的生产函数是投入（品）的线性函数时，上面这个例子会出现一个小小的问题。我们看到，在这种情况下，均衡价格将使得工厂的利润为零。

与之前一样，假设有两个经济行为人，其禀赋和效用函数与例 52 中一样。商品 1 的生产函数是 z_1，其中 z_1 是生产商品 1 所使用的投入（品）的数量。商品 2 的生产函数是 $z_2/2$，其中 z_2 是生产商品 2 所使用的投入（品）的数量。

给定价格向量（p_1，p_2，p），工厂要选择适当的 z_1 和 z_2 来最大化自己的利润。这个利润最大化问题可以用下式表示：

$$\Pi=\max p_1z_1+p_2\frac{z_2}{2}-p(z_1+z_2)$$

$$\text{s. t. } z_1,\ z_2\geqslant 0$$

如果 $p_1>p$，读者可以验证，最优解将要求 $z_1=\infty$。这显然与瓦尔拉斯均衡配置不一致，因为任何一个经济行为人都不可能提供∞单位的劳动。如果 $p_1<p$，工厂将永远不会生产任何商品 1。类似地，如果 $p_1/2>p$，工厂将生产∞单位的商品 2；同样，这也与瓦尔拉斯均衡的结果不一致。因此，在瓦尔拉斯均衡下，必定有 $p_1=p$ 和 $p_2/2=p$。然而，在这种设定下，工厂赚取的利润为零，而且，z_1 和 z_2 的任何非负对都是利润最大化的。这是因为每种商品的边际利润都是零。

设 $p=1$，那么 $p_1=1$ 且 $p_2=2$。经济行为人 1 的效用最大化问题就变成了

$$\max x_1x_2$$

$$\text{s. t. } x_1+2x_2\leqslant 1$$

$$x_1,\ x_2\geqslant 0$$

预算约束的右边是出售投入（品）所得到的钱。由于工厂没有利润，经济行为人的收入不包含利润分成。使效用最大化的商品束由下式给出：

$$x_1=\frac{1}{2},\ x_2=\frac{1}{4}$$

这就是经济行为人1对商品1和商品2的需求曲线。注意，经济行为人2的效用函数与 161
经济行为人1的效用函数是相同的，并且两者具有相同的收入。因此，他与经济行为人1具有完全相同的需求曲线。□

6.4.1　成本最小化

在引入生产之后，瓦尔拉斯配置仍然是帕累托最优的。然而，我们还可以得到更多的结论。生产出来的商品的组合必定是以尽可能低的成本生产的。为什么会是这样？我们不妨先考虑一个只有两家企业组成的经济体（企业1和企业2），这两家企业都生产同一种商品（“唆麻”）。假设“唆麻”的总需求是100单位。

再假设你是一个负责以最低成本满足“唆麻”需求的中央计划人员。政府已经将这两家企业收归国有，所以你可以随意处置它们。你必须决定每家企业生产多少“唆麻”，并保证总生产成本降到最低。那么你要怎么做？一个思路是将生产一单位“唆麻”的任务分配给当前边际成本更低的那家企业。一旦全部100单位的“唆麻”都分配出去了，你就可以停止了。显然，这是生产100单位“唆麻”的成本最低的方式。[①] 最终，这两家企业必定有相同的边际成本。因为如若不然，我们就可以通过将一些“唆麻”的生产任务从边际成本较高的企业转移到边际成本较低的企业来降低成本。[②]

另一个思路是，与其决定每家企业应该生产多少“唆麻”，不如宣布将以某个价格购买企业生产出来的“唆麻”。假设这个价格为 p，如果这两家企业是利润最大化者，那么它们都会一直生产下去，直到边际成本等于 p。到那个时候，它们的边际生产成本也将是相同的！唯一的问题是，“唆麻”的总产量可能不等于100。这也没有问题。如果产量超过了100，那就降低 p；如果产量小于100，那就提高 p。

在这两种思路下，那100单位“唆麻”的生产任务的分配，最终将使这两家企业的边际成本相等。在第二种思路下，两家企业都不关心总成本的最小化。它们唯一的目标是将自己企业的成本降到最低。然而无论如何，它们的生产最终还

---

① 由于两家企业都表现出了规模收益递减的性质，因此当每家企业生产的“唆麻”数量增加时，它们的边际成本会上升。

② 这并不完全正确。与其他企业相比，一家企业的边际生产成本可能非常大，以至于没有任何产品被分配给它生产。在这种情况下，所有100单位产品都将由一家企业生产，两家企业的边际成本不会相等。但是，即便是在这种情况下，从这个案例得出的结论仍然成立。

是会使生产总成本最小化。这就是亚当·斯密（Adam Smith，1723—1790）里程碑式的关于“看不见的手”的论述的理论基础[①]：

> 因此，由于每个人都努力将他的资本尽可能地用于支持国内产业，并尽力管理好国内产业，使其产品价值实现最大化，所以他也必定在尽其所能地
> 162 使整个社会的年收入尽可能地大。当然，作为个体，商人通常既没有打算去促进公共利益，也不知道自己在多大程度上促进了公共利益。他宁愿投资支持国内产业而不是去支持外国产业，只是为了自己的资本的安全着想；他管理产业，使它的产品的价值最大化，目的也只是满足自己的利益。在这种情况下，也像在其他许多情况下一样，他只是被一只看不见的手引导着，促成了一个完全在他意图之外的目标的实现。

我们前面给出的说明性例子是片面的，因为它假设需求是给定的和固定的。如果我们事先不知道需求，又会怎样？这也不成问题。只需直接宣布一个价格 p。消费者会告诉你，在那个价格下他们需要多少产品才能最大化他们的效用（这就是需求）；企业则会告诉你，它们能生产什么来最大化利润（那就是供给）。如果供过于求，就降低 p；如果求过于供，就提高 p。我们知道，随着价格上涨，需求会下降。另外，随着价格的上涨，供给也会增加。随着需求的下降和供给的上升，它们必定会在某个地方“相遇”。成啦！

6.5 计划还是市场

> 啊！同志！我真为你们的五年计划着迷！我对这样的伟大计划已经盼望了整整十五年了。
>
> ——莱昂·达尔古伯爵（Count Leon d'Algout）*

一个完全竞争的市场可以复制仁慈的中央计划体制所产生的结果。那么，为什么还要在乎有没有市场呢？一个原因是信息。[②] 通过中央计划来配置资源，给计划者带来了巨大的信息负担。中央计划者必须知道所有可用的资源、所有的生产函数以及每个人的效用函数。价格可以让人们避免收集所有这些信息的麻烦。价格可以将所有这些信息合并成一个数字。有了价格，就说明了一切。[③] 肯尼

---

① “看不见的手”发挥作用的方式就像歌德（Goethe）描绘的魔神“墨菲斯托”（Mephisto）一样。这个魔神唤醒了“一种无法理解的力量，这种力量的意志是坏的，却总是产生了好的结果”。

* 莱昂·达尔古伯爵是讽刺喜剧反乌托邦电影《妮诺契卡》中的人物。——译者注

② 另一个（政治上的）原因是，人们不可能相信计划者真的是仁慈的。

③ 这一发现要归功于弗里德里希·哈耶克（Friedrich Hayek，1899—1992）。

斯·阿罗对这个论点进行过精辟的总结：

> 它（价格体系）不仅能够在刚才描述的意义上实现有效配置，而且它只对经济中的参与者提出了微乎其微的知识要求。他们只需要知道自己的需要。个人不必担心自己的行为的社会影响。在这个制度下，如果个人做出了影响别人的事情，他就要付出代价。如果他抽走了其他人可以使用的资源，他必须付出的代价会使他意识到这一点，但是他不必进一步将他人作为独立的个体来看待。他们自然会通过他必须支付的价格得到补偿。

就连列昂·托洛茨基（Leon Trotsky，1879—1940）也不得不承认如下这个事实：

> 经济中有无数活生生的参与者，无论是国家的还是私人的，集体的还是个人的，我们都必须考虑到他们的需要和相对实力，不仅是通过计划委员会的统计指标，还通过直接的供求压力。

但是斯大林（Stalin，1878—1953）则不然。在这个"约瑟夫大叔"的统治下，苏联撇开了市场，完全依靠中央计划经济。这种"狂热"还出口到了第二次世界大战结束后成为苏联卫星国的一系列国家。1948 年，曾在捷克一家出口公司工作的乔·兰格（Jo Lange）从所谓的"工人视角"提出了自己对中央计划体制的如下看法[①]： 163

> ……在 12 月，计划部的负责人要我制作出一张表格来，详细列明我计划在明年上半年向瑞士、英国、马耳他、马达加斯加等国交付多少支牙刷（包括什么样的刷毛、什么颜色等等）。我说我不可能知道这些啊，因为我们在不同地方的代理商都是一些普通人，会生病，甚至会去世……他们对我的不同意见不屑一顾，要求我立即进行预测并编制出计划。

6.6 自由贸易

格拉斯哥市最重要的墓地被称为"亡灵之城"。它依山而建，在山脚下，你会看到格拉斯哥大教堂。它没有圣保罗大教堂的浮华，也没有威斯敏斯特大教堂的威严，但是，那正是它应该有的样子。格拉斯哥大教堂的内饰简洁而美观。埋葬在里面的都是一些值得尊敬的牧师、医生和市民。在它的石板、墙壁

---

① 乔·兰格出生在布达佩斯，但是在与斯洛伐克著名共产党员奥斯卡·兰格（Oscar Lange）结婚后，他便移居到了布拉迪斯拉发市。上面引述的这段话摘自乔的回忆录《信念：我和一个善良的共产主义者在一起的生活》(*Convictions*: *My Life With a Good Communist*)。

和彩色玻璃上，还留下了对许多苏格兰逝者的纪念文字，他们的遗骨尚未入殓，埋葬在其他地方——世界各地，包括阿富汗、比利时、埃及、印度、南非等等。约瑟夫·康拉德在他的书中写道，泰晤士河见证了他们作为创造者的所作所为：

> 他们要么是淘金者，要么是逐名者。他们都带着剑，还常常举着火炬，行走在那条河之上。他们是大地的使者，是神圣之火的播种者。还有什么伟大的东西没有随着河水的退潮而漂进一个未知的神秘世界里去呢！……人类的梦想、联邦的种子、帝国的萌芽。

苏格兰不仅为大英帝国提供了大量士兵，还贡献了很多教师、医生、护士、工程师和公务员。除了威士忌和高尔夫，苏格兰对世界的主要出口“产品”就是它的人民。如果不列颠治世（Pax Britannica）未曾出现，这一切就是不可能发生的。大英帝国鼓励（有时甚至是通过武力强迫）人员的跨境流动。

而在我们这个时代，自第二次世界大战结束以来最大规模的人口流动潮也方兴未艾。在阿富汗、孟加拉国、索马里、叙利亚、洪都拉斯，成千上万的个人和家庭正穿越边境，带着巨大的恐慌和焦虑进入了新的国度。应该允许移民进入本
164 国吗？这个问题是“自由贸易”是不是一件好事的一个变体。如果降低苹果、奶酪和汽车的关税以及取消贸易壁垒是个好主意，那么为什么不减少劳动流动的障碍呢？为什么波兰的理发师不能把他们的劳动输出到英国呢？为什么一个英国人不能让波兰人给他理发呢（如果他愿意的话）？

或许，理解为自由贸易辩护的**标准**经济学观点的最佳途径就是，理解大卫·弗里德曼（David Friedman）颇具煽动性的理论框架。弗里德曼指出，在美国制造汽车有两种技术。其中一种是众所周知的，而且在历史上一直以底特律为中心。另一种则是经常遭到忽视的、以艾奥瓦州为中心的技术。底特律“制造”汽车，而艾奥瓦则“种植”汽车。是的，在艾奥瓦州，汽车是“生长”出来的。人们播下种子，等它们长成小麦，成熟后收割，然后把它们装到船上运往日本。最后，船又载着汽车回来了。

这两种“生产”汽车的方式，其实就像我们前面在第6.4节中描述的那两家生产“咳麻”的企业。在完全竞争的市场中，每家企业都独立行动，选择产量以使生产总成本最小化。国外和国内组合生产汽车的方式，也是成本最小化的一种方式。现在，假设对进口汽车（即艾奥瓦州“生产”的汽车）征收关税。这会降低对艾奥瓦产汽车的需求，因为艾奥瓦产汽车的价格提高了。这样一来，配置给艾奥瓦州的“制造商”的“生产任务”就会减少。特别是，最终的组合将不再是总成本最小化的组合。这一切会造成什么影响？

(1) 因为艾奥瓦州“生产”的汽车越来越少，所以艾奥瓦州的农民的收入会比以前下降很多。

(2) 底特律的汽车制造商比以前卖出了更多的汽车。这意味着最后一辆车的边际成本比之前更高了。请读者回想一下，价格是由最后一辆车的边际成本决定的，因此价格也会变得更高。这样一来，底特律的汽车制造商就可以获得更高的总利润。

(3) 消费者必须为汽车支付更高的价格，因此他们的境况变得更糟了。

(4) 利用我们以前使用过的推理方法，很容易证明，总剩余是有所减少的。因此从总体上说，我们的境况变得更差了。

因此，征收这样一种关税虽然有利于底特律的汽车工人，但是损害了艾奥瓦州的农民和消费者的利益。对艾奥瓦州的农民进行补贴则会产生相反的效果。

总而言之，假设国与国之间的贸易类似于一个完全竞争的市场上的交易，那么设置贸易壁垒只会减少相关国家的总剩余。然而，2016 年 6 月，在加入欧盟近半个世纪之后，英国举行的全民公决却通过了脱离欧盟的决定。这个结果震惊了全世界，使一直以来被英国人温和的举止和矜持的言论掩盖着的阶层和代际鸿沟暴露无遗。“脱欧者”最关心的是移民问题。加入欧盟，除了其他一些义务之外，主要意味着消除成员国之间的贸易壁垒，而且这适用于商品、服务和人员。在法国出生、在德国接受教育、在英国找到工作、在西班牙退休都是可能的。对英国人来说，这意味着波兰承包商、西班牙服务员、奥地利教授和希腊护士都可能涌入英国。当然，这也意味着英国公民的流动性也会增加，可能会有不少年轻的英国人移居欧洲大陆。

假设欧盟的劳动市场类似于一个完全竞争的市场，英国脱离欧盟就相当于对 165
进口劳动和商品征收关税。如前所述，英国的情况从总体上看将会变得更糟。那么，为什么大多数英国人投票决定脱离欧盟呢？难道他们不知道面包的哪一面抹了黄油吗？

是的，英国人的总剩余将会随着脱离欧盟而减少。然而，剩余的分配也是很重要的。那些能够从低贸易壁垒中获益的人会投票支持留在欧盟，而那些没有受益的人将投票支持脱离欧盟。一项对投票结果的地区分布的分析清楚地表明，自从英国加入欧盟以来，投票支持脱离欧盟的英格兰和威尔士的许多地区的经济活动水平确实出现了下降。这种下降中有一部分是不可避免的。大英帝国早就步入了黄昏，在软弱无力的斜阳掩映之下，兰开斯特的工厂安静下来了，克莱德赛德的造船厂关闭了，纽卡斯尔的熔炉也不再闪着耀眼的钢花了。早在 20 世纪 70 年代，英国就曾经取代土耳其，成为“欧洲病夫”中的一员。[①] 欧盟成员国身份带来了巨大好处，但是这些好处主要集中在伦敦大都会区和英国东南部。

到目前为止，我们讨论的是，在不存在贸易壁垒的情况下强加贸易壁垒会有什么后果。那么反过来，如果原本存在贸易壁垒，而我们打算消除它，情况又会怎样？前面的论证反过来仍然有效吗？可能会有一个国家或地区的境况因为壁垒的消除而变得更糟。但是，总剩余肯定会有所增加。因此，消除贸易壁垒会带来足够多的额外盈余，足以补偿那些境况有所变差的人。

下面，我们给出在讨论关于自由贸易的各种观点时应该记住的三个警告，并以此结束本节。

(1) 当我们要用自由贸易理论来证明消除贸易壁垒的合理性时，我们假设自由贸易将使我们更接近完全竞争的结果。然而，如果还有其他方面的限制（比如劳动法、污染法规等等），仅仅消除贸易方面的障碍不一定能产生预期的效果。我们还必须说明当前存在的各种不同的限制或壁垒是如何相互作用的。

(2) 从原则上说，我们可以对那些因消除壁垒而境况变得更糟的人加以补偿，但是这并不意味着我们在实践中一定能做到这一点。谁应该得到补偿？他们应该得到怎样的补偿？谁应该支付补偿？这些都是不容易回答的问题。

(3) 在代议制民主制度下，消除这种壁垒的举措如何付诸实施？回想一下艾奥瓦州和底特律的那个例子。征收关税的好处集中在底特律的生产者身上，但是成本却是由艾奥瓦州的农民和消费者这个更广泛、更分散的群体来分担的。如果参与民主进程需要付出高昂的代价，那么就不能肯定那些承担了这些壁垒的代价的群体是否有推翻壁垒的足够强大的动机。

那么，对于那些主张限制贸易的论点，又该怎么看呢？这种论点在逻辑上是不一致的。任何关于国与国之间贸易是否应该加以限制的论点，都同样适用于同一国家内各省（州）之间的贸易。更何况，即便自由贸易是一个坏主意，我们也
166 不清楚我们是否知道如何管理贸易，以便做得更好。在这个方面，20 世纪 80 年代早期的美国食糖政策留下的历史经验很有指导意义。当时，为了将国产的食糖价格维持在较高的水平上，美国政府限制了进口食糖的数量，即实施了进口食糖配额制。随着全球糖价的下降，配额也随之减少，这导致国内食糖价格急剧上涨。涨幅是如此之大，以至于美国企业发现购买蛋糕粉、冰茶和其他高含糖量的商品来提取其中的糖反而更加便宜。两大食糖“消费者”可口可乐公司和百事可乐公司也不得不转而使用玉米糖浆，这大幅削弱了国内的食糖需求。另一个意料

① “欧洲病夫”这种说法源于俄国沙皇尼古拉一世（Tsar Nicholas I of Russia）。据记载，在克里米亚战争爆发前，尼古拉一世曾将奥斯曼帝国描述为“一个病夫，一个病入膏肓的人”。

之外的后果是，中美洲的糖农由于无法向美国出售他们的产品，于是不得不转而生产毒品了。

6.7　再论自动化（设备）

在第2.8.1节中，我们证明了，如果劳动和自动化（设备）是彼此的替代品，那么自动化（设备）价格的下降将导致对劳动的使用的减少。但是，如果由此直接得出自动化（设备）会使得工人的境况变得更糟的结论，那就是犯了合成谬误。[①]

为了追踪自动化（设备）的影响，我们在这里给出一个简单的模型，它包含了两个经济行为人和一家工厂。工厂以劳动为投入（用劳动时间来衡量），生产出某种产品——不妨把这种产品称为“绿色即食饼干”吧[②]，由这两个经济行为人消费。每个经济行为人的初始禀赋都是一单位的时间，他们可以用它来休闲或劳动。经济行为人从休闲和对“绿色即食饼干”的消费中获得效用。如果x是休闲耗费的时间，z是消费的“绿色即食饼干”的数量，那么经济行为人获得的效用就是xz。这两个经济行为人对工厂利润的分享比例不同：经济行为人1可以分得的利润所占比例为μ，经济行为人2可以分得的比例则为$1-\mu$。

我们要考虑两种不同场景，它们分别对应于对工厂的生产函数的两种选择。第一种场景是基准场景，生产函数为$f(L)=2\sqrt{L}$，即用L单位劳动（以时间的单位数来衡量）可以生产出$2\sqrt{L}$单位的“绿色即食饼干”。

我们用w表示单位劳动的价格，用p表示“绿色即食饼干”的单位价格。下面的例子给出了均衡价格和均衡数量的推导。均衡价格是$w=1$，$p=\sqrt{\frac{2}{3}}$。在均衡时每种商品的消费量分别为：$x_1=\frac{1+\mu\left(\frac{2}{3}\right)}{2}$，$z_1=\frac{1+\mu\left(\frac{2}{3}\right)}{2\sqrt{\frac{2}{3}}}$，$x_2=\frac{1+(1-\mu)\left(\frac{2}{3}\right)}{2}$，以及$z_2=\frac{1+(1-\mu)\left(\frac{2}{3}\right)}{2\sqrt{\frac{2}{3}}}$。

---

① 从某个论断对整体的某一部分是正确的这个事实，推断出该论断对整体也是正确的，这就是合成谬误。

② 广告宣传称，那是一种含有高能量浮游生物的绿色饼干。（“绿色即食饼干”是反乌托邦科幻电影《绿色食品》中的一种产品，但原料其实是被实施了安乐死的人的尸体。——译者注）

例 54： 给定 w 和 p，工厂会选择适当的 L 来最大化 $2p\sqrt{L}-wL$。能够令利润最大化的 L 为 $\left(\frac{p}{w}\right)^2$。由此，工厂的利润应该是 $\frac{p^2}{w}$。

假设经济行为人 i 选择的用于休闲的时间数量为 x_i、消费的“绿色即食饼干”为 z_i 单位。除了休闲之外，经济行为人 1 还留下了 $1-x_1$ 单位的劳动，可以出售给工厂。这样一来，经济行为人 1 就获得了 $w(1-x_1)+\mu\left(\frac{p^2}{w}\right)$ 的收入。经济行为人 1 将选择适当的 x_1 和 z_1，它们是如下优化问题的最优解：

$$\max x_1 z_1$$

$$\text{s. t. } pz_1 \leqslant w(1-x_1)+\mu\left(\frac{p^2}{w}\right)$$

$$0 \leqslant x_1 \leqslant 1$$

$$z_1 \geqslant 0$$

最优解为 $x_1=\frac{w+\mu\left(\frac{p^2}{w}\right)}{2w}$ 和 $z_1=\frac{w+\mu\left(\frac{p^2}{w}\right)}{2p}$，当然，前提条件是 $\frac{w+\mu\left(\frac{p^2}{w}\right)}{2w} \leqslant 1$。

经济行为人 2 将选择适当数量的休闲 (x_2) 和“绿色即食饼干” (z_2)，它们是如下优化问题的最优解：

$$\max x_2 z_2$$

$$\text{s. t. } pz_2 \leqslant w(1-x_2)+(1-\mu)\left(\frac{p^2}{w}\right)$$

$$0 \leqslant x_2 \leqslant 1$$

$$z_2 \geqslant 0$$

最优解为 $x_2=\frac{w+(1-\mu)\left(\frac{p^2}{w}\right)}{2w}$ 和 $z_2=\frac{w+(1-\mu)\left(\frac{p^2}{w}\right)}{2p}$，当然，前提条件是 $\frac{w+(1-\mu)\left(\frac{p^2}{w}\right)}{2w} \leqslant 1$。

我们可以选择 $w=1$（即将劳动作为计价单位）。为了确定 p，我们要让“绿色即食饼干”的供给和需求相等，即

$$\frac{1+\mu p^2}{2p}+\frac{1+(1-\mu)p^2}{2p}=2p$$

$$\Rightarrow p=\sqrt{\frac{2}{3}}$$

因此，$x_1=\frac{1+\mu\left(\frac{2}{3}\right)}{2}=z_1$，$x_2=\frac{1+(1-\mu)\left(\frac{2}{3}\right)}{2}=z_2$。 □

第二种场景是引入自动化（设备），我们的建模方法是：让工厂切换到一个新的生产函数，能够用更少的劳动生产出同样数量的“绿色即食饼干”。同时，为方便起见，我们暂且不考虑自动化（设备）也必须由某个人提供的事实。

假设新的生产函数是 $f(L)=4\sqrt{L}$。我们的目标是，搞清楚这两个经济行为人的境况是变得更好了还是更坏了。均衡价格为 $w=1$，$p=\sqrt{\frac{1}{2}}$；均衡数量为 $x_1=\frac{1+2\mu}{2}$，$z_1=\frac{1+2\mu}{\sqrt{2}}$，$x_2=\frac{1+2(1-\mu)}{2}$，以及 $z_2=\frac{1+2(1-\mu)}{\sqrt{2}}$。

经济行为人 1 的效用在基准场景下为 $\left(\frac{1+2\mu}{2}\right)^2\left(\sqrt{\frac{3}{2}}\right)$。而在第二种场景下，
她的效用则为 $\left(\frac{1+2\mu}{2}\right)^2\left(\frac{2}{\sqrt{2}}\right)$。请注意，她的效用增加了！经济行为人 2 也是如 168
此。这怎么可能呢？要知道，这项新技术只需要更少的劳动就能够生产出相同数量的“绿色即食饼干”。事实上，我们很容易就可以验证，劳动供给总量确实下降了。但是需要注意的是，“绿色即食饼干”的均衡价格也下降了。自动化（设备）降低了工厂的生产成本，使得它可以用更少的劳动生产出更多的“绿色即食饼干”。随后，“绿色即食饼干”就可以按更低的价格出售了。切换生产函数之后，工厂的利润增加了。这对这两个经济行为人都是有利的，因为每个经济行为人都可以享有部分利润。请记住，这个例子忽略了自动化（设备）的卖家应该获得的利益。因此，不能用这个例子来论证自动化必定是一件好事。然而，这个例子在提醒我们关注自动化的连锁效应方面还是很有用的。是的，如果自动化（设备）更具成本效益，那么它就会取代劳动。然而，自动化同时也会导致产量增加和价格下降，而这些都有利于投入（品）的卖家——这些投入（品）与劳动相结合来生产产出。在工厂利润中拥有一定份额的所有者也会从中受益。不过，对于那些只拥有劳动的人有什么影响，这个问题还是没有得到回答。

6.8 再论最低工资制

提高最低工资通常会遭到代表商界的游说团体的反对。反对的理由可能很极端。在 1937 年的一场国会听证会上，国家出版商协会的盖伊·哈林顿（Guy Harrington）断言，最低工资制导致了罗马帝国的衰落。随后，哈林顿和委员会主席、国会议员威廉·康纳里（William Connery，马萨诸塞州的代表，民主党人）之间的对话令人忍俊不禁。

主席：你应该不会拒绝告诉我们这些信息是从什么来源获得的吧？可否

提供一份书目？

哈林顿先生：事实上，有一个人写了一本书，后来成了罗马史权威，他就是我的资料来源。如果我没记错的话，他曾经是美国参议院的一名成员，他来自密苏里州，在密苏里州的政治事务中发挥过突出的作用。

主席：请问他叫什么名字？

哈林顿先生：我现在不记得他的名字了，但是在那个时候，他被公认为研究罗马史的权威，尤其是研究罗马经济状况的权威。

主席：你读过费拉拉（Ferrara）的《罗马经济史》吗？

哈林顿先生：没有。我从来没有读过这本书。

主席：那么你有没有读过其他的经济史著作呢？除了你刚才说的这本之外。你说它是一个密苏里州的参议员写的？

哈林顿先生：他被认为是权威。这就是我提到他的原因。

主席：那时候你已经读过吉本（Gibbon）的著作了吗？

哈林顿先生：是的。我读过吉本的著作。

主席：你记得他提到过价格必须固定不变的事情吗？

哈林顿先生：现在我不记得。

主席：你直接地、非常肯定地说，罗马就是因为这个原因而垮台的，但是这与我听到和读到的一些关于罗马垮台的真正原因的观点有所冲突。

哈林顿先生：是的。

169 主席：可能是因为这个原因，但我真的没有听过你之前说的那个原因。而且你直接明确地说罗马衰落的原因是在奥古斯都·恺撒（Augustus Caesar）之后几百年，他们开始将价格和服务固定起来。

哈林顿先生：这是其中一个原因。我只是发表意见而已。

主席：还有其他的原因吗？

哈林顿先生：来自外部的攻击、社会制度和社会生活的退化，以及诸如此类的事情，都可能是原因。这是毫无疑问的。

主席：你能告诉我们写这本书的那个人的名字吗？

哈林顿先生：好的，先生。我很乐意这样做。我一回到家就会去找那个人的名字。

让我们回顾一下经济学教科书中用来说明实行最低工资制是愚不可及的一种做法的常用模型吧。这个模型以两条曲线为起点。第一条是劳动的需求曲线，用 $D(w)$表示，其中 w 是单位劳动的工资。第二条是劳动的供给曲线，用 $S(w)$ 表示。根据假设，$D(w)$ 随 w 的上升而下降，即$\frac{dD(w)}{dw}<0$，同时$\frac{dS(w)}{dw}>0$。这是明智的假设。进一步假设，存在一个足够高的工资 $\overline{w}$，使得 $D(\overline{w}) < S(\overline{w})$；存在一个足够低的工资 w'，使得 $D(w') > S(w')$。换言之，有一种工资会使劳动的需求小于供给，还有一种工资会使劳动的需求大于供给。另外，我们假设 $D(w)$ 和 $S(w)$ 都是连续的。在这些假设下，存在一个工资 w^*，使得 $D(w^*) = S(w^*)$（即，存在一个使劳动供给与劳动需求相匹配的工资），那就是均衡工资或市场出清工资。图 6.4 说明了上述各点。在图中，劳动数量显示在纵轴上，而工资则显示在横轴上。

现在假设，根据最低工资法，实施了一个最低工资 $\hat{w} > w^*$。随着工资水平从 w^* 提高到 $\hat{w}$，对劳动的需求下降了——这源于 $D(w)$ 的导数为负的假设。因此，$D(\hat{w}) < D(w^*)$。与此同时，由于 $S(w)$ 的导数为正，所以可以推得 $S(\hat{w}) > S(w^*)$。因此，$D(\hat{w}) < S(\hat{w})$。也就是说，劳动的需求更小了。这个结果肯定会发生，不管工资涨幅是多么小。这与我们在第 2.9.1 节中讨论的买方垄断情况形成了鲜明的对比。在那里，一个足够小的增长就会导致垄断者雇用更多的工人。

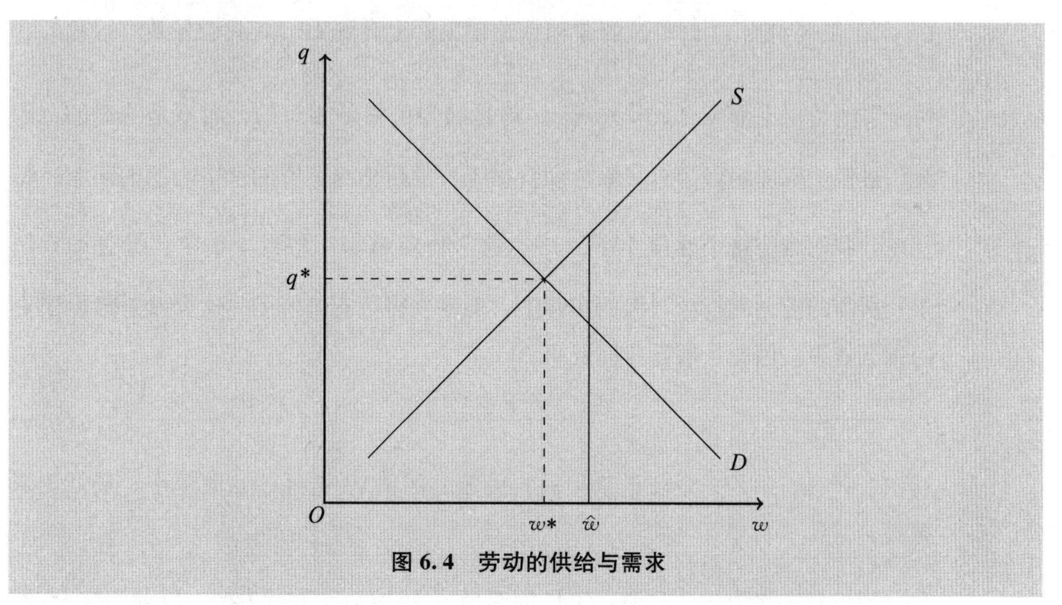

图 6.4　劳动的供给与需求

不过，尽管只有更少的工人被雇用了（或只需要工作更短的工作时间），这 *170*
些工人却得到了更高的工资。因此，要弄清楚制定一个高于均衡工资水平的最低工资到底是不是一个坏主意，我们必须评估总剩余的变化。通过直接的计算就可以表明（就像第 2.6 节中那样），（买家和劳动的）总剩余在实施最低工资制后出现了下降。

这个简单分析的结论很诱人，但是它并不完整。例如，更高的工资难道不能促使工人在购买商品时花更多的钱吗？那样，劳动成本的上升将被需求的上升所抵消。此外，既然不同经济行为人的偏好不能以一个共同的货币尺度来计价，我们又怎么能说，制定（高于均衡水平的）最低工资会让每个人的境况都变差呢？

为了检验这些可能性，我们使用了一个与第 6.7 节相同的模型，不过在推导过程中跳过了很多步骤，因为我们相信读者有能力把它们补充完整。

假设经济体中有两个经济行为人和一家工厂。工厂以劳动（用时间单位来衡量）为投入（品）并生产“绿色即食饼干”。每个经济行为人的初始禀赋都是 1 单位的时间，他们可以将这单位时间用于休闲或劳动。经济行为人通过休闲和消费“绿色即食饼干”获得效用。如果 x 是休闲耗费的时间，z 是消费的“绿色即食饼干”的数量，那么获得的效用就是 xz。经济行为人 1 和经济行为人 2 各自拥有工厂的 50%的利润。设 $f(L)=2\sqrt{L}$ 为用 L 单位劳动生产出来的“绿色即食饼干”的数量。

用 w 表示劳动的单位价格，用 p 表示“绿色即食饼干”的单位价格。读者可以验证均衡价格为 $w=1$，$p=\sqrt{\frac{2}{3}}$。换句话说，要购买 1 单位的“绿色即食饼干”，需要付出 $\sqrt{\frac{2}{3}}$ 单位的劳动。迫使工资上升到 $1+\delta$，只会导致“绿色即食饼干”的价格上涨到 $(1+\delta)\sqrt{\frac{2}{3}}$。这是因为价格是相对的，而不是绝对的。因此，最低工资应解释为对“绿色即食饼干”的价格与工资的价格之比的限制。特别是，我们希望这个比值小于 $\sqrt{\frac{2}{3}}$。这个比值越小，购买 1 单位“绿色即食饼干”所需的劳动就越少，因而实际上，劳动变得更有价值了，这大概是最低工资的预期效果。因此，假设我们要求

$$\frac{p}{w}=\alpha\sqrt{\frac{2}{3}} \tag{6.9}$$

其中，$0<\alpha<1$ 是一个变量（稍后再确定 α 的值）。选择的 α 值越小，最低工资越高。

当价格之比为 $\alpha\sqrt{\frac{2}{3}}$ 时，工厂会选择 $\frac{2\alpha^2}{3}$ 单位劳动进行生产，以最大化利润。此时，“绿色即食饼干”的总产量为 $2\alpha\sqrt{\frac{2}{3}}$。

171 回忆一下，经济行为人面对的效用最大化问题为：

$$\max x_1 z_1$$

$$\text{s.t. } pz_1\leqslant w(1-x_1)+0.5\left(\frac{p^2}{w}\right)$$

$$0\leqslant x_1\leqslant 1$$

$$z_1\geqslant 0$$

如果我们通过 w 把预算约束分割开来，并施加式（6.9），经济行为人 1 要解决的效用最大化问题就变成了：

$$\max x_1 z_1$$

$$\text{s.t.}\ \alpha\sqrt{\frac{2}{3}}z_1 \leqslant (1-x_1)+0.5\frac{2\alpha^2}{3}$$

$$0\leqslant x_1\leqslant 1$$

$$z_1\geqslant 0$$

相应的最优解是

$$x_1=\frac{1+0.5\frac{2\alpha^2}{3}}{2},\quad z_1=\frac{1+0.5\frac{2\alpha^2}{3}}{2\alpha\sqrt{\frac{2}{3}}}$$

对于经济行为人 2，我们可以求得：

$$x_1=\frac{1+0.5\frac{2\alpha^2}{3}}{2},\quad z_1=\frac{1+0.5\frac{2\alpha^2}{3}}{2\alpha\sqrt{\frac{2}{3}}}$$

从而，劳动的总供给为

$$1-x_1+1-x_2=1-\frac{\alpha^2}{3}$$

这就超过了需求量，因为

$$1-\frac{\alpha^2}{3}>\frac{2\alpha^2}{3}$$

当然，这是意料之中的。“绿色即食饼干”的总需求为

$$z_1+z_2=\frac{2+\frac{2\alpha^2}{3}}{2a\sqrt{\frac{2}{3}}}=\frac{1+\frac{\alpha^2}{3}}{a\sqrt{\frac{2}{3}}}$$

这与“绿色即食饼干”的供给不相匹配，因为

$$\frac{1+\frac{\alpha^2}{3}}{a\sqrt{\frac{2}{3}}}\neq 2\alpha\sqrt{\frac{2}{3}}$$

劳动的供给与需求之间的这种不匹配是可以预见的。但是，为什么“绿色即食饼 172
干”的供给与需求也不相匹配？这是因为，每个经济行为人是在假设他或她的劳动将完全被工厂所用的前提下选择一个效用最大化的商品束的。然而实际上，每个经济行为人都高估了自己的收入。

为了解决劳动供求不平衡的问题，我们假设工厂会在两个经济行为人之间实行配给制。我们可以想象各种各样的配给规则。例如，先从经济行为人 1 那里购

买尽可能多的劳动，再从经济行为人 2 那里购买。我们假设工厂的处事是公平的，并将其对劳动的需求在两个经济行为人之间平均分配。

在当前价格下，经济行为人 1 愿意提供的劳动的单位数为

$$1-x_1=\frac{1-\frac{\alpha^2}{3}}{2}$$

但是这超出了工厂对劳动的总需求，因为$\frac{1-\frac{\alpha^2}{3}}{2}>\frac{2\alpha^2}{3}$。因此，经济行为人 1 愿意提供$\frac{\alpha^2}{3}$单位的劳动。这是工厂对劳动的需求的一半。经济行为人 2 也是如此。这样一来，经济行为人 1 的休闲消费将为 $1-\frac{\alpha^2}{3}$单位的时间。给定这些内容，经济行为人 1 面对的效用最大化问题就变成了

$$\max\left(1-\frac{\alpha^2}{3}\right)z_1$$

$$\text{s. t. } \alpha\sqrt{\frac{2}{3}}\,z_1\leqslant\frac{\alpha^2}{3}+0.5\,\frac{2\alpha^2}{3}$$

$$z_1\geqslant 0$$

它的解是 $z_1=\left(\frac{2\alpha}{3}\right)\left(\sqrt{\frac{3}{2}}\right)$。从而，经济行为人 1 享有的效用为

$$\left(1-\frac{\alpha^2}{3}\right)\left(\frac{2\alpha}{3}\right)\left(\sqrt{\frac{3}{2}}\right)$$

而经济行为人 1 在实施最低工资制之前的效用则为

$$\left(\frac{4}{9}\right)\left(\sqrt{\frac{3}{2}}\right)$$

正如我们可以验证的，在实施最低工资制之前，经济行为人 1 的效用更高。经济行为人 2 也是如此。

总而言之，最低工资制减少了每个经济行为人的工作时间，进而减少了工厂的产量，导致可用于消费的“绿色即食饼干”减少。因此，虽然经济行为人每单位劳动可以赚得更多，但是这并不足以抵消工作小时数的下降和“绿色即食饼干”的减少。

173 6.9 成本的幽灵

有一个经济幽灵，困扰着世界上最繁荣的那些经济体的民主政府。医疗和教育费用的不断上涨，几乎给任何选举都投下了浓重的阴影……必须将越

来越多的国民生产总值通过公共部门输送走，而我们知道这种做法将带来各种各样的问题。

——威廉·鲍莫尔（William Baumol）

在 1908 年的时候，普通美国人平均要工作大约 4 700 个小时才能挣到足够的钱买一辆福特 T 型汽车。到了 2008 年，一辆普通汽车只需要人们付出 1 365 个小时的劳动。而且，2008 年的汽车无疑更时尚、更快捷、更安全，甚至还配了咖啡杯架。因此，汽车的价格在随着时间的推移而下降，同时质量却在提高。再比如，1997 年 12 月—2015 年 8 月，个人电脑及其周边设备的消费价格指数下降了 96%，同期电视机价格指数下降了 94%。事实上，随着时间的推移，各种个人电子产品的价格都在下降，而质量则在提高。① 不过需要注意的是，这种下降趋势并不是普遍的。

以教育为例，自 1970 年以来，美国 K-12 教育的总成本（经通货膨胀调整后）一直在上升。然而，同一时期，学生们在各种各样的考试中的成绩却几乎没有什么变化（我们可以认为这衡量了教育质量）。② 高等教育也是一样。在 1980 年，经通货膨胀调整后，大学教育的平均成本大约为每年 2 000 美元。现在则大约为每年 2 万美元。③ 尽管要衡量高等教育的质量并不那么容易，我们可以从以下角度来考虑这个问题：如今大学教育每年所能提供的价值，真的比我们父母那一代高出 1.8 万美元吗？

在此期间，医疗费用增加了大约 250%。④ 相比之下，同期物价和工资的平均涨幅分别为 110%和 150%。从占 GDP 的比例这个角度来看，美国在医疗保健上的支出每年提高了大约 1.4%。按照这个速度，一个世纪之后，医疗保健支出将占到 GDP 的 60%。而且，这不仅仅是美国一个国家的问题。1960—2006 年，按实际价格计算，日本的人均医疗保健支出每年增长幅度达到了 5.7%。而在英国，这一支出平均每年增长了 3.5%。但是，医疗保健质量也有相应的提高吗？很难说。预期寿命是增加了，但是很多人都把这归因于卫生、营养和戒烟等低成本的干预型政策措施。

无论如何，如此巨大的成本要求我们给出解释，要求我们提出修正方案。为了便于说明问题，我在下面列出了对大学学费上涨原因的各种解释，以及相应的对策。

---

① 基于美国劳工统计局（Bureau of Labor Statistics）的数据，相应的网址为：www.bls.gov/opub/ted/2015/long-term-price-trends-for-computers-tvs-and-relateditems.htm。

② 见：www.cato.org/blog/public-school-spending-theres-chart。

③ 见：https://nces.ed.gov/programs/digest/d07/tables/dt07_320.asp。

④ 见：www.kff.org/report-section/health-care-costs-a-primer-2012-report/。

(1) 这是政府减少了对大学教育的支持的结果。显而易见的解决办法是政府增加对大学的补贴。比如说，让所有人都可以免费上大学，怎么样？

174 (2) 这是更严苛的法规迫使大学雇用更多的官僚来确保合规性的结果。对策是废除政府强加的这类枷锁。

(3) 联邦政府对学生的资助加码（比如佩尔助学金、助学贷款），鼓励那些贪婪的大学校长提高了学费。[①] 另外，从大学教育的巨大投资回报来看，大学的价值在过去被低估了。大学直到最近才意识到它们的商品多么有价值。今天的学费反映了大学所提供的商品的实际价值。[②] 我们是不是应该管制大学学费？我们是不是应该规范大学收到的捐赠基金的使用？

(4) 教育的定义过于狭隘了。如果我们把在线课程和其他教育形式都包括进来，教育成本实际上是下降的。因此，现在的大学教育没有任何问题，继续保持就行了。

如果大学学费和医疗费用的不断上升，就像死亡一样是不可避免的，那又会怎么样呢？在这种情况下，试图改变成本曲线是徒劳的。

现在，假设经济体中有两家工厂，每家工厂分别代表一个不同的产业部门。其中一家工厂用 m 表示（制造业），另一家工厂用 s 表示（服务业）。我们可以认为，工厂 m 是生产某种制成品的，比如汽车或手机。给定 y 单位的劳动，工厂 m 能够生产出 $a_m y$ 单位的制成品。工厂 s 提供一种服务，比如说教育。给定 y 单位的劳动，工厂 s 能够生产出 y 单位的服务。注意，每家工厂的生产函数都是投入（品）的线性函数。参数 a_m 度量了工厂 m 的生产能力。a_m 越大，表示工厂 m 的生产率越高。如果 $a_m>1$，那就意味着工厂 m 比工厂 s 的生产率更高。

经济体中存在着一个经济行为人（可以认为她是整个人口的“替身”），她的初始禀赋为一单位的劳动，并需要消费制成品和接受服务。如果这个经济行为人消费了 x_m 单位的制成品和 x_s 单位的服务，那么她就可以获得 $x_m x_s$ 的效用。

将每单位制成品的价格设定为 1 美元，并令服务的单位价格为 p。我们用 w_m 表示工厂 m 支付的单位劳动的工资，用 w_s 表示工厂 s 支付的单位劳动的工资。如果经济行为人分配 α 单位的劳动给工厂 m，把其余的劳动分配给工厂 s，那么她所面对的消费者的选择问题就是

$$\max x_m x_s$$

---

① 这个解释通常被认为是罗纳德·里根（Ronald Reagan）政府时期的美国教育部长威廉·贝内特（William Bennett）给出的，他声称：“联邦对学生的资助使得大学更容易做它们本来就会做的事情，那就是提高学费。”不过，贝内特先生没有解释为什么在学生资助增加的情况下竞争会消失。

② 非营利（non-profit）并不意味着零利润（zero profit）。

$$\text{s.t. } x_m + p x_s \leqslant w_m \alpha + w_s(1-\alpha)$$

$$x_m, \; x_s, \; \alpha \geqslant 0$$

由于这两家工厂的生产函数都是劳动的线性函数，所以在均衡状态下，它们各自获得的利润必定为零。这种状态在 $1 \times a_m = w_m$ 且 $p = w_s$ 的时候就会出现。

如果 $w_m > w_s$，那么这个经济行为人将永远不会选择为工厂 s 工作，而这就意味着工厂 s 的产出将为零。如果 $w_m < w_s$，那么这个经济行为人将永远不会选择为工厂 m 工作，这同样意味着工厂 m 的产出将为零。不难注意到，在这两种 175
情况下，经济行为人总是选择消费正数量的工厂 m 和工厂 s 的产出；或者换一种说法，这两个行业必须支付相同的工资，否则就会没有工人！因此，在瓦尔拉斯均衡中，$w_m = w_s$。

由此可以推出，在均衡状态下，制成品的单价为 1 美元，工厂 m 支付的工资为 $w_m = a_m$。据此，工厂 s 支付的工资也将是 $w_s = a_m$。最后，服务的价格为 $p = w_s = a_m$。在这些价格下，经济行为人的效用最大化问题就变成了

$$\max x_m x_s$$

$$\text{s.t. } x_m + a_m x_s \leqslant a_m$$

$$x_m, \; x_s, \; \alpha \geqslant 0$$

最优解是 $x_m = a_m/2$，$x_s = 1/2$ 。

现在，令 a_m 大于 1。这将使得我们这个假想经济体中的制造业的生产率变得比服务业更高。请注意，每个部门支付的工资都在上涨。因此，在服务业部门，我们看到工资在上涨，但是单位劳动的产出却没有增长！而且服务的单位价格也随着制造业生产率的提高而上升了。另外，在服务上的总支出（$a_m/2$）也在增加。

那么，为什么制造业生产率的提高会使得服务业的劳动成本也变得更高呢？我们怎样才能知道这不是我们构建的这个模型所用的特定函数形式导致的结果呢？要回答这个问题，我们需要追踪这个模型中究竟发生了什么。

在制造业中，随着生产率的提高，该行业的劳动工资水平也随之上升。这完全符合直觉。当工人的生产率得到提高后，他们的工资也应该有所提高。不过，如果雇主是一家买方垄断企业，情况就不一定如此，因此完全竞争经济的假设在这里发挥了作用。由于工人可以在不同行业之间转换就业，所以服务业不得不提高工资以留住工人。这个结论不依赖于我们选择的特定函数形式。

这个模型还指出，虽然对服务的总消费量仍然保持在 1/2 不变，但是在服务上的支出总额将会增加。不同的是，对服务的消费的这种总量不变性只是对效用函数的选择的人为产物，而在服务上的支出总额的增加却不依赖于所选择的特定函数形式。这一点可以通过用不同的效用函数重新构建模型来验证。事实上，我

们将会看到对服务的消费总量的增长。

如果我们接受上述分析给出的对成本上升的解释，那么可以得出这样的结论：（比如说，）医疗保健成本占 GDP 的比例必定会越来越大。因此，我们国家必定会成为一个由医疗保健工作者及其客户组成的国家。哦，这不会发生。医疗保健业并不是唯一一个生产率停滞不前的服务部门，还有教育、艺术和体育等行业。是呀，要表演一曲音乐四重奏，怎能少于 4 名音乐家呢？一支橄榄球队也至少需要 15 名球员。这些行业都将消耗更多的劳动，这是人们已经预期到了的。如果制造业的生产率持续提高，这就意味着生产相同的制成品所需的劳动减少。劳动可以自由地重新配置到其他地方去。

第7章　外部性和公共物品

我所采取的行动对你的影响称为**外部性**（externality）。很难设想完全不存 176
在外部性的情况，因为正如约翰·邓恩（John Donne）所言："没有谁是一座孤岛，在大海里独踞；每个人都像一块小小的泥土，连接成整个陆地。"如果我采取的行动能给你带来好处，那么它就被称为具有**正外部性**（positive externality）。在我和你打交道的时候，我彬彬有礼，那就是正外部性的一个表现。如果我采取的行动给你带来了成本，那就被称为具有**负外部性**（negative externality）。当着你的面放屁，就是一种负外部性。[①]

不过，有传言说，"闻屁"可以预防癌症[②]，如果这是真的，那么放屁就会成为一种正外部性。当然，这种说法是完全错误的，但不失为必要时用来掩饰尴尬的一种说法。

到目前为止，经济学界讨论得比较多的一种外部性是购买一件商品产生的外部性。我购买了一件商品，就阻止了你拥有同样的商品。假设这件商品对你很有好处，那么这就给你带来了负外部性。如果购买商品的价格设定为市场出清价格，那么这个价格就可以解释我"强加"给你的负外部性。举例来说，假设某件商品是独一无二的，比如说一幅名画，这幅画的卖家的机会成本是1 000美元，我对这幅画的保留价格是2 000美元，你的保留价格是1 500美元。再假设我们两个人的外部选择都不会给我们带来剩余。我们接下来为这个简单的经济体找到一个瓦尔拉斯均衡价格。对于任何严格低于1 000美元的价格，需求都将为2

① 2016年6月22日，瑞典足球运动员亚当·林丁·永奎斯特（Adam Lindin Ljungkvist）因在一场比赛中放了一个屁被罚下场。裁判达尼·卡科（Dany Kako）指责他放屁是"蓄意挑衅"，是"一种违反了体育道德的行为"。永奎斯特则说："我问裁判，'什么？我竟然货真价实的屁也不能放一个吗？''不能，'他回答说……我实在不明白他为什么要这么做。也许，他认为我把屁放在了手里，兜住了，然后把屁扔给了他。但是我没有啊。"卡科证实，永奎斯特确实是因为放屁而收到第二张黄牌，并对此解释道："他是故意放屁的，这是不恰当的。因此，他得到了一张黄牌。"

② *TIME*, July 11, 2014.

（你和我都愿意以这样的价格购买这幅画），但是供给是 0，因为卖家不愿意出售它。对于任何高于或等于 1 000 美元、同时严格低于 1 500（含 1 500）美元的价格，需求都将为 2，不过供给正好是 1。因此，市场不会出清（即供给等于需求）。对于任何介于 1 500 美元和 2 000 美元之间的价格，市场都会出清。[①] 在任何市场出清价格下，总剩余（生产者剩余和消费者剩余之和）都等于2 000－
177 1 000＝1 000美元。这也是总剩余可能的最大值。请注意，市场出清价格必定至少为1 500美元，即你的保留价格。从这个意义上说，市场出清价格必须足够大，才能弥补我“强加”给你的负外部性成本。同时也请注意，当我为我“强加”给你的负外部性付出代价时，你并没有得到这些补偿。它落到了卖家手中。然而，确保我支付的价格必须能够弥补“强加”给你的负外部性成本的要求，确实产生了使总剩余最大化的结果。

要抑制这种外部性，并不一定总是需要一个明确的价格。有时候，有一个姿态就足够了。例如，承诺未来展开对彼此有益的交往，是对礼貌的奖励；而停止这种交往的威胁则会阻止不当行为。

在模型中引入外部性必须谨慎行事，以确保我们不会产生违背一致性假设的偏好排序。在下一节中，我们将探讨对独立性错误定价的后果；然后，我们将考察可能的补救办法。

7.1 杂草和除草剂

2016 年秋天，阿肯色州农场主迈克尔·华莱士（Michael Wallace）驱车穿过了阿肯色州和密苏里州边境，去见另一个农场主艾伦·柯蒂斯·琼斯（Allan Curtis Jones）。他们这次见面，要讨论的主题是一种名为猪草的野草和一种名为麦草畏的除草剂。琼斯是带着他的堂弟一同前往的，他身上还带着一支枪。

一株猪草可以产生 100 多万粒种子，这些种子都会长成新的植株，它们挤满田地，杀死棉花和大豆等作物。20 世纪 90 年代中期以前，虽然有些除草剂能够杀死猪草，但是同时也会损毁农作物。在这种情况下，一系列能够不受某些特定类型的除草剂——比如孟山都公司（Monsanto）的农达草甘膦——损害的转基因作物种子被开发了出来。这样一来，农民就可以在不损害庄稼的情况下喷洒除草剂了。孟山都公司将转基因作物种子和农达草甘膦捆绑起来销售。

然而，在使用农达草甘膦等除草剂十多年之后，猪草进化成了一种“抗农达系除草剂”的杂草，而这又导致了另一种名为麦草畏的除草剂的问世，并且在

① 在价格为 1 500 美元时，你在购买与不购买之间无差异。因此只要把这件商品分配给我，就可以让市场出清。

2015 年，孟山都公司又开发出了一种对麦草畏具有抗性的新转基因种子。然而不幸的是，如果喷洒不当（或者使用了未经批准的麦草畏），这些农药颗粒就会随风漂移，损毁周围对它没有抵抗力的作物。当天气变得更热、更潮湿时，配套的转基因种子允许农民在作物长出地面后喷洒麦草畏，而这又增加了麦草畏的不稳定性，使它很容易转化为气体，从而更加容易漂向附近的农作物。即便只有很小比例的农药出现了漂移，也会造成大范围的庄稼损害，这正是华莱士要去和琼斯见面“谈一谈”的原因。他们的谈话很快就升级为争吵。华莱士没有带武器，他只是抓住了琼斯的胳膊。琼斯挣脱开来，把弹匣里的所有子弹都射进了华莱士的身体。华莱士倒在了路边，鲜血淌了一地，留下了孤苦无依的妻小。

农药漂移是定价错误的外部性的一个例子。假设有两个相邻的农场，分别称为农场 1 和农场 2。农场 1 生产大豆，我们用 x_1 表示它生产的大豆的数量。假设农场 1 在生产大豆时要使用麦草畏，并假设农场 1 使用的麦草畏的数量为 z。一部分麦草畏会漂移进农场 2，从而增加农场 2 的生产成本。 178

我们用 x_2 表示农场 2 生产的大豆的数量。从农场 1 漂移进来的麦草畏降低了农场 2 的产量，因此推高了农场 2 的生产成本。因此，农场 1 对农场 2 施加了负外部性。

农场 1 的总成本可以用大豆产量和使用的麦草畏数量的函数关系来表示，为 $C_1(x_1, z)$。我们假设函数 $C_1(\cdot, \cdot)$ 具有以下性质：

（1）在保持使用的麦草畏数量不变的情况下，总成本会随着大豆产量的增加而增加，即 $\frac{\partial C_1}{\partial x_1}>0$。

（2）总成本（相对于固定数量的麦草畏）呈现出规模收益递减的特点，即 $\frac{\partial^2 C_1}{\partial x_1^2}>0$。

（3）在一定范围之内，生产固定产量大豆的总成本随麦草畏的用量增加而下降。而在超出这个范围之后，总成本则随麦草畏的用量增加而增加，即：对于比较小的 z，$\frac{\partial C_1}{\partial z}<0$；对于比较大的 z，$\frac{\partial C_1}{\partial z}>0$。

（4）麦草畏的使用是收益递减的，即 $\frac{\partial^2 C_1}{\partial z^2}>0$。

（5）麦草畏的用量会影响总生产成本，但是不会影响相对于大豆的边际生产成本，即 $\frac{\partial^2 C_1}{\partial x_1 \partial z}=0$。

农场 2 的成本函数为 $C_2(x_2, z)$，它满足以下条件：

（1）在保持漂移过来的麦草畏数量不变的情况下，总成本会随着大豆产量的增加而增加，即$\frac{\partial C_2}{\partial x_2}>0$。

(2) 总成本（相对于固定数量的麦草畏）呈现出规模收益递减的特点，即$\frac{\partial^2 C_2}{\partial x_2^2}>0$。

(3) 农场1使用的麦草畏越多，农场2的总生产成本就越高，即$\frac{\partial C_2}{\partial z}>0$。

再假设市场是这样的：农场1的任意数量大豆的售价是每单位p_1，农场2的任意数量大豆的售价是每单位p_2。这个假设使得两个农场的产品以不同的价格出售，但是这个假设并不是必不可少的。在有了这些假设之后，我们就可以计算出当这两个农场独立进行生产时，分别会选择什么样的产出水平。为简单起见，我们假设农场1先行动，农场2后行动。①

农场1会选择能够最大化$p_1x_1-C_1(x_1,z)$的x_1和z。根据一阶条件，在利润最大化时，x_1和z必须满足以下条件

$$\frac{\partial C_1}{\partial x_1}=p_1,\ \frac{\partial C_1}{\partial z}=0 \tag{7.1}$$

对$C_1(\cdot,\cdot)$的上述假设已经保证了二阶条件的成立。我们用(x_1^*, z^*)表示农场1能够最大化利润的选择。

179 农场2则选择适当的x_2来最大化$p_2x_2-C_2(x_2,z^*)$。请注意，农场2的选择不会影响农场1所使用的麦草畏数量，因为那是由农场1控制的。对x_2的能够使利润最大化的选择必须满足通常的一阶条件：

$$\frac{\partial C_2}{\partial x_2}=p_2 \tag{7.2}$$

同样不难验证二阶条件成立。用x_2^*表示农场2对能够实现利润最大化的x_2的选择。

接下来，我们将上述产量选择与一个中央计划者的产量选择加以比较。后者的目标是使两个农场的总利润最大化。这个中央计划者要选择适当的x_1、x_2和z，以求解如下优化问题：

$$\max p_1x_1+p_2x_2-C_1(x_1,z)-C_2(x_2,z)$$
$$\text{s.t. } x_1,\ x_2,\ z\geqslant 0$$

最优化的一阶条件为

$$\frac{\partial C_1}{\partial x_1}=p_1,\ \frac{\partial C_2}{\partial x_x}=p_2 \tag{7.3}$$

$$\frac{\partial C_1}{\partial z}+\frac{\partial C_2}{\partial z}=0 \tag{7.4}$$

---

① 如果两个农场同时行动，只会影响对纳什均衡选择的分析，而不会改变定性结果。

我们用 $(\bar{x}_1, \bar{x}_2, \bar{z})$ 表示这个中央计划者面对的优化问题的最优解。根据方程（7.4）和函数 $C_2(\cdot, \cdot)$ 的性质，我们可以得出：

$$\frac{\partial C_1}{\partial z} = -\frac{\partial C_2}{\partial z} < 0$$

因为 C_1 对 z 的二阶导数是正的，这就意味着 $\bar{z} < z^*$。因此，中央计划者的优化问题的最优解并不会等同于 (x_1^*, x_2^*, z^*) [也就是说，$(\bar{x}_1, \bar{x}_2, \bar{z}) \neq (x_1^*, x_2^*, z^*)$]。因此，在独立经营时，这两个农场的总利润小于中央计划者的方案能够带来的总利润。这可以用农场 1 对农场 2 施加的负外部性导致的低效率来解释。[①]

要对方程（7.4）进行解读，需要先回想一下，对于比较小的 z，$\frac{\partial C_1}{\partial z}$ 与 $\frac{\partial C_2}{\partial z}$ 的符号是相反的，增加 z 在减少了农场 1 的成本的同时，增加了农场 2 的成本。因此，方程（7.4）表明，中央计划者会一直增加麦草畏的用量 z，直到农场 1 节省下来的成本完全被农场 2 增加的成本所抵消为止。当两个农场独立经营时，农场 1（不出所料地）会只顾着追求自己的利润，而忽略了它的行动对农场 2 的影响。换句话说，农场 1 没有将增加麦草畏的用量所节省下来的成本与导致农场 2 增加的成本进行比较。

外部性（麦草畏）是存在的，而且它没有得到适当的“定价”，这个事实导致了低效的产出组合。我们该如何进行纠正呢？有三种传统的解决方法，我们下面依次加以考虑。“剧透”：在适当的条件下，这三种方法都会产生相同的结果！因此，到底选择哪种补救措施取决于当时所处环境的具体条件。

180

7.1.1　合　并

第一种解决方法是将这两个农场合并。[②] 合并后的农场将选择 (x_1, x_2, z) 来最大化联合利润，就像中央计划者所做的那样。虽然这样做可以解决外部性带来的问题，但是它可能会带来另一个问题。由于农场 1 和农场 2 的产品互为替代品，让它们合并会减少它们的产品在下游市场上的竞争。

7.1.2　管　制

第二种解决方法是对农场 1 使用的麦草畏数量进行管制。[③] 在这种情况下，监管机构规定农场 1 可以使用的麦草畏不得超过 $\bar{z}$ 单位。于是，农场 1 的优化问

① 这应该会让读者想起前面讲过的双重边际化问题。

② 请回顾一下前面关于双重边际化问题的讨论。

③ 事实上，可以使用的麦草畏的类型以及喷洒麦草畏的方式都是有规定的。

题就变为

$$\max p_1 x_1 - C_1(x_1, z)$$
$$\text{s. t. } 0 \leqslant z \leqslant \bar{z}$$
$$x_1 \geqslant 0$$

我们可以直接指出，这个优化问题的解是 $z=\bar{z}$。

这种解决方法有两个缺点：第一，监管机构必须知道每个农场的成本曲线才能确定 $\bar{z}$。而当监管机构要求农场 1 披露自己的成本曲线时，它显然有掩饰的动机。第二，即便监管机构找到了能够迫使农场 1 诚实披露的“吐真剂”，接下来它也必须做到切实监督农场遵守规定。

管制也被用来限制一些通常被认为是反社会的行为所产生的外部性。1998 年，英国出台了《反社会行为令》(ASBO) 来打击此类行为，例如随地吐痰、恶意咒骂和在公共场所酗酒等等。[①]

7.1.3 征 税

第三种解决方法是对农场 1 使用麦草畏的行为征税。这与普通法的原则是一致的，即造成了损害的人，也就是我们所说的导致了负外部性的人，应当支付损害赔偿。是否存在一种税收，它可以激励农场 1 选择 $\bar{z}$ 为它自己的麦草畏用量？为了找出答案，假设我们对农场 1 使用的每单位麦草畏征收 t 的税。在开征这种税收的情况下，农场 1 需要选择适当的 x_1 和 z 来求解如下优化问题

$$\max p_1 x_1 - C_1(x_1, z) - tz$$
$$\text{s. t. } x_1, z \geqslant 0$$

181 最优性的一阶条件是

$$\frac{\partial C_1}{\partial x_1} = p_1$$
$$\frac{\partial C_1}{\partial z} + t = 0$$

如果我们令 $t = \left.\frac{\partial C_2}{\partial z}\right|_{x_1=\bar{x}_1, z=\bar{z}}$，那么

$$\frac{\partial C_1}{\partial z} + \frac{\partial C_2}{\partial z} = 0$$

这就是方程 (7.4)。

征税有着与管制相同的缺陷。征税者必须先对农场 1 的成本有充分的了解，才能确定正确的税收。它还必须监控农场 1 的麦草畏用量，以保证征收的税款是

---

① “ASBO”现在已经成为一个用来嘲笑那些粗鲁又爱捣乱的人的专用语了，比如说：“查姆利 (Chumley) 就是这样一个 ASBO 啊，前几天我还看到他往喷泉里撒尿呢。”

准确的。另外，征税收到的钱要怎么处理也是一个问题。

7.2　科斯定理

诺贝尔奖得主罗纳德·科斯（Ronald Coase，1910—2013）建议，处理外部性的方式，其实与人们对待苹果、橘子和咖啡的方式没有什么两样——要允许个人买卖外部性！然后，在此基础上，科斯还更进了一步。他认为，即便是在必须由政府采取行动的情况下，要求造成外部性的人承担责任的观点也不一定是正确的。下面，我们就用科斯用来说明他的观点的一些寓言来表达他的思想。

7.2.1　第一个寓言

奥布里（Aubrey）在自家的厨房里制作糖果出售。他的邻居马图林（Maturin）是一名医生。有一天，马图林决定在他的花园里开一个咨询诊所，位置就在奥布里的厨房旁边。完工后，马图林发现奥布里制作糖果时产生的噪声使咨询诊所无法使用。马图林提起了一场诉讼，请求法院责令奥布里停止他的生意。

如果法院判决马图林胜诉，那么会有更多的病人可以得到治疗，但是奥布里的糖果将不得不停止生产。如果法院判决奥布里胜诉，那么他的小小糖果厂将继续存活，但是马图林却无法提供医疗服务了。那么，正确的裁决是什么？就总剩余而言，这似乎并不重要。重要的是法律决定支持他们中的一人。

我们首先要把“现状”确定下来，那就是，奥布里和马图林都还没有开始从 184
事他们的生意。接下来假设，奥布里每月可以从他的糖果生意中赚到1 000 美元，而马图林每月通过经营他的诊所可以赚得 2 000 美元。如果法官判决马图林胜诉，那么我们（社会）将失去一些糖果，但是能得到更多的医疗服务。在其他条件不变的情况下，总剩余每月增加 2 000 美元。如果法院判决奥布里胜诉，结果也是一样的。比如说，马图林只需每月付给奥布里 1 500 美元（从他可以挣到的那 2 000 美元中）[①]，就可以让奥布里关掉他的糖果厂，从而安心经营自己的诊所了。马图林一个月只能赚到 500 美元，但是总比没有强吧。这样社会总剩余仍然增加了 2 000 美元。因此，法官的裁决是无关紧要的，因为它不影响社会总剩余。[②] 这个例子的经验可以总结如下：**从效率的角度看，法律权利的初始分配并不重要——只要它们交换时的交易成本为零。**交换时的交易成本是指与交易时的谈判、对遵守协议的状态进行监督等相关的成本。

---

① 当然，假定奥布里接受。

② 这个判决对当事人确实很重要，因为他们的个人收入受到了影响。

这则寓言有两层含义。

(1) 在没有交易成本的情况下，如何分配法律上的权利并不重要。完全竞争的市场自然会纠正法律权利的低效率分配。[①]

(2) 要确保效率，就是要促进这些权利的交易。以下列出了需要做到的一些事项：

- 法律权利必须得到精确界定和分配。
- 交换合法权利的合同必须具有可执行性。
- 应尽量减少与这种权利交换有关的交易费用。
- 应该有一个交换这些权利的竞争性市场。

科斯的观察结论适用于更广泛的领域。事实上，任何东西都可以转变法律权利，而不仅仅是“污染”权。举例来说，考虑一个国家在将之前国有的产业私有化时可能采取的做法。人们可以像通常发生的那样，举行拍卖，并认真筛选出竞标者（这往往很困难），以确保要“改制”的行业最终会被掌握在以最有效的方式管理该行业的那些人手中。但是，科斯则提出了一些非常不同的建议。把经营这个行业的合法权利和由此产生的利润的所有权交给大街上的随便哪一个人吧。让大家买彩票也行。我们不要把过多的精力放在遴选过程上。相反，我们应该努力确保这种合法权利得到精确界定，并能够自由交换。如果中了“彩票”的那个人不是最有效率的管理者，他（或她）就会被一个更有效率的管理者替代。

重新审视定价错误

现在，根据科斯的建议，我们重新审视一下前面举的两个农场的例子。在对麦草畏漂移权的交易中会产生一个价格，问题是这个价格能否产生中央计划者的“解”。

假设我们一开始时把免费使用麦草畏的权利赋予农场 2。再假设如果农场 2 愿意，它可以将这项权利出售给农场 1，价格为每单位麦草畏使用权为 t。

如果农场 2 对每单位麦草畏使用权的标价为 t，那么农场 1 将通过求解如下最优问题来选择 x_1 和 z

$$\max_{x_1\geqslant 0,z\geqslant 0} p_1x_1-C_1(x_1, z)-tz$$

可以观察到，这个优化问题与农场 1 在有关当局要对麦草畏征税时所面对的优化问题完全相同。最优性的一阶条件是

$$\frac{\partial C_1}{\partial x_1}=p_1, \quad \frac{\partial C_1}{\partial z}+t=0$$

① 因此，谁能得到什么这个问题必须根据其他理由来做出裁决。

在给定 t 和农场 1 选择的 z 值的情况下，农场 2 会选择一个最优的 x_2 使其利润最大化：

$$\max_{x_2 \geqslant 0} p_2 x_2 - C_2(x_2, z) + tz$$

农场 2 面对的这个问题的最优性的一阶条件是

$$\frac{\partial C_2}{\partial x_2} = p_2$$

很显然，这里存在一个对 t 的选择，它与中央计划者提出的解决方案完全一样。然而，农场 2 真的会选择那个特定的 t 值吗？农场 2 肯定会选择一个 t 值来实现利润最大化。它的这一选择是否与中央计划者的选择一致？这一点并不明显。此外，即便如此，农场 2 也必须事先知道农场 1 的成本，才能决定对 t 值的正确选择。

为什么要让农场 2 有权免费使用麦草畏？也许农场 1 才应该有权免费使用麦草畏。假设农场 1 有权免费使用最多 K 单位的麦草畏。而且如果它愿意，它可以按每单位 t 的价格将这项权利转让给农场 2。因此，如果农场 1 使用了 $z \leqslant K$ 单位的麦草畏，这也就等于选择不使用 $K-z$ 单位的麦草畏。我们可以设想，它会将这些"多余"的 $K-z$ 单位麦草畏以单价 t 出售给农场 2。

给定 t，农场 2 会通过求解如下优化问题来选择 x_2 和 z

$$\max_{x_2 \geqslant 0, K \geqslant z \geqslant 0} p_2 x_2 - C_2(x_2, z) - t(K-z)$$

从上式可以看到，农场 2 控制着农场 1 对麦草畏的使用量。最优性的一阶条件是

$$\frac{\partial C_2}{\partial x_2} = p_2, \quad \frac{\partial C_2}{\partial z} - t = 0$$

对于某个固定的 t，给定农场 2 对 z 的选择，农场 1 要通过求解以下优化问题来选择 x_1

$$\max_{x_1 \geqslant 0} p_1 x_1 - C_1(x_1, z) + t(K-z)$$

最优性的一阶条件是 186

$$\frac{\partial C_1}{\partial x_1} = p_1$$

再一次，我们看到对 t 的恰当选择是对中央计划者的解决方案的"模仿"。

7.2.2　第二个寓言

科斯继续思考：在交易成本足够大的情况下——大到了足以阻止交易产生有效率的结果——又会发生什么。在这种情况下，可能需要政府介入，通常是以法院的形式。那么，法院应该如何裁决呢？我们通过例子来说明。

假设有一条铁路穿过了一片土地，这片土地分成若干个部分，各属于不同的农民。铁路公司所用的火车头是烧煤的，火车头喷出的火花有时会烧着农民的庄

稼。铁路公司和农民（因为后者人数太多）不能以奥布里和马图林那种方式解决争议（因为谈判的交易成本非常高）。这时，法院将会介入。

如果法院判决由铁路公司对火花造成的损害负责，铁路公司就会减少列车运行次数或安装火花控制设备。如果法院判决不追究铁路公司的责任，农民们就会让他们的庄稼离铁轨远一些。应该采纳哪种裁决呢？

假设铁路公司通过运营这条线路能够获得 1 000 美元的利润，但是造成了价值 2 000 美元的农作物损失。因此，让列车运行会减少财富总额。为了防止这种情况发生，我们应该让铁路公司承担责任，促使它将造成的损失内部化。

不过，说农民把庄稼种在离铁轨过近的地方本身就是愚者所为，是不是也说得通呢？如果你觉得这种观点很奇怪，那么假设农民只需花 100 美元就能确保他们的庄稼安全呢？在这种情况下，如果我们让铁路公司承担责任，会发生什么？列车会停运，农民也不用采取预防措施来保护他们的庄稼。我们不妨假设这种状态下的社会总财富为 W。现在，再假设我们让农民承担责任。列车开动了，财富增加了 1 000 美元。农民不得不支付 100 美元来保护他们的庄稼，因此他们的总财富减少了 100 美元。而从总体上看，后一种情况下的社会总财富是 $W+900$ 美元。所以，我们最好让农民承担责任。

如果把数字倒过来，我们就会让铁路公司承担责任。这正是问题的关键所在。导致损害发生的原因无关紧要，重要的是谁在避免损害发生方面的成本更低。对此，史蒂文·兰兹伯格（Steven Landsburg）进行了很好的总结：

> 这样一来，我们就看到了科斯定理的另一面。当有某些状况会阻碍谈判的进行时，应享权利——责任规则、财产权等等——就很重要了。此外，传统经济学家给出的关于提高效率的处方——让每个人对自己强加给他人的成本负全部责任——毫无意义。这种处方之所以毫无意义，是因为它所讨论的成本来自两种活动之间的冲突，而不是来自任何一种独立的活动本身。传统
> 187 的处方使我们看不到这样一个事实，那就是：冲突的任何一方都可能拥有有效率的解决办法，而错误的责任规则会消除他们实施这种解决办法的动机。

在铁路公司和农民的故事中，我们只比较了两种可能性：要么铁路公司一方承担避免损失的成本，要么农民一方承担避免损失的成本。还有第三种可能性，即让农民和铁路公司共同承担避免损失的成本。如果避免损失的最低成本是众所周知的，那么唯一的问题就是双方如何分配这个成本。但是，恰当的成本分担是一个公平问题，而不是经济问题。假设现在法院知道哪一方在避免损失方面的成本更低，但不知道成本的实际价值。在这种情况下，分担成本就非常困难，而将责任完全分配给一方就比较容易了。进一步的讨论见第 7.3 节。

7.2.3　交易成本

科斯的观点最令人震惊的一个含义是，在一个没有交易成本的世界中，我们选择如何组织商品和服务的生产和交换根本不重要。① 例如，在我们生活的这个世界里，当一个人想要买一辆新车时，一种选择是到汽车经销商那里去，从现有的车型中挑选一辆。另一种选择是，与汽车设计师签订合同，设计出一种汽车车型，然后与钢铁制造商、轮胎制造商、塑料制造商、电工、机械师等等签订合同，取得制造汽车所需的零件，再组装成车。为什么我们没有采用后面这种安排呢？科斯告诉我们为什么：交易成本。对于一个人来说，与所有这些独立的合同相关的谈判成本，以及随后全程跟进合同履行状况的监督成本，高得令人望而却步。如果我们想要解释为什么经济活动是以这样一种方式而不是以另外一种方式组织起来的，先想一想交易成本。

我们列出了一些与购买二手车相关的交易成本：

- 找到拥有你感兴趣的车型的卖家的成本。
- 检验车况是否符合买家预期的成本。
- 确保买家支付约定价款的成本。

…………

如果这些成本高于我们每个人从交易中获得的收益，就不会有交易发生。汽车销售是一种非常常见的现象，其交易成本如此之多，社会是如何组织起来以降低这些交易成本的呢？稍加观察就能找到答案。分类广告、请机械师检查汽车、要求开具保付支票等等。总而言之，科斯从交易成本的角度解释了特定制度安排之所以存在的原因。

7.3　公共物品 188

有人认为应该通过适当地界定产权并让市场进行交易来解决外部性问题，那么，是否总有可能建立一个完全竞争的市场来实现这个目标？不是。一个重要的例子是公共物品的提供。公共物品不仅指能够产生正外部性的商品或服务。关于公共物品，以下要点值得再三重复指出：

（1）公共物品不是供给公众的物品。

（2）公共物品不是公众愿意消费的物品。

（3）公共物品不是对公众有好处的产品。

---

① 财产等的合法应得权利的分配方式决定了经济的组织方式。

一个**纯粹公共物品**（pure public good），必定是除了能够产生正外部性之外，还具有**非竞争性**（non-rivalrous）和**非排他性**（non-excludable）。非竞争性是指一个人的消费不会实质上减少商品或服务对他人的可用性。非排他性则意味着不可能排除任何人享受商品带来的好处。

我们很难找到纯粹公共物品的完美例子，但是接近于纯粹公共物品的例子则有不少。第一个例子是二次公式。如果我需要解释为什么它会产生正外部性，那么你就不应该直接来读这本书了。二次公式是非竞争性的，因为一个人使用它并不会阻止另一个人使用它。它是非排他性的吗？从技术上来说，是的。但是如果我知道这个公式而你不知道，我可以对你保密。这种想法看上去有点古怪，但是其实不然。在 16 世纪的意大利，数学家们经常互相挑衅，闹到“决斗”也非罕见。两位数学家各给对方出一道要解的方程，然后在规定时间内（通常是 30 天）解决了对方提出的问题的一方获胜。胜利者可以获得财富和荣誉。

当时最著名的数学家希皮奥内·德尔·费罗（Scipione del Ferro）是许多人挑战的对象。他的“锦囊妙计”是被称为“凹陷立方”的三次方程的求解公式。他没有向公众公开这个公式，而只告诉了自己的几个学生，其中包括安东尼奥·菲奥里（Antonio Fiore）。然后，新晋数学家尼古拉斯·塔尔塔利亚（Nicholas Tartaglia）登场了。他发现了一个公式，能够解出所有三次方程。然而，费罗已经去世，无法再接受挑战了。所以塔尔塔利亚把目光对准了菲奥里。塔尔塔利亚赢了。

后来，吉罗拉莫·卡尔达诺（Gerolamo Cardano）找到了塔尔塔利亚，希望获准在他的教科书中公布塔尔塔利亚的秘密公式。塔尔塔利亚拒绝了。卡尔达诺没有气馁，他搜罗到了当时一切可得的数学文献，最终找到了费罗的笔记本。卡尔达诺发现费罗其实已经找到了提出一个可以解所有三次方程的公式所需的全部东西，只是没有将它们组合起来而已。卡尔达诺公开发表了他的这个发现，这令塔尔塔利亚惊愕不已。作为回应，塔尔塔利亚向卡尔达诺提出了“决斗”。卡尔达诺让他的学生洛多维科·费拉里（Lodovico Ferrari）来应战，因为费拉里已经找到了四次方程的解法！塔尔塔利亚输了，死时身无分文。费拉里获得了财富和荣誉，一直在博洛尼亚大学（University of Bologna）担任教授，直到退休。

189 因此，二次公式和科学思想在短期内是可排他的，但是在长期内秘密必定会泄露，或者被其他人发现。[①]

第二个例子是可呼吸的空气。假设地球总是能够以足够快的速度补充我们需要的氧气，我的呼吸不会妨碍你的呼吸。因此，可呼吸的空气满足非竞争性条

① 而且，正如斯波克（Spock）所指出的，“军事秘密是所有秘密中最转瞬即逝的”。

件。我不能不让你呼吸，除非通过武力强迫，但是我们已经排除了强迫。因此，它也满足非排他性条件。然而，人类如果生活在一个没有空气的星球上，就会严重依赖于可呼吸的空气，空气将被装在瓶子里出售。在这种情况下，可呼吸的空气就具有了竞争性和排他性。

第三个例子是国防。我享受国防所带来的好处，并不会减少我的同胞享受的同样的好处。因此，国防是非竞争性的。那么，它也是非排他性的吗？当然，那些生活在本国边界以外的人被排除在外了。人们甚至可以将一些生活在本国的人流放出去，从而将他们排除在外。

虽然我们可能永远也找不到一个纯粹公共物品的完美例子，但是上面这几个例子表明我们可以接近它。因此，更有益的是思考到底是什么构成了纯粹公共物品，这可以从以下三个问题入手：

（1）什么是正外部性，谁从中受益？

（2）哪些人可以被合理地排除在外，即不被允许享受外部性的好处？

（3）随着享受公共物品的人数增加，它带给人们的好处是否会明显减少？

接下来，针对要不要给儿童接种天花疫苗这件事，我们来考虑上面这三个问题。大幅降低感染天花的风险对儿童有直接的好处。这件事是有正外部性的，它减少了与接种过疫苗的儿童接触的其他人被感染的机会。那么，能不能排除其他人享受这种正外部性的好处呢？原则上来说能，只要禁止他们与接种过的儿童打交道就行，但是，这与禁止儿童接触他人一样，只在原则上可能，实际上是不可能的。例如，我们不能禁止其他人接近这个儿童就读的学校，也不能决定谁可以（或不可以）成为他的同学。所以，非排他性的假设在这件事情上似乎也是合理的。那么，非竞争性呢？这里重要的是，要把疫苗本身和外部性区分开来。疫苗本身是具有竞争性的。一个儿童接种了疫苗，其他人接种疫苗的机会就少了一个。然而，外部性则是非竞争性的。为什么？一个儿童被感染的风险降低了，并不妨碍另一个儿童被感染的风险降低。①

在本章接下来的两个小节中，我们分别通过例子来研究依赖市场提供公共物品的困难。第一个例子涉及垄断者在提供公共物品时面临的问题。第二个例子则考虑了通过完全竞争市场提供公共物品的可能性。

7.3.1　新　闻

新闻是否能够产生普遍的正外部性？那些怀疑某条新闻可能会泄露他们想要 *190*

---

① 这里需要注意的是，被感染的概率与密度有关。因此，更多的人同时与接种疫苗的儿童互动增加了感染的风险。

保密的事物的人会说不，尽管有些人可能对同样的新闻毫不在意。但是无论如何，还是有足够多的人非常重视新闻，所以我们还是要讨论它。

现代科技的进步和网络服务的普及，已经使新闻变成非排他性的了。例如，《赫芬顿邮报》（*The Huffington Post*）和谷歌就是这个方向上的有力推动者，以至于媒体大亨鲁珀特·默多克（Rupert Murdoch）声称谷歌和其他搜索引擎都是一些“内容惯偷”。而对新闻的“消费”则显然是非竞争性的。那么，在这种情况下，经营新闻业务还能赚到钱吗？

假设“生产”一份特定类型的报纸的成本是 C。这个成本不包括发行成本，因为现在任何人都可以打开一个新闻网站并把内容转发出去。可以把 C 看作研究和调查的成本。假设这份报纸有 n 个潜在的读者。我们用 v_i 表示阅读这份报纸的读者 i 的保留价格。我们关心的问题是报社应该如何为其产品定价。

让我们通过以下步骤将这个问题转化为一个博弈：

(1) 报社公布了一个定价表。

(2) 每个读者都要决定是否接受这个价格。

(3) 如果总收入至少达到了 C，报纸就会出版，否则就不会出版。

再假设报社有能力向读者 i 收取 v_i 的价格（即，报社能够实施完全价格歧视）。如果 $\sum_{i=1}^{n} v_i > C$，报社就能产生足够的收入来弥补成本并有盈余。假设每个读者以与他们的保留价格相等的价格得到一份报纸。现在的问题是，是否存在一个纳什均衡，使得仅仅依靠从读者身上获得的收入，报社就足以维持经营？

先假设每个人都买报纸。那么每个读者的剩余都将为零。先考虑读者 1。如果她选择不买报纸，那么余下的那些付费读者的收入覆盖了报纸的成本 C，她就仍然可以继续享受报纸带来的好处，这是因为新闻是非排他性和非竞争性的。她选择不买报纸后得到的剩余是 v_1，这显然大于零。然而，如果她的退出会导致报社倒闭，那么她的剩余将保持不变（即仍为零）。因此，如果将报纸“生产”出来是某个均衡的组成部分，那么在这个均衡中，所有选择购买报纸的人所支付的总价款必定正好为 C。此外，他们在购买报纸与不购买报纸之间是完全无差异的。也就是说，这家报社经营得再好，充其量也只能保本！如果对于所有的 i 都有 $v_i \leqslant C$，那么就没有任何读者会产生支持这份报纸的动机，因此存在另一个纳什均衡：没有读者选择购买报纸。

这是一个相当令人沮丧的结果。有人可能会想，这是不是把报纸价格定在每个读者的保留价格水平上所导致的？让我们考虑另一种可能性：报社宣布了一个统一的价格 p。我们用 $D(p)$ 表示保留价格至少为 p 的读者的数量（即对新闻的需求曲线）。只要存在某个 p，使得 $pD(p) \geqslant C$，那么报社就能经营下去。然而，为了确保那些保留价格至少为 p 的读者都不会选择退出，我们又要求 $(D(p)-1)p<C$。换句话说，如果有一个读者选择不购买报纸，其余的读者就不足以支持报社生存，它就只能以倒闭收场。而从另一个角度来看，报社只差一个付费读者就能做 191
到收支平衡。这是一种很不稳定的情况。

现在我们看到了，新闻这种服务的集体价值超过了提供它的成本，然而那些从中受益的人却没有强烈的动机去购买它。这是一种被称为“搭便车”的现象。“搭便车”现象总是伴随着公共物品的提供而出现。因为没有办法排除其他人享受公共物品的好处，所以每个人都有逃避承担自己分内的供给成本的动机。既然我知道你会为这些“好东西”买单，那么我选择袖手旁观能够让自己的境况变得更好。我不用付钱就能得到好处！

那么，一份想要生存下去的报纸要怎么做才能克服这个困难呢？

（1）依靠赞助人资助这份报纸。但是赞助人可能会强烈地“扭曲”新闻报道。① 他们其实有权这样做，但是这将减少读者所能享受的好处，从而降低从读者那里获得的收入，进一步又增加了对赞助人注入资金的需求。

（2）依靠广告（这其实就是依靠多个赞助人）。只要没有任何一个赞助人占据支配地位，就能够削弱他们扭曲新闻报道的能力。

（3）设置“付费墙”，使新闻成为一种排他性商品。然而，一旦我读到了一个“人咬狗”的故事，我或者美国有线电视新闻网，就可以毫无障碍地通过社交媒体或电视与成千上万的人分享其中的细节。

（4）削减成本。例如，减少在调查研究和报道方面的投资。

（5）将新闻与它的传播渠道（如互联网接入）捆绑销售。一家既控制了互联网接入又提供新闻的企业，是能够使新闻成为一种排他性商品的。

报纸曾经主要依赖于上面的第二种策略，但现在不是了。纸质广告收入的下降，并没有通过在线广告收入的上升而得到完全的补偿。2011 年，全球报纸广告收入为 760 亿美元，比 2007 年下降了 41%。2012 年，只有 2.2%的报纸广告收入来自在线平台。②

7.3.2　疫苗接种

在许多国家，某些疾病的疫苗接种是强制性的，而不是自愿的。为什么呢？

---

① 2016 年，亿万富翁谢尔登·阿德尔森（Sheldon Adelson）买下了《拉斯维加斯评论杂志》（*Las Vegas Review-Journal*）。在阿德尔森未能将一名法官从一桩威胁到他生意的有争议的诉讼中排挤出局后，他告诉该杂志的记者，他们必须时刻监督这名法官和该市的另外两名法官在法庭上的一举一动。2013 年，亿万富翁杰夫·贝索斯（Jeff Bezos）收购了《华盛顿邮报》。他建议增设一个高级功能按钮，允许读者删除他们不喜欢的文章中的所有赞同性评论。

② 这些数字来自世界报纸协会（World Association of Newspapers）。

假设一个家庭接种疫苗的实际成本和心理成本的总额为 1 美元，而儿童和家庭从
192 接种疫苗获得的收益是 0.75 美元。再假设一个儿童接种疫苗所带来的正外部性的价值为 2 美元（因为减少了通过感染而传播疾病的风险）。这样一来，有效率的结果是让儿童接种疫苗，因为总剩余是 $2+0.75-1>0$，这显然超出了不接种疫苗的总剩余（可以归一化为零）。但是，如果我们把决定权交给父母，他们会因为 $0.75<1$（即个人成本超过了个人收益）而选择不接种疫苗。原因很容易想到，因为这个家庭本身并没有享受到那 2 美元的好处。这也适用于其他家庭。因此，这种未定价的外部性的存在会导致无效率的结果。

强制接种疫苗是一种解决办法，但它真的是唯一的办法吗？在这里，我们定义一种可以交易的产权——也许是一种不接种疫苗的权利。这可通过发放注明了儿童姓名的许可证来实现。许可证有两种，其中一种证明该儿童已接种了疫苗，另一种则证明该儿童有权不接种疫苗。如果某个家庭持有疫苗许可证，它就可以选择不给儿童接种疫苗。如果这个家庭决定把许可证卖给另一个家庭，那么它会得到一定的收入，但是必须让儿童接种疫苗。所以，和你的孩子一起上学的另一个孩子的父母可以付钱给你让你的孩子接种疫苗。这种许可证市场可能得到使总剩余最大化的结果吗？

假设有 n 个家庭，每个家庭都会因接种疫苗而产生 c 的成本。[①] 疫苗接种不能提供 100%的抗感染保护，但是接种的人越多，每个家庭的境况就越好（无论是接种的家庭，还是不接种的家庭）。再用 $B(k)$ 表示每个家庭（接种或未接种）在恰好有 k 个家庭接种疫苗时所得到的好处。我们假设 $B(k)$ 随 k 的增加而增加。此外，对于所有 $k<n$，我们希望看到

$$nB(n)-nc>kB(k)-kc$$

换句话说，我们预期所有 n 个家庭都接种疫苗时的净收益要大于少于 n 个家庭接种疫苗时的净收益。

我们将对收益函数 B 做出两个重要的假设。第一个假设是，随着接种疫苗的家庭数量的增加，边际效益递减，这个假设的形式化表达为：

$$B(n)-B(n-1)\leqslant B(n-1)-B(n-2)\leqslant\cdots\leqslant B(1)-B(0)$$

或者换句话说，从零个家庭接种疫苗到一个家庭接种疫苗的边际收益大于从两个家庭到三个家庭的边际收益，以此类推。特别地，我们假设

$$B(n)-B(n-1)<c \tag{7.5}$$

也就是说，最后一个接种疫苗的家庭带来的边际收益小于接种疫苗的成本。

我们的第二个假设是

---

① 这种成本可能纯粹是精神上的。

$$n[B(n)-B(n-1)]>c \tag{7.6}$$

对于不等式（7.6），可以这样解释：$nB(n)$ 是所有家庭都接种疫苗时的总收益，193
而 $nB(n-1)$ 是只有 $n-1$ 个家庭接种疫苗时的总收益，因此不等式（7.6）告诉我们，最后一个家庭接种疫苗而导致的总收益的增量，超过了疫苗接种的成本 c。总的来说，这两个假设的含义是，最后一个家庭接种疫苗，不会给自身带来太大的收益（相对于接种疫苗的成本），但是会给其他家庭带来巨大的收益。

假设我们完全自愿地决定是否接种疫苗，结果会怎样？我们可以通过将是否接种疫苗的决定建模为一个同时行动的博弈来回答这个问题。每个家庭同时独立地做出是否接种疫苗的选择。因此，每个家庭都有两个策略：接种疫苗（V）或不接种疫苗（N）。我们希望知道的是，这个博弈是否存在一个每个家庭都选择 V 的纳什均衡。

如果每个家庭都选择 V，那么（比如说）家庭 1 得到的剩余为 $B(n)-c$。保持其他家庭的选择不变，家庭 1 如果改而选择 N 会不会得到更大的好处？如果选择 N，家庭 1 可以获得的剩余为 $B(n-1)$。注意，根据不等式（7.5），$B(n-1)>B(n)-c$。因此，对家庭 1 来说，选择 N 的收益更高。因此，假设其他家庭都选择了 V，那么家庭 1 选择 N 能够改善自己的境况。这样一来，能够使总剩余最大化的结果就不能作为一个纳什均衡出现了。这是因为没有一个家庭在选择是否接种疫苗时会考虑到它给其他家庭带来的好处。这也就意味着，让人们自愿做出是否接种疫苗的决定，不太可能导致最大化剩余的结果。

下面，再让我们看看许可证交易能否解决问题。假设许可证的交易价格是 p。如果一个家庭买进了一个许可证之后不再卖出，那么这个家庭就必须支付 p 但不需要接种疫苗。而出售许可证的家庭则必须接种疫苗。

在每个人都接种疫苗的情况下，是否存在一个价格 p 使我们得到剩余最大化的结果？如果存在这样一个价格，那么每个人都必须出售他们的许可证。而为了出清市场，出售的许可证必须全部被购买。考虑家庭 1，假设它卖掉了许可证，然后又从其他家庭买进了 d 个许可证。那么这个家庭获得的收益是

$$B(n)+p-c-dp$$

我们假设，在这个家庭所能做出的所有购买决策中，这是能使它的收益最大化的决策。如果它决定出售自己的许可证，同时只从别人那里购买（$d-1$）个许可证，情况又会怎样呢？这时它的收益为

$$B(n-1)+p-c-(d-1)p$$

由于假设购买 d 个许可证可以使家庭 1 的收益最大化，所以我们可以推得

$$B(n)+p-c-dp\geqslant B(n-1)+p-c-(d-1)p \Rightarrow B(n)-B(n-1)\geqslant p$$

然而，这与不等式（7.6）矛盾。

那么，还有其他可行的解决方案吗？如果政府将这些许可证拍卖给出价最高的竞标者，情况又会怎样？这样做的一个挑战是如何决定可以用来拍卖的许可证的数量。如果许可证的数量等于或超过了儿童的数量，那么它们只能以零价格出售。如果许可证的数量少于儿童的数量，那么应该少多少？它应该被设定在这样
194 的水平上，即多接种一名儿童的边际收益等于其边际成本（包括与害怕接种疫苗有关的心理成本）。但是目前我们仍然不清楚如何确定这个水平。另外，拍卖所获得的资金又该怎么处理？在下一节中，我们将会指出，这些困难具有很强的普遍性，并非疫苗接种问题所独有。

7.4 公共物品问题

人性这根曲木，从未造出过任何笔直的东西。

——伊曼努尔·康德（Immanuel Kant）

现在是时候总结一下我们已经讨论到哪里了。这是很有益处的。在假设经济行为人都是价格接受者且不存在外部性的情况下，竞争性市场提供的结果在某种意义上是无法改进的（是帕累托最优的、成本最小化的）。如果存在外部性，那么可以通过界定一项产权并建立一个交换该产权的竞争性市场来给外部性“定价”。然而，我们从疫苗接种的例子可以看出，完全竞争的市场不能保证公共物品的提供——即便那样做是有效的。报纸的例子则表明，即便是垄断者也不能这样做。如果市场（不完全的市场）不能提供公共物品，那么政府能吗？当然能，但是，正如我们将会讨论的那样，政府也面临着与市场同样的困难。

假设 C 是提供一种有利于两个经济行为人（记为 $i=1$，2）的公共物品的成本。我们用 b_i 表示经济行为人 i 从公共物品中享受到的好处。

一个注重效率的政府应该在 $b_1+b_2\geqslant C$ 的情况下提供这种公共物品，否则就不提供。但是这就要求政府确定这两个经济行为人分别能够享受到的好处，核实她们的收益总额是否超出了提供公共物品的成本，如果是，那么政府还要决定谁应该为公共物品付出多少钱。

对于任何由政府提供公共物品的方案，我们都希望它至少具备三个可取的特点，分别是：

（1）有效率：当且仅当 $b_1+b_2\geqslant C$ 时才提供公共物品。

（2）预算平衡：如果要提供公共物品，那么政府应该筹集到恰好足够的资金来支付相应的成本。

（3）符合个体理性：如果提供公共物品，那么对任何经济行为人收取的费用都不应高于他们所享受到的收益。

不过，我们认为这三个条件在任何情况下都不可能同时得到满足。换句话说，这也就意味着，如果政府决定提供一种公共物品，可能会出现政府支出超出公共物品带来的收益、政府支出超出提供公共物品的成本的情况，或者向某些经济行为人收取了超过他们所享受的收益的费用的情况。这就是所谓的公共物品问题。

下面用反证法证明为什么政府（或者任何人）不可能提出一个满足上述三个条件的方案。先假设存在这样一个方案，其收益满足 $b_1+b_2>C$。由于假设这个方案 195
满足有效率要求，所以它必定在这种情况下提供公共物品。同时，由于假设这个方案满足个体理性要求，所以每个经济行为人必定只需要支付不超过其收益的价格。具体地说，对于经济行为人 i（$i=1$，2），他要付出的价格必定为 $p_i \leqslant b_i$。再者，由于假设这个方案满足预算平衡要求，即 $p_1+p_2=C$，而 $C<b_1+b_2$，因此，这意味着要么 $p_1<b_1$，要么 $p_2<b_2$，或者两者同时成立。不妨假设 $p_2<b_2$。

现在考虑，如果经济行为人 1 得到的收益不是 b_1 而是 $p_1-\epsilon$（其中 $\epsilon=b_2-p_2$），设想中的这个方案是否行得通。在这种情况下，总收益将为

$$p_1-\epsilon+b_2=C-p_2-\epsilon+b_2=C-p_2-b_2+p_2+b_2=C$$

因此，根据有效率要求，政府将会提供公共物品。在这种情况下，根据个体理性要求，对经济行为人收取的费用必须不超过 $p_2-\epsilon$。

再回头去看经济行为人 1 可以得到收益 b_1 的初始情况。经济行为人 1 将预测到，如果她报告称自己的收益不是 b_1，而是 $p_1-\epsilon$，那么政府仍然会提供公共物品，而且向她收取的费用将少于初始情况。因此，经济行为人 1 有动机只报告比她的实际收益更低的收益——事实上，经济行为人 1 有动机报告称她的收益为 $C-b_2$。由于报告的总收益恰好与提供公共物品的成本相匹配，因此政府仍然会提供公共物品。根据个体理性要求，对经济行为人 1 不能收取超过 $C-b_2$ 的费用。经济行为人 2 也会受到类似的诱惑，她将会报告称自己的收益为 $C-b_1$。但是这就意味着向经济行为人收取的费用总额不能超过

$$C-b_1+C-b_2<C$$

也就是说，这违背了预算平衡要求！

对于上面的论述，我们可以用如下方法形式化。这个设想中的方案其实要求这两个经济行为人参与博弈，其中一个策略涉及报告自己的收益。对于这个博弈，我们要问的问题是：是否存在一个每个经济行为人都如实报告他的收益的（纳什）均衡。然而不幸的是，上面的讨论表明，这样的纳什均衡不存在。

优化问题

196 本附录不是对优化问题的全面阐述，而只是一个简单的辅助备忘录。读者应该通过微积分课程深入掌握相关知识。

A.1 单变量无约束条件的情形

我们感兴趣的是如下优化问题的求解方法：$\max_x f(x)$。换句话说，我们想找到能够最大化 $f(x)$ 的 x 值。如果 f 是可微的，那么只需求出 f 对 x 的导数并令其为零，就可以得到备选的最优解：

$$\frac{\mathrm{d}f}{\mathrm{d}x}=0 \tag{A.1}$$

我们用 x^* 表示方程（A.1）的一个解（它可能有多个解）。如果方程（A.1）没有解，那么优化问题也就没有解。注意，方程（A.1）称为一阶条件（FOC）。一阶条件是最优性的一个必要条件，但不是充分条件。

现在，我们知道 x^* 是优化问题的一个可能的解。为了证明它就是最优解，我们必须检查 f 的二阶导数的符号。如果对于所有可能的 x 值，f 的二阶导数最大为零，那么 x^* 就是优化问题的最优解。这一步称为二阶导数检验或二阶条件（SOC）。

A.2 单变量有约束条件的情形

我们感兴趣的是如何求解以下形式的优化问题：

$$\max f(x)$$
$$\text{s.t. } a\leqslant x\leqslant b$$

第一步，我们先忽略约束条件 $a\leqslant x\leqslant b$，求解一个无约束优化问题。如果无约束

优化问题的解 x^* 满足 $a \leqslant x^* \leqslant b$ 这个约束条件，我们就找到了有约束优化问题的最优解。

如果无约束优化问题的解不在 a 和 b 之间，且一阶条件在区间 $[a, b]$ 内没 197
有解，问题就会变得比较困难。在许多经济应用研究中，函数 f 都是非递减的。我们可以通过检查 f 在区间 $[a, b]$ 内的导数的符号来检验 f 是不是非递减的——它当然应该是非负的。如果 f 确实是非递减的，我们就可以推断 $x=b$ 一定是优化问题的解。有时候，这种解被称为“角点解”或“边界解”。

例 55：请求解

$$\max \ln x^2$$
$$\text{s. t. } 2 \leqslant x \leqslant 5$$

答案：最优解是 $x=5$。

证明：注意 $\frac{\mathrm{d}f}{\mathrm{d}x}=1/x^2 \times 2x=2/x$。它在区间 $[2, 5]$ 内的值不可能为零。事实上，对于所有的 $x \in [2, 5]$，$\frac{\mathrm{d}f}{\mathrm{d}x}>0$。因此，$f(x)$ 在 $[2, 5]$ 上是严格递增的。所以，当 $x=5$ 时，f 取最大值。 □

A.3 双变量无约束条件的情形

我们感兴趣的是如何求解以下优化问题：$\max_{x,y} f(x, y)$。我们首先利用一阶条件求出一个备选的解。更具体地说，我们求出能解下式的 (x^*, y^*)：

$$\frac{\partial f}{\partial x}=0=\frac{\partial f}{\partial y}$$

同样地，这只是最优性的一个必要条件。而要验证 (x^*, y^*) 是否确实是最优的，我们必须检查二阶条件。对于局部优化问题，这可以简化为检验：(1) 在临界点 (x^*, y^*) 处求得的黑塞矩阵的对角元素是负的（对于最大化问题），或是正的（对于最小化问题）；(2) 在临界点 (x^*, y^*) 处求得的黑塞行列式是否为正。而对于全局优化问题，前述两个条件必须在函数的整个定义域内都满足 [即 $\forall (x, y) \in \mathbb{R}^2$]。设

$$H=\begin{bmatrix} f_{xx} & f_{xy} \\ f_{yx} & f_{yy} \end{bmatrix}$$

其中，$f_{xx}=\frac{\partial^2 f}{\partial x^2}$，$f_{yy}=\frac{\partial^2 f}{\partial y^2}$，$f_{yx}=\frac{\partial^2 f}{\partial x \partial y}$，$f_{xy}=\frac{\partial^2 f}{\partial y \partial x}$。$H$ 的行列式为 $f_{xx}f_{yy}-$

$f_{xy}f_{yx}$。

总结如下：

（1）对于局部最优问题

$f_{xx}|_{x=x^*,y=y^*}<0$

$f_{yy}|_{x=x^*,y=y^*}<0$

$[f_{xx}f_{yy}-f_{xy}f_{yx}]|_{x=x^*,y=y^*}>0$

198 （2）对于全局最优问题

$f_{xx}|_{x,y}<0 \quad \forall(x, y)\in\mathbb{R}^2$

$f_{yy}|_{x,y}<0 \quad \forall(x, y)\in\mathbb{R}^2$

$[f_{xx}f_{yy}-f_{xy}f_{yx}]|_{x,y}>0 \quad \forall(x, y)\in\mathbb{R}^2$

（3）对于局部最小化问题

$f_{xx}|_{x=x^*,y=y^*}>0$

$f_{yy}|_{x=x^*,y=y^*}>0$

$[f_{xx}f_{yy}-f_{xy}f_{yx}]|_{x=x^*,y=y^*}>0$

（4）对于全局最小化问题

$f_{xx}|_{x,y}>0 \quad \forall(x, y)\in\mathbb{R}^2$

$f_{yy}|_{x,y}>0 \quad \forall(x, y)\in\mathbb{R}^2$

$[f_{xx}f_{yy}-f_{xy}f_{yx}]|_{x,y}>0 \quad \forall(x, y)\in\mathbb{R}^2$

（5）鞍点

$[f_{xx}f_{yy}-f_{xy}f_{yx}]|_{x=x^*,y=y^*}<0$

（6）结果不确定

$[f_{xx}f_{yy}-f_{xy}f_{yx}]|_{x=x^*,y=y^*}=0$

例 56：求下列函数的最小值：$f(x, y)=3x^2+y^2-2xy-4y$。

答案：在（1，3）处有唯一的全局最小值。

证明：首先，利用一阶条件求出临界点：

$$\frac{\partial f}{\partial x}=6x-2y=0,$$

$$\frac{\partial f}{\partial y}=2y-2x-4=0,$$

⇒（1，3）是唯一的临界点。

其次，计算黑塞矩阵：

$$H=\begin{bmatrix} 6 & -2 \\ -2 & 2 \end{bmatrix}, \ \forall(x, y)$$

它的行列式在各处均为正，而且两个对角元素也都是正的，因此，(1，3) 是全局最小值。□

A.4　双变量有等式约束条件的情形 199

我们感兴趣的是如何求解以下优化问题：

$$\max f(x, y)$$

$$\text{s.t. } ax+by=c$$

这时，我们有两种方法可以使用。

A.4.1　消元法

取其中一个变量，比如 y，利用等式约束条件将它写成另一个变量的函数：$y=\frac{c-ax}{b}$。然后，把它代入我们想要最大化其值的那个函数。原来的优化问题就变成了

$$\max f\left(x, \frac{c-ax}{b}\right)$$

这是一个单变量无约束条件优化问题。

例 57：求解如下最大化问题：

$$\max f(x, y)=(9x+2y)^3$$

$$\text{s.t. } 4x+y=1$$

答案：这个问题没有解。

证明：利用约束条件求出作为 x 的函数的 y：

$$y=1-4x$$

代入目标函数，得出

$\max[9x+2(1-4x)]^3=\max(2+x)^3$。这个函数是随 x 递增的，由于 x 的符号不受限制，我们可以令 $x=\infty$，故无解。□

A.4.2　拉格朗日乘数法

写出拉格朗日表达式

$$\mathcal{L}(x, y, \lambda)=f(x, y)+\lambda(c-ax-by)$$

求能解出这个无约束问题的 x，y 和 λ 的值。一阶条件为

$$\frac{\partial f}{\partial x}-\lambda a=0$$

$$\frac{\partial f}{\partial y}-\lambda b=0$$

$$c-ax-by=0$$

200 任何备选的最优解都必定是上面这个方程组的解。用（x^*，y^*，λ^*）表示一阶条件的一个解。由于可能有不止一个解，因此，我们必须检验二阶条件。而这就需要检验加边黑塞矩阵的行列式的符号。一般来说，它取如下形式：

$$\begin{bmatrix} \mathcal{L}_{x^*x^*} & \mathcal{L}_{x^*y^*} & \mathcal{L}_{x^*\lambda^*} \\ \mathcal{L}_{y^*x^*} & \mathcal{L}^{*}_{y^*y} & \mathcal{L}_{y^*\lambda^*} \\ \mathcal{L}_{\lambda^*x^*} & \mathcal{L}_{\lambda^*y^*} & \mathcal{L}_{\lambda^*\lambda^*} \end{bmatrix}$$

而对于我们感兴趣的特定问题，它可以简化为如下形式

$$\begin{bmatrix} \mathcal{L}_{x^*x^*} & \mathcal{L}_{x^*y^*} & -a \\ \mathcal{L}_{y^*x^*} & \mathcal{L}^{*}_{y^*y} & -b \\ -a & -b & 0 \end{bmatrix}$$

计算出在临界点（x^*，y^*，λ^*）上的加边黑塞行列式。如果行列式的符号为正（负），则临界点为局部最大点（局部最小点）。

如果有一个以上的临界点的加边黑塞行列式的符号都为正，那么 $f(\cdot,\cdot)$ 取最大值的那个临界点为最大点。

如果被最大化的函数 $f(x, y)$ 满足拟凹（凸）的条件，那么任何局部最大值（最小值）实际上就是全局最大值（最小值）。这个条件已经在正文第 6 章中详细讨论过了。

例 58：求解

$$\max xy^4$$

$$\text{s. t. } x+5y=10$$

答案：$(x^*, y^*)=(2, 1.6)$。

证明：构造拉格朗日表达式

$$\mathcal{L}=xy^4+\lambda(10-x-5y)$$

对右侧的 x，y 和 λ 求微分，得：

$$\partial\mathcal{L}/\partial x：y^4-\lambda=0 \tag{A. 2}$$

$$\partial\mathcal{L}/\partial y：4xy^3-5\lambda=0 \tag{A. 3}$$

$$\partial\mathcal{L}/\partial\lambda：x+5y=10 \tag{A. 4}$$

考察方程（A.2）～（A.4），我们发现，如果三个变量 x、y 和 λ 中至少有一个是零，方程就不可能有解。因此，在任何一个解中，x，y，$\lambda>0$。这样一来，我们就可以将方程（A.3）除以方程（A.2），得到

$$\frac{4xy^3}{y^4}=\frac{5\lambda}{\lambda} \Rightarrow y=0.8x$$

如果我们把这个结果代入方程（A.4），就可以推导出 $x^*=2$，$y^*=1.6$，$\lambda^*=6.55$。因 201
此，只有一个临界点。如果我们能够确定它是局部最大值，我们也就知道它是全局最大值。

为了确定我们的临界点是不是一个局部最大值，我们必须验证二阶条件，即求如下加边黑塞矩阵

$$\begin{bmatrix} 0 & 4y^3 & -1 \\ 4y^3 & 12xy^2 & -5 \\ -1 & -5 & 0 \end{bmatrix}$$

在 $x^*=2$，$y^*=1.6$，$\lambda^*=6.55$ 处求解，得到

$$\begin{bmatrix} 0 & 16.384 & -1 \\ 16.384 & 61.44 & -5 \\ -1 & -5 & 0 \end{bmatrix}$$

这个矩阵的行列式为 102.40（即是正的）。因此 $x^*=2$，$y^*=1.6$ 是全局最大值。 □

例 59：求解如下问题

$$\max x^2+y^2$$
$$\text{s.t.}\ x+y=4$$

答案：该问题没有解。

证明：根据一阶条件，我们可以求得 $x^*=y^*=2$ 以及 $\lambda^*=4$。加边黑塞矩阵为

$$\begin{bmatrix} 2 & 0 & -1 \\ 0 & 2 & -1 \\ -1 & -1 & 0 \end{bmatrix}$$

很容易验证这个行列式的符号是错的，所以（2，2）不是一个解。事实上，这个优化问题是无解的！这一点可以通过令 x 为很大的正值，同时令 y 为很大的负值（只是要确保 $y=x-4$）得出。 □

A.5 双变量有等式约束及非负性约束的情形

我们感兴趣的是如何求解如下形式的优化问题：

$$\max f(x, y)$$
$$\text{s.t. } ax+by=c$$
$$x, y\geqslant 0$$

同样有两种方法可以使用。

202

A.5.1 消元法

取其中一个变量 y，利用等式约束将它写成另一个变量的函数：$\frac{c-ax}{b}$。假设 $b>0$。但是，我们不能忘记 $y\geqslant 0$，所以

$$y=\frac{c-ax}{b}\geqslant 0 \Rightarrow x\leqslant\frac{c}{a}$$

然后，把用 x 表示的 y 代入我们想要最大化的函数当中。于是，原来的优化问题就变成了

$$\max f\left(x, \frac{c-ax}{b}\right)$$
$$\text{s.t. } 0\leqslant x\leqslant\frac{c}{a}$$

这是一个单变量有约束条件的优化问题。

例 60：求出下列最大化问题中的 x 和 y 的最优值：

$$\max(3.5x+y)^3$$
$$\text{s.t. } x+2y=1$$
$$x\geqslant 0, y\geqslant 0$$

答案：$(x^*, y^*)=(1, 0)$。

证明：利用约束条件解出作为 x 的函数的 y：

$$y=1/2(1-x)$$

将它代入目标函数得到

$$\max[3.5x+(1/2)(1-x)]^3=\max(1/2+3x)^3$$

它随 x 而递增，不过 x 是有上界的，因为

$$y=(1/2)(1-x)\geqslant 0\Rightarrow x\leqslant 1$$

因此，最大值是明确定义的，且当 x 取可能的最大值时就可以得到，即

$(x^*, y^*)=(1, 0)$ □

A.5.2 拉格朗日乘数法 203

先忽略非负性约束（$x, y\geqslant 0$），然后用拉格朗日乘数法求解。如果最优解（x^*, y^*）满足先前忽略的非负性约束，我们的任务就完成了。如若不然，我们就可以推断出最优解必定有 $x=0$ 或 $y=0$，或两者都有。

A.6 双变量有不等式约束的情形

我们感兴趣的是如何求解如下优化问题：

$$\max f(x, y)$$

$$\text{s. t. } ax+by\leqslant c$$

在经济环境中，$f(x, y)$ 通常对 x 和 y 都是单调的，且 $a, b\geqslant 0$。本书中的假设就是如此。这种假设使得我们可以求出一个最优解（x^*, y^*）满足 $ax^*+by^*=c$。因此，我们可以假设不等式约束中的等号成立，然后再应用上一节给出的方法。

A.7 双变量有等式约束及非负性约束的情形

我们感兴趣的是如何求解以下优化问题：

$$\max f(x, y)$$

$$\text{s. t. } ax+by\leqslant c$$

$$x, y\geqslant 0$$

如果 $f(x, y)$ 在 x 和 y 上都是单调的，且 $a, b\geqslant 0$，那么，在任何最优解（x^*, y^*）中，我们都有 $x^*\geqslant 0$，$y^*\geqslant 0$。因此，非负性约束是多余的，可以忽略。这样一来，我们就可以解出上述优化问题了。

例 61： 求出下列最大化问题中的 x 和 y 的最优值：

$$\max 2x+3y$$

$$\text{s. t. } 4x+2y\leqslant 8$$

$$x\geqslant 0, y\geqslant 0$$

答案：$(x^*, y^*)=(0, 4)$。

证明：先暂且忽略所有约束条件，求解 $\max 2x+3y$。解是 $x=y=\infty$。因此，满足先前忽略的非负性约束（x，$y\geqslant 0$），但是不满足不等式约束 $4x+2y\leqslant 8$。因此，我们知道不等式约束必定在等号上成立。所以我们只需求解

204

$$\max 2x+3y$$
$$\text{s.t. } 4x+2y=8$$
$$x\geqslant 0,\ y\geqslant 0$$

这个优化问题可以通过代换法或拉格朗日乘数法来求解。在这里，我们采用第二种方法。拉格朗日表达式为：$\mathcal{L}(x, y, \lambda)=2x+3y+\lambda(8-4x-2y)$。一阶条件是

$$\frac{\partial \mathcal{L}}{\partial x}=2-4\lambda=0$$

$$\frac{\partial \mathcal{L}}{\partial y}=3-2\lambda=0$$

$$\frac{\partial \mathcal{L}}{\partial \lambda}=8-4x-2y=0$$

显而易见，这个一阶条件方程组无解。

图 A.1 显示了直线 $4x+2y=8$ 的图形的一部分（图中的虚线），即该直线中 x 和 y 均为非负的部分。上面的分析告诉我们，最优解一定在这条虚线上。此外，一阶条件无解这个事实告诉我们，我们要找的最优解肯定不在虚线的内部。因此，它必须位于两个端点处：(2，0)，(0，4)。显然，在 $x^*=0$，$y^*=4$ 处，目标函数具有最大值，这就是这个优化问题的解。□

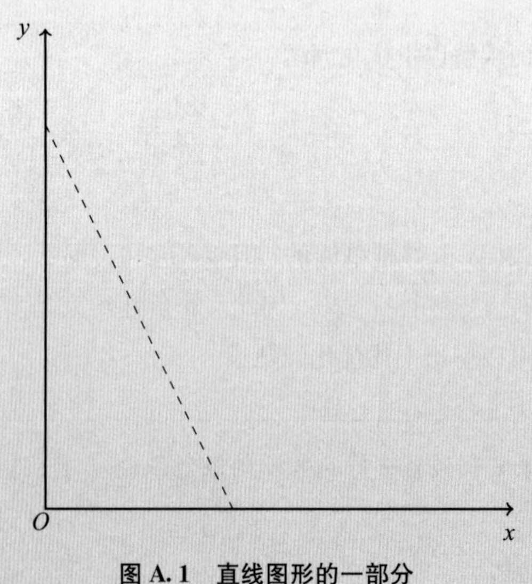

图 A.1　直线图形的一部分

索　引*

Ackman, William, 37　威廉·阿克曼

Adelson, Sheldon, 191　谢尔登·阿德尔森

Amazon, 19, 24, 69　亚马逊公司

Apple, 20, 36　苹果公司

arbitrage, 59　套利

Ariely, Daniel, 4　丹尼尔·艾瑞里

Arnold, Matthew, 2　马修·阿诺德

Arrow, Kenneth, 145, 162　肯尼斯·阿罗

ASBO, 180　《反社会行为令》

backward induction, 84　逆向归纳法

Battuta, Ibn, 1　伊本·白图泰

Baumol, William, 173　威廉·鲍莫尔

Bennett, William, 174　威廉·贝内特

Bennis, Warren, 43　沃伦·本尼斯

Bertrand, Joseph, 75, 104　约瑟夫·伯川德

Bertrand-Hotelling Model, 104　伯川德-霍特林模型

Bezos, Jeff, 191　杰夫·贝索斯

bundling　捆绑销售

  mixed, 62　混合（捆绑销售）

  pure, 61　纯（捆绑销售）

Cardano, Gerolamo, 188　吉罗拉莫·卡尔达诺

Carlyle, Thomas, 2　托马斯·卡莱尔

champagne, 113　香槟

choke price, 7　窒息价格

CNN, 62, 191　美国有线电视新闻网

Cobb-Douglas, 39　柯布-道格拉斯

common knowledge, 83　共同知识

compensated demand, 142, 143　补偿需求

compensating variation, 143　补偿变化

complement, 45, 130　互补（的）

complements, 53　互补品

completeness, 110　完备性

concave, 115　凹的

Connery, William, 168　威廉·康纳里

Conrad, Joseph, 75, 163　约瑟夫·康拉德

* 下面各索引条目中的页码是英文原书的页码，即中文版页边码。

constant elasticity，39　恒定弹性
constant returns to scale，11　规模收益不变
consumables，133　消费品
consumer choice problem，114　消费者选择问题
consumer surplus，5　消费者剩余
convex，115　凸的
cost function，10　成本函数
Cournot model，100　古诺模型
Cournot，Antoine Augustin，100　安东尼·奥古斯丁·古诺
credibility，35　可信度

d'Algout，Count Leon，162　莱昂·达尔古伯爵
Daudet，Alphonse，55　阿尔封斯·都德
decreasing returns to scale，11　规模收益递减
del Ferro，Scipione，188　希皮奥内·德尔·费罗
Delcommune，Alexander，75　亚历山大·德尔科米纳
demand curve，7　需求曲线
Dicamba，177　麦草畏（除草剂）
differentiation　差异化
　horizontal，92　水平（差异化）
　vertical，92　垂直（差异化）
Donne，John，176　约翰·邓恩
double marginalization，23，24　双重边际化
dumb barter，1　无声的物物交换
Dupuit，Jules，55　朱尔斯·裘布依
durable，133　耐用的

Edgeworth box，147　埃奇沃思盒
Edgeworth，Francis，4　弗朗西斯·埃奇沃思
elasticity of demand，7　需求弹性
Engel curve，131　恩格尔曲线
Eothen，14　《日升之处》
EpiPen，31，57　肾上腺素笔
equimarginal principle，125　等边际原则
ESPN，62　娱乐与体育电视网
excess demand，152　超额需求
expenditure function，143　支出函数
externality，176　外部性

Federal Express，11　联邦快递
Ferrari，35　法拉利公司
Fiore，Antonio，188　安东尼奥·菲奥里
first-degree price discrimination，56　一级价格歧视
first-mover advantage，102　先行者优势
first welfare theorem，157　第一福利定理
Flood，Curt，46　柯特·弗勒德
Friedman，David，164　大卫·弗里德曼

game tree，79　博弈树
Giffen，Robert，128　罗伯特·吉芬
Gillette，King Camp，68　金·坎普·吉列
Gladstone Act，55　《格拉德斯通法案》
glucometer，67　血糖仪
Goethe，161　歌德
Grassley，Charles，31　查尔斯·格拉斯利
Greenberg，Hank，47　汉克·格林伯格
grim trigger，88　无情触发
gur，50　古尔（古容积单位）

Hachette，19，24　阿歇特出版集团

Hahn，Frank，145 弗兰克·哈恩
Hammurabi，Code of 49 《汉谟拉比法典》
Harrington，Guy，168 盖伊·哈林顿
Hart-Scott-Rodino Act，103 《哈特-斯科特-罗迪诺法案》
Hayek，Friedrich，162 弗里德里希·哈耶克
Heine，Heinrich，55 海因里希·海涅
Herodotus，1 希罗多德
Hobsbawm，Eric，44 埃里克·霍布斯鲍姆
Holmes，Oliver Wendell，68 奥利弗·温德尔·霍姆斯
Hotelling，Harold，104 哈罗德·霍特林
hyperinflation，133 恶性通货膨胀

income elasticity of demand，131 需求的收入弹性
increasing returns to scale，11 规模收益递增
incremental RP，6 增量保留价格
indifference curve，117 无差异曲线
indirect utility function，122 间接效用函数
individually rational allocations，147 个体理性配置
inflation，133 通货膨胀
inverse demand curve，9 反需求曲线
irreflexivity，110 非自反性
isoquant，40 等产量线

J. C. Penney，35 彭尼公司
Johnson，Ron，36 罗恩·约翰逊
Jovius，Paulus，1 保卢斯·约维斯

Kako，Danny，176 达尼·卡科
Kant，Immanuel，194 伊曼努尔·康德
Kapilcarsi，14 大巴扎市集
Kaplan，Sheldon，31 谢尔登·卡普兰
keystone pricing，28 基石定价法
Kindle，19，69 亚马逊公司出产的阅读器
Kinglake，Alexander，14 亚历山大·金莱克
Kipling，Rudyard，24 鲁德亚德·吉卜林
Korbel，113 加州香槟
Kuhn，Bowie，46 鲍伊·库恩

Lal，Rajiv，35 拉吉夫·拉尔
Landsburg，Steven，186 史蒂文·兰兹伯格
Langer，Jo，163 乔·兰格
Langer，Oscar，163 奥斯卡·兰格
law of diminishing return，114 收益递减定律
Lawrence，T. E.，4 T. E. 劳伦斯
Lerner index，18 勒纳指数
Ljungkvist，Adam L.，176 亚当·林丁·永奎斯特
LoweBot，45 机器人品牌名
Lowe's，45 劳氏连锁五金店
loyalty programs，95 忠诚计划
Ludd，Ned，44 内德·卢德
luxury good，132 奢侈品

marginal cost，11 边际成本
marginal product of labor，40 劳动的边际产量
marginal product of raw material，40 原材料的边际产量

marginal rate of substitution，129　边际替代率
marginal rate of technical substitution，42　边际技术替代率
diminishing marginal rates of substitution，130　边际替代率递减
marginal revenue，21　边际收入，边际收益
marginal utility，124　边际效用
market　市场
　strong，94　强（市场）
　weak，94　弱（市场）
markup formula，17，25　加成公式
Marshall，Alfred，124　阿尔弗雷德・马歇尔
Marx，Karl，145，182　卡尔・马克思
McDonalds，62　麦当劳
Miller High Life，113　米勒奢华生活（啤酒品牌名）
minimum wage，50　最低工资
mixed strategies，86　混合策略
monopoly，15　垄断
monos polein，15　独家销售(古希腊语)
monotonicity，110　单调性
Monsanto，177　孟山都公司
Montgomery Ward，68　蒙哥马利・沃德公司
MRS，129　边际替代率
MRTS，42　边际技术替代率
Murdoch，Rupert，190　鲁珀特・默多克
Mylan，31，57　迈兰公司

Naprosyn，102　奈普生（品牌名）
Nash equilibrium，85　纳什均衡
Nash，John，84　约翰・纳什
New York Times，33　《纽约时报》
Nickerson，William，68　威廉・尼克森
non-excludable，188　非排他性
non-rivalrous，188　非竞争性
normal good，132　正常品
numeraire，153　计价单位

OmniCorp，50　奥姆尼控股公司
Oxfam，5　乐施会

Pareto optimality，149　帕累托最优
Pareto superior，149　帕累托优于
payoff table，76　收益表，支付表
perfect complements，39　完全互补品
perfect substitutes，39　完全互替品
perfectly competitive，151　完全竞争
predatory pricing，90　掠夺性定价
preferences，3，110　偏好
price-taking，151　受价，价格接受
Prisoner's Dilemma，84　囚徒困境
production function，39　生产函数
pure public good，188　纯粹公共物品
pure strategies，86　纯策略

quasi-concave，118　拟凹的
quasi-linear，112　拟线性

rational buyer model，5　理性买家模型
reaction function，101　反应函数
relative markup，18　相对加成
reservation price，5　保留价格
Robbins，Lionel，2　莱昂内尔・罗宾斯
Robinson，Jackie，47　杰基・罗宾森

Roosevelt，Franklin Delano，50　富兰克林·德拉诺·罗斯福
Roundup，177　农达草甘膦
Ruskin，John，2　约翰·拉斯金

Sanders，Bernie，31　伯尼·桑德斯
second-degree price discrimination，56　二级价格歧视
sequential game，78　序贯博弈
simultaneous-move game，78　同时行动博弈
Smith，Adam，161　亚当·斯密
Soma，6　唆麻
Soylent Green，166　绿色即食饼干
Spang，Joseph，69　约瑟夫·斯庞
Spock，S'chin T'gai，189　斯波克
Spufford，Francis，145　弗朗西斯·斯巴福德
Stalin，Josef，162　约瑟夫·斯大林
strictly dominated strategy，80　严格被占优策略，严格劣势策略
Sub-Etha，69　《银河系漫游指南》中的一个装备
substitute，129　替代
substitutes，44，53　替代品
supply curve，47　供给曲线
supply function，47　供给函数
Survival Technology，Inc.，31　生存技术公司
Syntax，102　新泰公司

Tartaglia，Nicholas，188　尼古拉斯·塔尔塔利亚
Tesla，58，61　特斯拉
third-degree price discrimination，56　三级价格歧视
Time Magazine，67　《时代》杂志
tit-for-tat，88　以牙还牙
total surplus，32　总剩余
transitivity，110　传递性
Trotsky，Leon，162　列昂·托洛茨基
Turgot，Anne Robert Jacques，115　安·罗伯特·雅克·杜尔哥
two-part tariff，65　二部收费（制）

United Airlines，89　美国联合航空公司
Upjohn，102　普强公司
upper contour set，118　上等值集
Urquhart，Francis，110　弗朗西斯·厄克特
USAir，89　美国航空公司
utility function，110　效用函数
util，111　尤特尔（效用单位）

Verizon，99　威瑞森
Versailles，Treaty of，113　《凡尔赛和约》
versioning，58　版本控制
Victoria，Queen，24　维多利亚女王
von Stackelberg，Heinrich，103　海因里希·冯·斯塔克尔伯格

Walras，Leon，146　里昂·瓦尔拉斯
Walrasian allocation，152　瓦尔拉斯配置
Walrasian equilibrium price，152　瓦尔拉斯均衡价格
Wanadoo，90　瓦纳多公司
Wanamaker，John，33　约翰·沃纳梅克
Washington Post，191　《华盛顿邮报》

Waxman-Hatch Act，102 《韦克斯曼-哈奇法案》

weak dominance，81 弱占优

Weyland-Yutani Corp.，48 维兰德-汤谷公司

Whistler，James，2 詹姆斯·惠斯勒

widget，10 小挂件

Xanax，102 赞安诺（品牌名）

译后记

这是一本“小而美”的微观经济学教科书，而且绝对是一本“反传统”的微观经济学教科书。

首先，作者的讲述风格与传统的经济学教科书完全不同。或者说，本书具有一种非常特别的“范儿”，读之常令人会心一笑。经济学向来有“阴郁的科学”或“沉闷的科学”的恶名，要达到像本书这样的效果，实属不易。作者对实例的选择和对“故事”的叙述尤其用心。希望这种“范儿”在中译本中没有失去。

其次，当然是这本书独出心裁的体例安排了。通常的中级微观经济学教科书，不知为什么是按照从抽象到具体的次序讲述的，一上来就讲偏好、效用和显示偏好原理、对偶原理等一大堆原理，满页都是抽象的符号，有意无意地设置了一个很高的进入门槛。而且，在讲市场的时候，也是先讲更抽象的完全竞争，再讲不完全竞争和垄断。(然后才告诉学生，不完全竞争和垄断更符合现实!）这本书彻底颠覆了这种传统的主题排列顺序。它先讲垄断，接着讲不完全竞争、消费者理论、完全竞争，最后讲外部性。全书都在以实例和问题，带着学生理解和掌握经济学推理方法。

本书作者拉凯什·V. 沃赫拉是宾夕法尼亚大学的教授，是当代机制设计领域的领军经济学家之一。他有很深厚的跨学科背景，也非常清楚学生学习经济学的“痛点”在哪里。也正因为如此，他才能由浅入深，为读者奉上这么一本另类的中级微观经济学教科书。

借此机会，我要感谢我的太太傅瑞蓉，她的付出使本书的翻译得以顺利完成。还要感谢小儿贾岚晴，每晚跟他说晚安时他一定会催促我也马上去睡，尽管我总是无法做到。

我还要感谢农夫山泉股份有限公司和钟睒睒先生。农夫山泉股份有限公司使我衣食无忧；它一贯注重品质、强调利他，正与我的追求相契合。钟睒睒先生既是我的老板，也是我的良师益友，感谢他为我读书、译书提供的宝贵空间。

贾拥民

于杭州耑谷阁

图书在版编目（CIP）数据

价格与数量：微观经济学基础/（美）拉凯什·V.沃赫拉著；贾拥民译．--北京：中国人民大学出版社，2024.5

（经济科学译丛）

ISBN 978-7-300-32650-4

Ⅰ.①价… Ⅱ.①拉… ②贾… Ⅲ.①微观经济学 Ⅳ.①F016

中国国家版本馆CIP数据核字（2024）第056822号

"十三五"国家重点出版物出版规划项目

经济科学译丛

价格与数量：微观经济学基础

拉凯什·V.沃赫拉　著

贾拥民　译

Jiage yu Shuliang：Weiguan Jingjixue Jichu

出版发行	中国人民大学出版社		
社　　址	北京中关村大街31号	邮政编码	100080
电　　话	010－62511242（总编室）		010－62511770（质管部）
	010－82501766（邮购部）		010－62514148（门市部）
	010－62515195（发行公司）		010－62515275（盗版举报）
网　　址	http://www.crup.com.cn		
经　　销	新华书店		
印　　刷	涿州市星河印刷有限公司		
开　　本	787 mm×1092 mm　1/16	版　　次	2024年5月第1版
印　　张	15.5 插页2	印　　次	2024年5月第1次印刷
字　　数	287 000	定　　价	58.00元

中国人民大学出版社经济类引进版教材推荐

双语教学用书

为适应培养国际化复合型人才的需求，中国人民大学出版社联合众多国际知名出版公司，打造“高等学校经济类双语教学用书”，该系列聘请国内外著名经济学家、学者及一线教师进行审核，努力做到把国外真正高水平的适合国内实际教学需求的优秀教材引进来，供国内外读者参考、研究和学习。

中国人民大学出版社将陆续修订出版该系列丛书中的经典之作，以飨读者。想要了解更多图书具体信息，可扫描下方二维码。

高等学校经济类双语教学用书书目

经济科学译丛

20 世纪 90 年代中期，中国人民大学出版社推出了“经济科学译丛”系列丛书，引领了国内经济学汉译的第二次浪潮。“经济科学译丛”出版了上百种经济学教材，克鲁格曼《国际经济学》、曼昆《宏观经济学》、平狄克《微观经济学》、博迪《金融学》、米什金《货币金融学》等顶尖经济学教材的出版深受国内经济学专家和读者好评，已经成为中国经济学专业学生的必读教材。

中国人民大学出版社将陆续修订出版该系列丛书中的经典之作，以飨读者。想要了解更多图书具体信息，可扫描下方二维码。

经济科学译丛书目

金融学译丛

21 世纪初，中国人民大学出版社推出了“金融学译丛”系列丛书，引进金融体系相对完善的国家最权威、最具代表性的金融学著作，将实践证明最有效的金融理论和实用操作方法介绍给中国的广大读者，帮助中国金融界相关人士更好、更快地了解西方金融学的最新动态，寻求建立并完善中国金融体系的新思路，促进具有中国特色的现代金融体系的建立和完善。

中国人民大学出版社将陆续修订出版该系列丛书中的经典之作，以飨读者。想要了解更多图书具体信息，可扫描下方二维码。

金融学译丛书目